卓越学术

U0632088

农村劳动力转移和农业现代化双重驱动的农地流转研究

NONGCUN LAODONGLI ZHUANYI HE NONGYIE XIANDAIHUA SHUANGCHONG QUDONG DE NONGDI LIUZHUAN YANJIU

河南省高等学校哲学社会科学优秀著作资助项目

陈中伟 著

郑州大学出版社

郑 州

图书在版编目(CIP)数据

农村劳动力转移和农业现代化双重驱动的农地流转
研究/陈中伟著. —郑州:郑州大学出版社,2017.11
ISBN 978-7-5645-4835-3

Ⅰ.①农…　Ⅱ.①陈…　Ⅲ.①农业用地-土地流转-
研究-中国　Ⅳ.①F321.1

中国版本图书馆 CIP 数据核字(2017)第 234616 号

郑州大学出版社出版发行
郑州市大学路 40 号　　　　　　　邮政编码:450052
出版人:张功员　　　　　　　　　 发行电话:0371-66966070
全国新华书店经销
河南文华印务有限公司印制
开本:710 mm×1 010 mm　1/16
印张:13.5
字数:260 千字
版次:2017 年 11 月第 1 版　　　　印次:2017 年 11 月第 1 次印刷

书号:ISBN 978-7-5645-4835-3　　　定价:56.00 元
本书如有印装质量问题,请向本社调换

前　言

　　自 20 世纪 90 年代初期以来,我国城镇化进程快速发展,再加上限制城乡人口流动的相关制度变迁,大量农村劳动力向非农产业转移。农村劳动力非农转移在一定程度上带动了农地流转,但整体上农地流转依然滞后于农村劳动力转移,形成了"农户兼业"现象。我国农村劳动力非农转移背景下的"农户兼业"从整体上可以分为两个阶段:第一个阶段是以农业为主兼非农就业;第二个阶段是以非农为主兼营农业。我国目前处于第二个阶段,大部分农户以非农为主,对农业经营重视程度下降,部分地区甚至出现农地抛荒现象,整体上农业发展较为缓慢,农业资源利用效率低下。这不符合我国经济发展的总体目标要求,有悖于农业现代化、工业化和城镇化同步发展的目标。农业现代化目标要求农地适度规模经营和提高农业资源利用效率,这要基于农村劳动力非农转移后流转农地。然而,农村劳动力转移后兼业行为限制了农地流转,导致了农地流转滞后。所以,农村劳动力非农转移背景下如何推动农地流转,并实现农业现代化目标成了亟需解决的问题。

　　基于农村劳动力非农转移背景,以农业现代化为目标,以解决农地流转滞后为研究方向,以城乡统筹发展、劳动力转移和土地流转相关理论为基础,运用规范分析与实证分析相结合的方法,通过分析我国农村劳动力转移与农地流转发展状况,揭示我国农地流转滞后的独特性,以及农村劳动力转移与农地流转的关联性;通过分析农业现代化目标要求和农地流转滞后对农业发展的影响,明确农地流转的必要性;通过对农地流转市场供求状况的分析,揭示农地流转市场的非均衡状况和农地流转滞后的区域差异性,并探寻农地流转市场中供求主体行为的影响因素;按照农业现代化目标要求,比较分析我国特定社会环境与农地流转市场供求主体影响因素,找出推动农地流转的关键性障碍;通过借鉴国外经验和比较分析国内农地流转各种模式,寻求不同农地流转模式的适用性。在保证农户农地承包权不改变和农户自愿条件下,构建农地流转递进式发展机制,并提出相应的政策建议。

　　基于城乡协调发展、劳动力转移和土地流转理论对三者关联性进行了

1

理论分析,得出以下结论:城镇化进程中重视农业发展是社会发展的必然选择;农业现代化发展要求农地适度规模经营,通过农业机械化和产业化,实现农业资源配置优化;农村劳动力非农转移是农地流转的必要条件,推动农地流转必须同非农就业状况相适应;农地流转是农业现代化发展的必由之路;在农户自愿条件下推动农地流转,必须研究农村劳动力非农转移后流转农地的选择行为。通过对理论与实践研究成果的梳理和评述,形成的理论分析框架是本书写作的基础和支撑。

本书立足于中国国情分析了农村劳动力转移与农地流转的发展状况,首先从社会发展历程阐述二者发展状况,指出了二者的相互推动和制约作用,并分析二者相互推动的前提条件,说明农村劳动力非农转移并不是农地流转的充分条件;然后利用全国统计数据实证分析二者协调发展状况,得出了农地流转滞后农村劳动力非农转移的结论;利用全国统计数据和局部地区调研数据分别从总体和个体角度验证农村劳动力非农转移是农地流转的必要条件,并不是充分条件。揭示了农地流转滞后现状,并指出农地流转需要外部力量的推动与引导。

农地流转滞后与农地流转市场供求主体行为有直接关系,有必要分析农地流转供给与需求状况。首先构建农村劳动力非农转移决策模型、农地流转供求决策模型。利用模型和各地区统计数据估算农地流转供求状况,总体上东中西部地区均存在供求非均衡状况,东部地区供给充足,中西部地区供给不足,总体上平原地区需求充足,山区丘陵地区需求不足。利用局部调研数据进一步验证农地流转供求由于农地异质、农户分化和区域分异显示出不同状况。总体上农地流转滞后的状况可以分为供给不足、需求不足和供求均不足三种。依据农村劳动力非农转移决策模型和农地流转供给模型,利用全国农村固定观察点数据分析农村劳动力非农转移后供给农地不足的原因,主要有:农村劳动力非农就业收入水平较低;家庭分散式农地经营方式;自营农地机会成本较小;城乡二元制度;较高的城市生活成本等。农地流转市场中需求主体主要有普通农户和专业经营大户(企业),两种主体最明显的区别在于普通农户经营以自己劳动为主,专业经营大户(企业)以投入资本雇佣劳动为主。依据农地流转供求模型,利用调研数据实证分析了普通农户和专业经营大户(企业)转入农地需求意愿的影响因素。普通农户转入农地需求意愿受家庭劳动力闲置状况、家庭非农收入水平、作物类型、地貌特征等因素影响。专业经营大户(企业)转入农地需求不足的根本原因是农业比较收益低下,主要与农地分散、农业基础设施不完善、国家扶持力度不足、农地亩均收益较低等相关。通过对农地流转市场供给与需求状况分析,可以找出供求主体行为的影响因素,是制定增加农地流转供给和需求策略的关键。

通过对我国农业现代化基本要求的分析发现,农地适度规模经营是农业现代化发展的最基本要求,农地流转是农地适度规模经营的必然选择,进一步阐述了推动农地流转对促进农业现代化发展的重要性;然后利用全国统计数据验证农地流转滞后对农业资源配置效率和农业现代化发展的影响,发现农地流转滞后限制了农业资源配置效率提高,阻碍了农业现代化发展。所以,通过外部力量推动农地流转是农业现代化发展的必由之路。那么推动农地流转是否可行,是否存在潜在的发展空间?本文基于劳均利润最大化的假设,利用全国面板数据测度了农地流转的潜在发展空间,验证了13个主要产粮大省的农地流转发展趋势和农村劳动力潜在释放数量。分析结果证实了农地流转滞后与农业现代化目标要求的矛盾,揭示了推动农地流转是实现农业现代化发展的必然选择。

只有增加农地流转供给与需求才能推动农地流转,然而在我国特定社会环境下推动农地流转并实现农业现代化目标却存在诸多困境。本书第五章基于农业现代化目标要求对推动农地流转的困境进行了分析,农业现代化目标不仅要求推动农地流转,还要达到保障农民权益、农地适度规模经营和农业产业化经营,这在我国特定社会环境下存在一定的困境。主要体现在农民权益保障缺失与农地保障功能困境,现有制度固化了农地保障功能,农地流转过程中存在农民权益保障不足问题,限制农村劳动力转移后供给农地意愿,与农业现代化目标要求不符;城乡人力资本投资失衡与农村劳动力非农就业收入较低困境,提高非农就业收入水平有利于增加农地流转供给,但城乡人力资本投资失衡现状导致了农村劳动力整体素质较低,限制了非农就业收入水平提高;农业比较收益低下与城乡资源配置失衡困境,农业比较收益低下是农地流转需求不足的根本原因,现实中城乡资源配置失衡导致农业基础设施不足和资源逆向流出,增加了转入农地需求者规模化经营农地的成本,限制了新型农业经营主体进入农地流转市场的积极性;农户处置农地分散化与市场中介组织缺失困境,农地流转过程中农户处置农地分散化无法满足农地适度规模经营的要求,然而现实中农地流转市场中介组织严重缺失,无法有效地协调和组织分散农户流转意愿和集中农地,形成了农户间分散式农地流转现象,无法满足农业现代化目标要求。

本书在比较分析国内外现有的农地流转模式基础上,总结了各种农地流转模式的适用性,提出了农地流转递进式发展机制。首先要完善农地确权登记办证制度和后续相关制度,这是确保农民权益和推动农地流转的基础。然后根据农地流转市场供给不足和需求不足两种状况分别提出解决方案,针对农地流转供给不足构建农户供给意愿转化机制,通过农村劳动力技能培训、非农产业转移和渐进式农地流转集中机制等外部力量和市场机制增加农户供给农地意愿;针对农地流转需求不足应引导和培育新型农业经营主体,农地流转需求不足的关键是农业比较收益低下,需要通过外部力量平整土地和增加农业基础设施投资,新型农业经营主体增加农业要素投入和转换农业产业结构提高收益率。农地流转应该以市场化为目标递进式推动,第一步要完成农地确权登记颁证和后续制度支持;第二步要转化农户供给农地意愿和培育新型农业经营主体,逐步增加农地流转供给与需求,在该阶段允许各种农地流转模式并行;第三步推动农地流转市场化,完善农地流转市场化中介组织,形成农地所有权、承包权和经营权分离,农户自由流转承包农地经营权获得财产性收入,在集体监督下实现农地适度规模化和农业产业化经营。本书最后提出了农地流转递进式发展机制的配套政策建议。

目录

第一章

导　论

第一节　研究背景及问题提出

一、研究背景

自从 1978 年安徽小岗村 18 位农民签下分田到户的契约开始,中国掀起了农村土地经营制度改革。1984 年中央正式下文明确农村土地承包期限一般为 15 年以上,保障了农民承包土地权利和农地承包制度的稳定性。家庭分散承包经营土地调动了农民劳作的积极性,在一定时期内促进了我国农业快速发展。[①] 农业快速发展促进了劳动效率提高,农业剩余劳动力问题由此而产生。1992 年邓小平南方视察拉开了我国工业化与城镇化快速发展的序幕,1993 年限制城乡人口流动的票证供应制度全部取消,农业剩余劳动力转移城镇就业问题成了其后社会关注和研究的重点。农业剩余劳动力转移在一定程度上也带动了农地流转,但农地流转整体上滞后农村劳动力非农转移,二者发展呈现不一致状态,且整体有加剧的趋势(如图 1-1)。

---

① 计卫舸等:《中国农村土地流转与劳动力转移》,河北人民出版社 2013 年版,第 26-30 页。

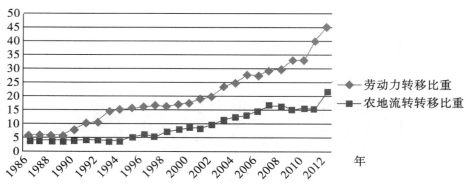

图 1-1　劳动力转移比重与土地流转比重

数据来源:由《全国农村固定观点数据(1986～2009 年)》《中国农村统计年鉴(2010～2012 年)》《2012 年中国农村状况调查报告》及中国农业部网站公布数据计算得出。

农村劳动力转移与农地流转整体上发展不一致,按照时间顺序可以分为两个阶段(如图 1-2 和图 1-3):

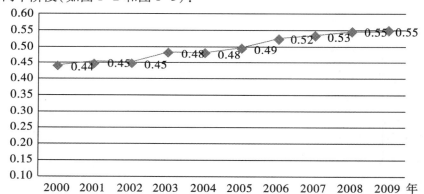

图 1-2　以非农为主或纯非农农户占从非农化农户的比重

数据来源:由《全国农村固定观察点数据》(2000～2009 年)计算得出。

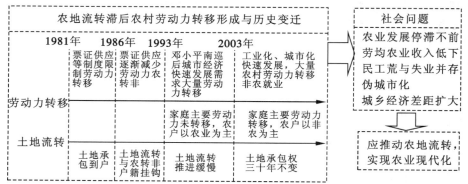

图 1-3　我国劳动力转移与土地流转相关制度变迁与社会问题

第一个阶段是农村劳动力以农业为主兼业阶段（1993～2002年）。这个阶段向城镇转移就业的主要以农村青年劳动力为主，作为农村主要劳力的中年劳动力并未大量转移，农户家庭收入以农业收入为主，农村劳动力依然以农业经营为主，农闲转移城镇就业。农村劳动力转移后并不愿意将农地流转出去，农闲转移城镇就业可以增加家庭收入，同时剩余劳动力转移城镇为工业化快速发展提供了廉价劳动力。所以，这个阶段农村劳动力兼业性经营反而促进了工业化快速发展和农民收入提高，而且这种以农业为主的兼业经营并不影响农业生产效率，并不会对农业发展产生太大负面影响，是社会发展的一个过程。[①]

第二个阶段是农村劳动力以非农就业为主兼营农业（2003年至今）。这个阶段快速发展的工业化和城镇化吸引农村家庭主要劳动力向城镇转移，留守农村经营农业的主要是老弱化群体（妇女与老人），非农收入占家庭收入比例进一步提高，农村劳动力以非农就业为主。[②] 由于农地流转市场制度滞后与缺失，农地流转并未得到较快推进，从这个阶段开始农地流转滞后劳动力转移程度逐年加剧。

农村劳动力以非农就业为主兼营农地模式，再加之第一代农民工群体无法融入城市压力下的"返流"现象，导致了我国城市化和城乡统筹发展过程中出现了城市化发展动力不足、城乡统筹发展受限和农业发展停滞不前等问题，具体表现为：①我国"刘易斯转折点"到来与"人口红利"逐渐消失导致城市化发展动力不足。结合刘易斯"二元经济"发展理论分析我国城乡发展现状，在现有的农地分散经营模式下不难发现农村"初级劳动力"并没有得到完全释放，劳动力工资提升是劳动力市场扭曲的结果，扭曲的劳动力市场和二元制度约束了劳动力转移，这就预示着我国的"刘易斯转折点"是种假象。那么需要解决的问题就是如何加快农地流转释放更多剩余劳动力，同时推动农村劳动力转移非农就业。②城乡间资本、技术和劳动力等要素自由流动缺乏吸引力和推动力，城乡互动协调机制缺失。农村发展需要资本、技术和高人力资本劳动力等要素的支撑，城市这些要素也追求成本较低的农地载体获得较高报酬，但现实的农业农地发展模式对这些要素无吸引力。农村的劳动力期望获得城市就业收入、公共设施享受、消费和社会保障，城市化发展需要他们完全转移和消费，现实是他们转移就业受限和市民

① 梅建明：《工业化进程中的农化兼业经营问题的实证分析》，《中国农村经济》2003年第6期。

② 中国经济体制改革研究会：《2012年中国农村状况调查报告》，资料来源 www.cser.org.cn/news/3427.aspx。

化受阻。那么需要解决的问题是如何通过农地流转吸引资本、技术和人力资本进入农村市场,并促使农村劳动力转移并市民化。③农业发展停滞不前,农业劳动生产率低下和农民收入增长缓慢,满足不了农业现代化的目标要求。我国农业经营模式依然是以家庭分散式经营为主,低资本和低技术投入的农地经营方式导致较高平均经营成本、较低农业劳动生产率和边际效益递减;又由于农村劳动力转移不完全减少了农产品及附属产品的消费需求,同时放大了农业收入分配基数,导致农民收入增速缓慢。那么需要解决的问题是如何降低农业经营成本、提高农业劳动生产率、增加农产品市场需求和降低分配基数。所以,改变农地流转滞后的状态,推动农地流转才能实现农业现代化目标,实现农业现代化与城镇化、工业化同步发展。

与其他国家相比我国农村劳动力转移与农地流转发展具有独特性。日本与韩国分别在20世纪70年代和90年代推行过农地流转。但将中国与日本、韩国的相似经济发展阶段比较发现,城镇化水平和农业规模化程度均较低。由2013年5月22日中国社会科学报数据可知,日本、韩国人均国民收入分别在1975年和1989年达到5000美元左右,农业人口比重分别为13.9%和17.9%,城市化率均达到70%以上。中国2011年人均国民收入达到4940美元,但城市化率仅为50.5%(按户籍仅为35%),农业人口比重为34%。① 所以我国土地流转不能单方面强行推进,必须结合农村劳动力转移统筹考虑。

党的十八大提出了城乡一体化统筹发展和加快人口城市化的要求,实现农业现代化、工业化和城镇化同步发展;党的十八届三中全会明确提出城乡二元结构是制约城乡发展一体化的主要障碍;2012年12月中央农村工作会议强调"不能限制或者强制农民流转承包土地";2013年12月中央农村工作会议指出"集体土地承包权归农民是土地流转的前提"。所以,在我国农村劳动力非农转移背景下推动农地流转实现农业现代化目标已经成为经济发展的主要内容之一。

二、问题的提出

鉴于以上分析,只有加快农地流转才能释放更多农村剩余劳动力,提高农业资源利用效率和促进农业规模化经营,是农业现代化和城镇化同步发展的关键。但农村劳动力非农转移并非是农地流转的充分条件,需要借助外部力量推动农地流转;农地流转滞后是由农地流转市场中供给不足或需

---

① 范剑勇:《城镇化水平与农地流转时机选择——以中日韩三国的比较为视角》,《中国社会科学报》2013年5月22日。

求不足导致的,需要找到影响农地流转供求的影响因素;增加农地流转供给与需求推动农地流转,但并不意味能够满足农业现代化目标,现实中存在诸多困境。具体拟解决如下问题:

(1)我国农村劳动力转移与农地流转关联性问题。农村劳动力转移对农地流转有推动作用,是否有制约作用? 农村劳动力转移是不是农地流转的充分条件?

(2)我国农业现代化目标要求与农地流转问题。目前我国是否到了推动农地流转的阶段? 农地流转滞后是否制约了农业发展,是否与农业现代化目标要求矛盾? 按照农业现代化目标要求农地流转是否存在潜在发展空间?

(3)农地流转市场供求状况及影响因素。农地流转滞后是由农地流转供求非均衡造成,那么农地流转供求状况如何? 农地流转供给与需求的影响因素是什么?

(4)我国农业现代化目标下推动农地流转的障碍问题。增加农地流转供给与需求可以推动农地流转,但从农地流转到实现农业现代化目标过程中存在哪些困境? 如何解决这些困境,并实现农业现代化?

中国的实践证明,单方面推进劳动力转移并不能有效促进农地流转并实现农业现代化;日、韩等发达国家发展经历表明,单方面强制农地流转并不能根本上解决所有问题。所以本书基于中国国情,在保证农地承包制度不变条件下,以农业现代化发展为目标,在农村劳动力非农转移背景下构建农地流转递进式发展机制。

第二节　相关概念的界定

为了避免研究中所用词语在语义上的混淆与争议,同时为了确定研究对象范畴和含义,将相关概念界定如下。

一、农村劳动力与农户

劳动力一般指在法律规定劳动年龄范围内的具有劳动能力人口,我国法定劳动年龄是男性16～60岁,女性16～55岁[①]。农村劳动力通常指具有农村户籍的劳动力,由于我国部分从农村迁出的劳动力已不具有农村户籍但仍有农村承包土地,鉴于本书的研究目的,将农村劳动力界定为凡是拥有农村承包土地的劳动力。

---

① 李仲生:《人口经济学》,清华大学出版社2009年版,第108页。

农村劳动力是一个总体的概念,农户是微观个体概念。由于本书研究分别从总体和微观个体两方面进行,所以有必要区别农村劳动力与农户的概念。不同学者对农户概念有不同的表述,鉴于本书研究目的,将农户概念界定为最小土地承包单位的家庭。严格来说最小土地承包单位应该是家庭中的个人,但家庭个人承包土地并没有清晰的边界,往往土地承包界限是以家庭为单位。这里的家庭并不是严格意义上生活在一起的个体总和,现实中部分家庭成员已经重新组建家庭,但承包土地依然留在原家庭单位下。所以,本书中的农户是指以家庭为单位承包土地中的"家庭",包含承包土地在一起的所有家庭成员。

二、农村劳动力流动、迁移与转移

由于我国城乡二元户籍制度和人口流动的实际情况,本书将对农村劳动力流动、迁移与转移概念加以区分。

农村劳动力流动和迁移应该归属于人口流动的范畴,农村劳动力转移属于劳动力流动和迁移条件下职业转换的概念[①]。农村劳动力流动是指农村劳动力在不同区域之间的往返流动,主要指户籍不变条件下在不同区域短暂性停留,频繁往返于流入地与流出地之间的行为。农村劳动力迁移是指农村劳动力及其家属离开户籍所在地长期迁移到其他区域的行为,主要是从农村迁移到城市,主要特征是永久性改变常住区域。农村劳动力迁移包含改变户籍和不改变户籍两种迁移类型,但均以长期居住迁入地为特征。农村劳动力转移是指农村劳动力从事职业由农业向非农业转换的行为,一般伴随着劳动力流动和迁移下转移非农就业。所以农村劳动力流动、迁移与转移是相互关联的三个概念,农村劳动力流动行为在一定条件下可以转为迁移,流动和迁移的原因分为经济原因和非经济原因,其中经济原因就是为了转移非农就业。

本书研究的农村劳动力转移主要指农村劳动力转移非农就业行为,并不研究其是流动还是迁移行为。《2012 年中国农村状况调查报告》显示,我国近 62% 农村劳动力以非农就业为主,从人口流动角度看这种非农就业有两种情况:一是农村劳动力流动式的非农就业;二是农村劳动力迁移式非农就业。[②] 结合本书所研究目标,将农村劳动力转移界定为拥有农村承包土地

---

①　计卫舸等:《中国农村土地流转与劳动力转移》,河北人民出版社 2013 年版,第 101 页。

②　中国经济体制改革研究会:《2012 年中国农村状况调查报告》,资料来源 www.cser. org. cn/news/3427. aspx。

的农村劳动力由以前以农业为主转向以非农就业为主的行为。

三、农地产权与农地流转

农地顾名思义为农村土地,本书主要研究农村土地中用作农业用途的土地,主要指农村中的耕地、林地、园地和养捕水面等为农民所承包且用于农业性质的土地。本书是在农地性质不变前提下,研究农地在农地交易市场的流转情况,并不涉及农地非农化问题。

科斯的产权理论中提到权利的明确与界定是市场交易的前提条件[①]。农地流转首先要对农地产权进行明确与界定。我国《宪法》规定农村和城郊土地,除非法规规定属于国家所有以外,均属于集体所有。所以我国农民并不拥有农地所有权,农民参与流转农地是基于其对农地的承包权。从 1978年小岗村"大包干"开始到 1983 年全国普遍推广家庭联产承包责任制是我国农地流转前提,也标志着农地所有权与使用权的分离,土地承包权的产生。1987 年国务院批复沿海发达省市进行土地适度规模经营试点试验,标志着家庭承包经营下的农地流转试点开始。1995 年国务院明确了"建立土地承包经营权流转机制",意味着"土地承包经营权"概念的确立,土地承包权与土地经营权分离。2007 年我国《物权法》将土地承包经营权归为用益物权,标志其法制化。2008 年党的十七届三中全会再次明确土地承包经营权流转不得损害农民土地承包权益。至此可以看出,我国农地产权相关概念有所有权、承包权和经营权。我国农村土地所有权是以公有制为基础,其主体是农村集体经济组织,集体对所有的土地依法占有、使用、收益和处分的权利。土地承包权是针对农村集体经济组织成员而言的,对于以村为集体单位的农村,本村农民才享有集体(村)土地的承包权,任何组织和个人都无权剥夺和限制农民的土地承包权。农户获得土地承包权同时也享有土地经营权,土地经营权包括对土地的使用、收益和一定处分的权利。

农地流转是某种土地权利的交易,即是在农地所有权归集体的前提下,农户保留农地承包权,不改变农地使用用途原则下土地使用权(承包经营权)流转给其他农户和组织。农户将依法对其承包的土地以转让、转包、互换、入股、置换城镇社保和出租等形式流转给其他农户或组织。所以,本书所指的农地流转是以农地使用用途不变的前提下农户保留土地承包权,并将土地经营权流转。

---

① 斯蒂文·G·米德玛,罗君丽译:《科斯经济学》,上海三联出版社 2007 年版,第46 页。

四、农地流转滞后与农业现代化

农地流转滞后可以从总体和个体角度理解,是指总体上农村农地流转比重低于农村劳动力非农转移比重,而且呈现差距扩大趋势;从个体角度理解,是指农户中主要劳动力非农化后农户并不选择转出农地。本书中的农地流转滞后主要是指总体上农地流转比重低于农村劳动力非农转移比重,当然这种现象是由于个体农户农地流转滞后劳动力非农化造成的。所以,本书在分析过程中利用总体上农地流转比重较低说明农地流转滞后现状;利用个体农户流转农地的选择滞后性分析农地流转滞后的原因。

学术界关于农业现代化的内涵有不同认识和界定,总体上分为过程论、技术论、资源配置与制度创新论和可持续发展论等几种观点①,呈现出这几种观点的差异主要是学者们认为发展的侧重点有所区别,这些观点存在交叉性。过程论者认为农业现代化是传统农业的改变,是一个动态的概念,没有终点,没有固定的目标②;技术论者认为农业现代化是指农业生产效率和社会化程度的提高,通过农业技术水平、机械化程度和科学管理水平提高来实现③;资源配置与制度创新论者认为农业现代化是不断优化农业资源配置,提高农地、劳动力、资本等要素利用效率,在这个过程要对产权制度、价格体系制度、组织管理模式等方面进行变革④;可持续发展论者认为农业现代化在提高农业生产力水平的同时,特别要注重避免农业资源过度使用和环境污染的情况,从可持续发展角度实现农业资源永久可用性。

综合这些观点,本书认为农业现代化的目标是农业资源优化利用,提高农地、劳动力和资本等要素利用效率,增加农民收入和保障农户权益;实现过程要提高农业技术水平、机械化程度、科学管理水平和制度创新;实现的基本原则是保障农地资源不被过度使用和污染,促使农业可持续发展。

五、新型城镇化与农业适度规模经营

新型城镇化是为了区别传统城镇化的一些内涵和要素,避免在传统城镇化过程中所出现的一些问题,而提出的一个新概念、新思路,它主要是指党的十八大以来,我国所强调的以人为核心的城镇化,目前尚无标准定义。

---

① 宁新田:《我国农业现代化路径研究》,中共中央党校博士学位论文,2010年。

② 王利民等:《农业现代化的条件与选择——潍坊市农业现代化研讨会综述》,《中国农村经济》1999年第6期。

③ 陈孟平:《农业现代化与制度创新》,《北京社会科学》2001年第3期。

④ 林毅夫:《制度、技术与中国农业发展》,上海人民出版社2005年版,第72页。

它源于浙江省的一次省级活动,旨在发展新时代下的城镇化战略,目前一般认为是以城乡统筹、城乡一体、产城互动、节约集约、生态宜居、和谐发展为基本特征的城镇化,是大中小城市、小城镇、新型农村社区协调发展、互促共进的城镇化。其核心在于不以牺牲农业和粮食、生态和环境为代价,以人为本,着眼农民,涵盖农村,实现城乡基础设施一体化和公共服务均等化,促进经济社会发展,实现共同富裕。

发展农业适度规模经营的问题长期以来深受理论界和实践界关注,有其深刻的历史和经济根源。邓小平同志早在1990年就极富远见地指出,中国农业的改革发展需要有两个重大飞跃:第一个飞跃是废除人民公社,实行家庭联产承包为主的责任制;第二个飞跃是适应科学种田和生产社会化的需要,发展适度规模经营,发展集体经济(张红宇,2011)。作为我国农业发展的未来出路,本书将从理论层面理清农业适度规模经营的内涵与意义。

适度规模经营是在规模经营的基础上提出的,是指在一定适合的环境和适合的社会经济条件下,各生产要素(土地、劳动力、资金、设备、经营管理、信息等)的最优组合和有效运行,目的在于取得最佳的经济效益。适度的界定则不从一而论,它需要根据实际情况来确定适度的范围,即使在某种程度上确立了"适度标准",但在实践中它依然要受到各种因素的影响。我国地理区位差异明显,界定适度的范围就不仅要受各地政策及经济状况的影响,还要受到自然条件的制约,因此,我们理解适度规模经营一定要是一个动态的、多层次的概念。

农业适度规模经营是农业经营的一种形式,它是将规模经营的理念与农业现代化发展结合在一起,为提高农业生产效率而提出的一种新发展模式,作为一个合体概念,它以提高社会整体效益为目标,在既定的社会、经济和技术条件下,强调对土地、劳动力、资金、设备、技术等生产要素的优化配置和产前、产中、产后诸环节合理组织的同时,通过适当扩大生产经营规模,从而取得最佳综合效益的农业生产经营和组织形式,其核心是实现各种生产要素的协同效应,使其发挥各自最大的生产潜力。作为农业实现现代化的重要途径之一,它的实践难度依然在"适度"的界定上,加之土地是农业生产不可替代的生产资料,所以,目前农业适度规模经营的重点就成了土地的适度规模经营,然而,这种将土地规模经营等同于农业适度规模经营的观点是不全面、不准确的。

第三节 文献综述

根据本书的写作思路和涉及的内容,将国内外现有的研究现状综述如下。

一、农村劳动力转移、农地流转与农业现代化

(一)农村劳动力转移与农业现代化

Lewis(1954)认为城市现代部门吸引劳动力转移就业并带动农村传统部门发展,最终实现一元经济。Rains 在 Lewis 的基础上提出农业生产率提高是农村劳动力流向城市的先决条件,当农村劳动边际生产率大于零但小于制度工资水平时劳动力转移将会影响农业发展,提高农业生产率可以解决这一难题,是实现城乡统筹发展的前提。Jogenson(1967)认为农业发展和消费需求化是劳动力转移和工业发展的必要条件。Todalo(1969)认为劳动力转移取决于预期的城乡收入差距,应积极发展农业经济促使农村城镇化。蔡昉(2001)、何强(2009)、崔子龙(2008)等认为农村劳动力转移没有缩小城乡差距,劳动力转移受城乡二元制度、人力资本水平、城乡预期收入差距和迁移成本等影响。王勇辉(2011)认为我国不能等待农村劳动力完全转移后的高度城市化后再考虑农村发展,应该城乡统筹发展。

针对我国农村劳动力转移对农村发展的影响,学者们认为劳动力转移处于不同阶段对农村发展的影响程度呈现多样化。蔡昉(2008)认为经济发展水平到了刘易斯拐点之后,劳动力转移不再是无限供给,要保障农业发展,必须想办法提高农业生产率。匡远配(2010)认为农村剩余劳动力滞留农村会降低劳动力利用效率,不利于农民增收和农业发展;农村劳动力过度转移会弱化农业劳动力素质,不利于农业技术进步与推广,引起农业基础设施建设滞后和土地利用效率低下。蒲艳萍、刘婧(2010)认为农村劳动力转移对劳动力和土地资源配置具有一定的促进作用,但对农业生产率和技术进步作用不明显,对现代农业发展带来一定的负面影响。钱文荣、郑黎义(2011)认为农村劳动力外出务工的非农收入并没有被农户用来增加农业生产投入,甚至外出务工农户还减少了农业生产投入,这不利于农业长期发展,降低了农业生产效率。范东君、朱志友(2012),母世春、王芳(2013)认为农村青壮年劳动力转移不利于农业生产率提高和先进农业技术推广应用,导致农业有效投资不足,不利于现代农业发展。赵燕、解运亮(2014)认为推动城镇化并不是意味着直接将劳动力转移到城市,还要进一步关注和支持农村经济发展。吴昊(2014)认为总体上劳动力转移对我国农业生产率提高

有促进作用,但现实中仍然存在劳动力和土地资源闲置和浪费问题。劳动力转移过程中要很好地处理劳动力与土地资源利用问题,二者高效利用必然促进农业发展;否则,将不利于现代农业发展。

总体上,学者们的观点可以统一为单纯农业剩余劳动力转移并不会影响农业产出,但会提高农业生产效率,促进农业生产要素重组和有效配置;然而,农村劳动力过度转移,将会降低农业劳动力数量和素质,不利于农业劳动力生产率的提高,导致土地资源浪费,对现代农业发展造成负面影响。农村劳动力转移过程中应重视农业生产中劳动力、土地和资本等要素的有效配置和高效利用。

(二)农地流转与农业现代化

舒尔茨(1964)、拉坦和速水佑次郎(1971)、林毅夫(2005)等认为农业发展取决于资本、技术和人力资本等要素的投入,而有效的经营制度安排和创新是农村经济发展的主要动力和源泉,也即是要改变现有的农业经营模式,包括农地经营模式。张培刚(2001)的"农业国工业化理论"认为走新型城镇化道路需要农业规模化、产业化经营,应积极引导农地流转和集中。解安(2002)、刘涛等(2008)、徐邓耀(2012)、夏玉芬(2012)分析认为农户分布式承包经营方式无法发挥规模效应,这种粗放式经营方式会导致农业资源浪费,阻碍农村产业结构调整,成为发展现代农业的瓶颈之一。许庆(2011)、梅建明(2006)、孙自铎(2011)、姜松(2012)等认为应该推动农地流转,农业应走适度规模经营之路。程传兴等(2012)认为现代农业发展不仅体现在规模效益和产出效率提高上,还体现在农业产业化和消费结构变迁上,在我国家庭联产承包经营农地制度条件下,土地流转是传统农业向现代农业过度的桥梁。尚雨(2011)、徐邓耀(2012)认为农业产业化需要与土地流转相互促进与匹配。万宝瑞(2014)认为虽然土地流转规模在加速,但非粮化明显,农民收益下降和农地质量恶化,只有提高农业生产率和培育新型农业经营主体,才能促进现代农业发展,实现农业现代化。陈训波等(2011)研究发现土地流转能够提高劳动效率,会降低土地生产率,土地流转市场需要完善,但总体上土地流转使农业发展处于规模报酬递增阶段。邹伟(2011)认为土地流转市场效率的改进可以提高农民福利水平。樊帆(2009)认为土地流转可以促进农业结构调整,增加农民收入,促进现代农业发展。韩菡、钟甫宁(2011)认为土地流转可以改善欠发达地区农户间收入分配状况,但会拉大发达地区农户间收入差距。王春超(2011)认为劳动力与土地资源应该良性互动,土地流转有利于提高劳动力资源配置效率,劳动力资源的有效利用更进一步促进土地流转。刘卫柏(2012)、杨昊(2009)、刘洋(2011)、陈中伟(2013)等认为我国农地流转的影响因素有家庭非农收入水平、非农就业能力、农地租金、养老保障覆盖率和制度法规不健全等。

总之,多数学者认为我国家庭分散式农地经营方式不适合农地适度规模经营,不利于农业结构调整和农业生产效率提高,无法实现农地规模效益,限制了劳动力与土地资源有效配置,成为发展现代农业的瓶颈之一。土地流转虽然能够提高农业生产效率,增加农民收入,实现农地规模效益,但存在一定的约束条件。推动土地流转过程中,要考虑其诸多影响因素,并进一步完善土地流转市场及相关制度,建立劳动力与土地资源之间的良性互动关系。

(三)农村劳动力转移与农地流转

孙玉娜(2012)认为中国劳动力转移比农地流转更明显,劳动力转移没有促进农地流转。林善浪(2010)认为劳动力转移的行为(距离、时间)对农地流转有显著影响。江淑斌、苏群(2012)认为劳动力转移与农地流转具有相互影响的作用,劳动力转移与农地流转的关系因非农就业动力差异而不同,二者相互作用的关系并不确定。计卫舸(2013)认为劳动力转移与农地流转互为制约因素,农村剩余劳动转移不充分制约农地规模化经营,保留农地成为农村劳动力的基本保障,制约劳动力彻底转移。孙云奋(2012)利用山东省6地市数据分析发现各市偏远地区农地流转滞后劳动力转移的程度远高于城郊和中部地区;各地市劳动力转移与农地流转耦合程度与经济发展水平和区位密切相关。曹利平(2009)以河南固始县为例研究发现新生代农民工逐渐成为农村劳动力转移的主力军,他们的土地情结相对于父辈较弱,但依然是非完全转移的状态,这种情况制约土地流转和土地利用效率提高。李中(2013)通过对湖南省2 536个农村劳动力调查分析发现,农村劳动力转移与农地处置的社会化程度成正相关关系,外出务工且就业稳定的劳动力处置农地社会程度相对较高。游和远、吴次芳(2010)通过对中国30个省份数据分析发现,现阶段农地流转并不能直接导致劳动力转移,可能会使劳动力离地失业或滞留农地;农地流转需要依赖农村工业化实现劳动力转移。闫小欢、霍学喜(2013)通过对河南省479个农户调查分析发现劳动力向非农产业转移可以深化产业链,促使劳动力脱离农地,有利于农地流转;但在不完全劳动力市场制度下,劳动力非农就业机会、社会保障水平、土地产权稳定性和保障性约束农户流转农地的行为。胡奇(2012)认为如果外生制度变迁促使土地自由流转,农村将可以再释放3.4亿农村剩余劳动力。孟令国、余水燕(2014)认为现有的土地流转制度限制了土地流转,不利于农村劳动力释放;社会保障制度不健全、土地收益分享机制不完善、土地产权不清晰、土地流转市场机制缺失、劳动力能力缺陷、现代农业欠发达和农业金融支持不力是土地流转受阻的主要原因。

从以上研究结果可以看出,农村劳动力转移与农地流转并不是必然的因果关系,二者具有相互促进和相互制约的关系。农村劳动力转移带动农地流转需满足一定的约束条件;农地流转在一定的前提条件下才能推动劳动力非农转移。

二、农户兼业经营对农业发展的影响

农户兼业经营是否对农业发展造成影响,学术界有两种相悖的观点。一种观点认为农户兼业会使农业劳动力素质下降、资金逆向流出和阻碍农业技术推广等。陈言新(1989)、黄延廷(2012)、陆一香(1988)、李苏(2000)等认为农村劳动力兼业经营农地只是农业专业化和规模化经营的过渡阶段,应推动农地流转实现农业专业化和规模化经营。另外一种观点认为农户兼业可以使农业经营与非农就业关系是从相促到相竞发展,非农就业收入提高有利于农业经营资金增加和技术推广使用。韩俊(1988)、叶兴庆(1993)、郝海广(2010)和廖洪乐(2012)认为农户兼业经营有客观性和长期优势,不应该急于推行农业规模化经营。

也有不同于以上两个观点的,认为农户兼业化并不影响农地流转,农户兼业下仍然可以进行农业适度规模经营。高强(1999)、梅建明(2003)通过比较日本和美国农业兼业化发展历史,认为日本以二兼农户为主的小规模农业经营造成了资源分散、农业投资效益差、农业发展缓慢、自给率下降等诸多问题;美国农业规模化与农户兼业化并存发展道路促进了农业发展;我国小规模农户兼业化是没有出路的,应该扩大土地经营规模,走适度规模经营道路。向国成、韩绍凤(2005)、欧阳金琼、王雅鹏(2014)认为农户兼业条件下推动农地流转应建立在农业收益提高和劳动力非农就业待遇改善的基础上,不能强行剥脱农户农地。贺振华(2006)认为农户存在两种选择:完全非农转移就业,转出农地;兼业经营,不流转农地。土地供给与否主要与非农就业收入和农业收益率有关。于学花、栾谨崇(2009)认为农户兼业经营下通过农户转化,可以推动农地流转。农户转化是指促使一兼农户转化为纯农户;二兼农户转为非农户。陈浩、陈中伟(2013)认为通过推动一兼农户向二兼农户和纯农户转化,并促使二兼农户向完全非农市民转化,通过市场化力量推动土地流转,逐步实现农业适度规模经营。

归纳以上研究观点发现,我国农户兼业化经营可能会在农业发展过程中长期存在,但农户兼业经营并不意味着不能推动土地流转。农户兼业条件下不能强行推动土地流转,应该通过市场力量和政策引导来实现农户转化,逐步实现农业适度规模化经营。

三、农地流转市场供求影响因素与外部条件限制

农地流转市场供求状况主要指农地流转供给与需求现状以及各自的影响因素。张照新(2002)认为农地流转市场发育状况存在区域差异性,但由于非农就业机会相对较少,农地流转市场中供给相对少于需求。钱忠好(2003)认为我国农地流转市场面临刚性的需求约束,总体上呈现农地流转需求大于供给的不均衡状态;改善农地流转市场外部条件,可以促进农地流转的有效供给增加。陈仲常(2006)、高双(2010)、曹建华(2007)等认为农地流转供求存在区域差异,由于不同地区经济发展水平导致地区间在农村土地流转规模、流转速度、流转方式、流转土地集聚程度和农户土地流转行为等方面存在明显差异。包宗顺(2009)等认为区域非农产业发展水平、劳动力文化素质、人均纯收入水平、社会保障水平和农业生产结构对农村土地流转有显著影响。陆文聪、朱志良(2007)认为不同类型的农地流转在供求关系上表现出不同失衡状态。刘芬华(2011)认为农地流转市场发育过程中可能会遭遇农地供给不足的阻滞。曹建华(2007)等通过对中部6省调查数据分析,认为农地流转市场中农户转出农地供给意愿偏低,农户转入农地需求意愿充足;提高农地地租可以增加农户转出农地供给意愿。钟林、唐小我(2009)认为在农地流转供给与需求影响因素一定的条件下,与竞争性土地市场比较,垄断将导致均衡数量和交易价格下降。于洋、关立新(2006)、邓晓玲(2010)认为农地流转市场供给与需求均不足,流转价格较低,流转机制滞后和中介服务薄弱,不利于农地流转市场发育。林乐芬、金媛(2012)认为在农地流转供求双方理性选择的假设条件下,农地流转供给方转出农地的选择依据是转出农地后收益与其机会成本(土地保障效用)的比较;农地需求方为降低交易成本会选择参与专业合作组织。

农地流转市场发育程度除了受供求因素影响,还受相关制度因素影响。周天勇(2003)提出了农地制度改革的框架:合并两种公有制,农地所有权归国家;分解国家所有的农地占有权、使用权和处置权;赋予农户较长时期的农地财产权,并与社会保障挂钩;发挥市场配置作用和政府调控作用。叶剑平(2006)等认为产权和制度是制约农地流转市场发展的主要因素,应该规范农地流转合同签订制度和农地承包经营权证发放。刘克春(2008)认为土地私有化并不能必然带来农地流转市场的建立,农地流转市场发育不仅取决于农地产权制度,更重要的是受交易费用、制度环境等外在经济环境的影响。曹群(2007)等、刘向南、吴群(2010)认为农地流转市场制度改革的重点是提高农户转出农地后的收益水平,并有效降低农地流转市场中交易成本和机会成本。邓大才(2009)认为农地产出收益是农地流转市场形成的必要

条件,农地流转需求是充分条件,外来资本可以增加农地流转需求;制度因素并非农地流转市场形成的直接原因,而是农地流转市场进一步规范的保障。黄延延(2012)通过借鉴日本经验认为应逐步放开对农地流转的诸多限制;建立和完善农地流转中介服务组织,降低交易成本;出台有利于农地流转的财政金融支持政策;制定相关扶持新农业经营主体的优惠政策。钟文晶、罗必良(2013)认为农户禀赋中的人格依赖性、生存依赖性、情感依赖性以及流动对象依赖性是抑制农地流转的主要根源;农民身份与农地长久承包权的赋予强化了人格依赖性,赋予农户农地财产权将弱化农户对农地的生存依赖性,有利于保护农民土地收益,促进农地流转。

由以上研究结果可知,我国农地流转市场的不完善除了有供求双方的原因之外,还有相关的制度原因。所以,促进农地流转市场发展不仅要研究农地流转供求状况及其影响因素,还要分析外在制度因素的影响。

四、农地流转模式的研究与实践

国外已有较多的劳动力转移与农地流转实践经验,但以农地私有化为基础的,主要有以下几种:强制驱动型,英国"圈地运动"强制农地流转与劳动力集中转移城市;政府主导农地资本化交易与劳动力本地与异地转移结合模式,美国、法国等国家政府鼓励大中农场、农地银行集中购买农地,政府对于放弃土地的农民给予优惠补助。国内劳动力转移与农地流转的研究与实践具有代表性模式在不同区域陆续出现,学者们也对这些模式进行了分析与研究。韩江河(2008)分析总结了"成都模式"主要有转包、租赁、互换和土地入股四种流转方式;"温州模式"的主要形式是种粮大户转包、村集体代耕代种和土地耕作服务化。他认为"温州模式"相对于"成都模式"具有形式多样化、节约转包成本和更为公平科学等特点。冯玲玲、邱道持(2009)分析了重庆市璧山县农业经营大户参与土地流转的困境,主要有农地流转法律法规约束、农地流转劳动力素质约束、农地流转主体承担风险多。曾福生、唐浩(2010)认为农地流转模式主要有三种,农户间自由的流转(代耕、出租);以集体为主体的反租倒包(集体中介组织);以农户和集体共同参与的股份合作制。农户间自由流转效率最高,但会发生抛荒现象;在外部利润凸显和内部农户间流转不均衡时可以引进外部力量实施反租倒包;农地股份合作制可以解决当前很多土地流转矛盾,存在效率改进,但具有封闭性和操作不公平不透明等问题。任勤、李福军(2010)对成都市农地流转中介组织模式进行了分析,主要有集体经济组织、政府主导交易平台和市场化交易平台三种模式。但中介组织也存在诸多问题,比如中介组织主体单一、缺乏专业人员、服务项目较小、内部制度不规范等。周建、施国庆(2011)认为浙江嘉兴模式、苏南无锡模式和成都温江模式这三种模式主要是采用农地置换社保或城镇住房或集体土地股份化分红来促使劳动力转移与农地流转,但是均有较强的区域针对性和政府管制性,主要对象是城郊农村,实施需要以政府雄厚的财力为后盾。孟祥远(2012)认为"嘉兴模式"相对于"无锡模式"涉及面更广,启动资金规模更大,融资存在一定困难。韦彩玲(2012)认为"龙头企业+合作社+农民"模式存在隐蔽性农地非农化趋势,农民分享农地规模经营收益不够充分,无法保障农民基本生活。姜松等(2013)利用重庆市截面数据分析发现,不同的农地流转模式对农民增收和农业发展具有不同作用方向和影响程度,也存在空间分异性。整体上,几种农地流转模式对农业发展具有正效应,但农地互换模式边际影响系数最大,农地入股模式边际影响系数最小。除出租模式外其他模式均对农民增收没有正效应。李响(2013)分析了土地流转信托的运作模式,特别分析了2013年11月7日出炉的"北京信托土地流转信托计划"。北京信托是双合作社的形式,即"土地合作社+专业合作社"模式,确定农地经营权的农户入"土地合作社",土地合作社以土地经营权在北京信托设立财产权信托,北京信托代表土地合作社将土地租赁给本村种植专业户组成的"专业合作社"。这种模式下农户可以拿到北京信托的"土地收益凭证",并能永久收益、转让和继承等;农地流转之前锁定了农业用途;土地合作社成员收益由"固定收益+浮动收益";同时可以解决本村部分劳动力就业问题。

以上研究结果表明,农地流转模式不断创新,不同的农地流转模式在相同的区域具有不同绩效;同种流转模式在不同区域具有空间分异性。

现有的研究显示,推动农地流转可以实现农业规模化经营,有利于提高农业效率,实现农业现代化。现在我国农业处于以非农为主的小规模农户兼业状态,势必阻碍农业规模经营与现代农业发展。究其根源在于农地流转滞后农村劳动力转移,这成了城乡统筹发展的瓶颈。现有的研究主要集中于农户兼业对农业发展的影响,农地流转供求状况及影响因素的研究。推动农地流转必须将其与农村劳动力转移结合研究,同时要以农业现代化发展为目标,解决农地流转滞后与农业现代化目标要求之间的矛盾,这正是本书研究的重点。

第四节　研究目标、方法与思路

一、研究目标

本书在我国农村劳动力非农转移背景下,试图解决农地流转滞后与农业现代化目标要求之间的矛盾。实现这个目标需要以下两个步骤。

（1）寻求农地流转滞后农村劳动力非农转移的原因。农地流转滞后是由于农地流转市场供求不足或需求不足导致的，供求状况因农地异质、农户分化和区域分异而存在差异。本书重点分析农地流转供给和需求的影响因素，寻求农地流转供给不足和需求不足的原因。根据农地流转供给与需求影响因素，可以针对性提出解决方案推动农地流转。

（2）找出以农业现代化为目标推动农地流转的障碍，并提出解决方案。根据本书第一步研究结果，可以找到增加农地流转供给和需求的对策，达到推动农地流转的目的。但是，在我国客观社会环境下推动农地流转是否存在制约因素？推动农地流转是否就能实现农业现代化目标？在农业现代化目标下推动农地流转是否存在障碍？所以本书在这一部分分析的重点是在农业现代化目标下推动农地流转会受到客观社会环境的哪些限制，存在哪些障碍。找出这些障碍才能更好解决农地流转滞后与农业现代化目标之间的矛盾，才能针对性提出推动农地流转的对策。

二、研究思路与研究方法

本书研究基于我国农村劳动力非农转移背景，我国农村劳动力非农转移整体上可以分为两个阶段，第一个阶段劳动力非农转移后依然以农业劳动为主；第二阶段劳动力非农转移后不再以农业经营为主。我国目前处于第二个阶段，大部分农户不再重视农业经营，甚至部分地区出现了农地抛荒，导致农地、劳动力和农业资本等资源利用效率低下，这不符合农业现代化目标要求。农业现代化目标要求在保障农民权益条件下走农地适度规模化经营和农业产业化道路，推动农地流转成了必然选择。具体研究思路如图1-4所示。

本书研究的思路是首先梳理我国农村劳动力非农转移与农地流转的发展状况，分析二者关联性，揭示我国农地流转滞后的现状，同时说明农村劳动力非农转移并不是农地流转的充分条件，需要外力推动农地流转。然后阐述农业现代化目标要求和农地流转滞后对农业发展的约束，证实农地流转滞后与农业现代化目标的矛盾，实现农业现代化目标要求必须推动农地流转。然后寻求农地流转滞后的原因，农地流转滞后是由农地流转市场非农均衡形成的，所以分析农地流转供求状况及其影响因素成了关键。找出农地流转供求影响因素，是制定增加农地流转中供给与需求对策的关键。增加农地流转供给与需求能够推动农地流转，但不一定能够满足农业现代化目标要求。即在我国特定社会环境下，既要推动农地流转又要满足农业现代化目标要求存在诸多困境。本书最后根据农地流转供求影响因素与农

业现代化目标下农地流转困境,寻求推动我国农地流转发展机制,并提出配
套政策建议。

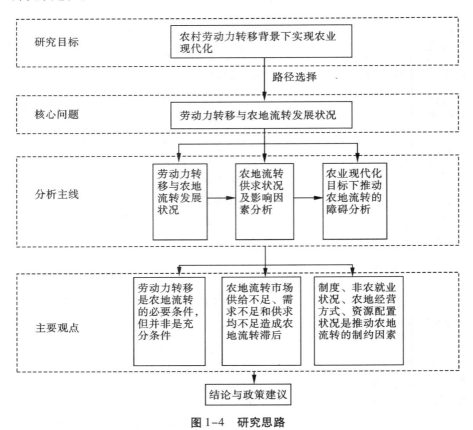

图 1-4　研究思路

第五节　研究内容与创新

一、研究内容

本书研究内容是基于新古典分析框架,在农村劳动力个体追求利益最
大化和效用最大化假设下进行的。农村劳动力转移非农就业后不流转农地
是造成农地流转滞后的原因,而导致这种原因的症结是劳动力追求利益最
大化或效用最大化的结果。由于农地异质、农户分化等特征形成了农村劳
动力个体差异,也就形成了农村劳动力在转移非农就业和流转农地选择行
为的差别化。所以本书的研究内容就是在农村劳动力追求经济利益最大化

和效用最大化的前提下,构建农地流转市场供求双方效用模型和劳动力转移模型,分别从总体和个体角度分析,寻求农地流转滞后的症结,并依据农业现代化目标要求提出针对性建议。具体内容如图1-5所示。

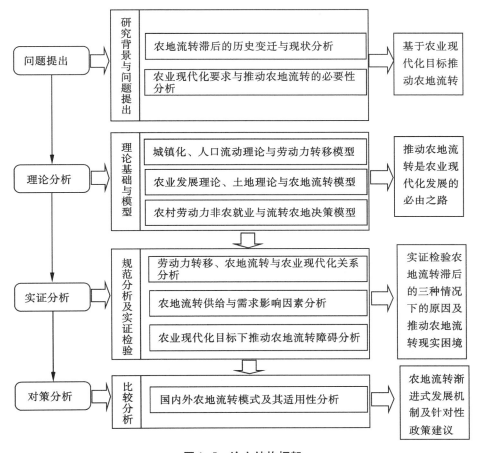

图1-5 论文结构框架

本书研究按照问题提出、原因分析和对策研究三步进行,具体内容可以分为四大部分:

第一部分包含导论和第1章,是本书研究出发点与立足点,重点阐述所研究问题的必要性和理论基础。导论主要阐述本书研究背景、文献综述、研究目标、研究方法和研究框架。第1章是对农业现代化、农村劳动力转移与农地流转的理论分析。本部分内容研究的重点是对农村劳动力转移非农就业与流转农地选择行为的分析,需要分成三个方面探究:一是依据人口转移理论分析农村劳动力转移行为;二是依据农业发展及土地理论分析农地流转的必要性;三是立足于劳动力本身利益或效用最大化分析农村劳动力非农转移和流转农地决策行为。通过理论分析验证农业现代化、农村劳动力转移与农地流转的关系。

第二部分是第2、3章。第2章是基于第一部分的理论分析进一步验证我国农地流转的独特性和推动农地流转的必要性。分析了我国农村劳动力转移与农地流转的互动与制约作用;验证了我国农地流转滞后农村劳动力转移的现状;证实了农村劳动力转移并不是农地流转的充分条件,需要外力推动农地流转。第3章分析农地流转供求状况及影响因素,论证了农地流转中滞后是农地供给不足、需求不足或二者均不足导致供求非均衡形成的。通过实证分析找出农地流转供给与需求的影响因素。

第三部分是第4、5章。第4章是根据我国农业现代化目标要求,验证农地流转滞后对农业现代化发展的约束,并测度我国农地流转的发展趋势,进一步证实推动农地流转必要性及可行性。第5章是对农业现代化目标下推动农地流转的障碍分析,根据前面农地流转供给与需求影响因素,结合我国客观环境和条件,找出推动农地流转并满足农业现代化目标要求的困境。

第四部分是第6章,比较国内现有农地流转模式并分析其适用性;然后根据第三部分分析结果构建农地流转递进式发展机制,针对农地流转供给不足和需求不足分别提出相应发展机制,并提出多种农地流转模式结合实施可行性和市场化转换导向;最后提出配套政策建议。

二、本书创新之处

(1)本书研究角度的创新。在我国城镇化进程中农地流转与农村劳动力转移是学术界研究的重点,但大多学者主要以其中一个方面作为研究角度,将二者结合起来的也多集中于二者关系研究。本书立足于城乡统筹发展和“三化”协调发展要求,将二者结合起来研究,侧重农地流转滞后农村劳动力转移的现状、原因及对策研究,并不是单纯考虑其中一个方面。这一研究角度无论是在理论上还是现实中均有一定的创新性。

(2)分析方法的创新。本书采用了总体与个体结合的分析方法,在总体分析的基础上进行个体分析验证,可以避免农地流转研究中总体分析笼统性的缺陷和个体分析特殊性的缺陷。从总体上分析农村劳动力转移与农地流转不一致的原因;分析农地流转供求的区域差异及原因;分析劳动力分化下劳动力转移的差异性及原因。从个体角度分析农村劳动力在转移非农就业和流转农地行为选择的差异性及原因。最后总结总体和个体研究结论,提出针对性策略。

(3)农村劳动力转移非农就业与农地流转决策模型的建立。以农村劳动力为研究对象,建立农村劳动力在转移非农就业和流转农地两种行为的决策模型;以普通农户和专业经营大户(或企业)为对象,建立农地流转需求模型。建立农地流转供求决策模型,通过模型分析可以找到农地供给或需求的影响因素,是分析农地流转障碍和寻求解决方案的基础。

(4)实现目标的创新。推动农地流转并非是实现农业现代化的充分条件,农业现代化既要求农地流转,又要求农地规模化流转和农业产业化经营。本书研究不仅仅以推动农地流转为目标,而且要以实现农业现代化为最终目标。

(5)构建农地流转递进式发展机制。由于区域分异性、农户分化和农地异质等特征,农村劳动力选择行为存在多样性,农地流转市场供求状况具有复杂性。本书试图构建先逐步增加农地流供给与需求,然后实现农地流转市场化的递进式发展机制。

第二章

农村劳动力转移、农业现代化与农地流转理论分析

　　20 世纪 40 年代西方发达国家的一些经济学家、学者开始研究落后农业国家(发展中国家)经济发展问题。但从整个的研究对象和过程来看,并未对中国这样农业大国经济发展给予足够的关注。所以,这些经济发展理论虽然对我国经济发展有一定的指导和借鉴意义,但并不完全适应我国国情,在经济发展过程中出现了理论与实践的矛盾[①]。张培刚先生首次以中国为对象研究农业大国如何实现经济发展,提出了农业国工业化理论。本章基于相应的理论,并结合中国国情对农业发展、劳动力转移和农地流转进行分析,揭示农村劳动力转移背景下农地流转与农业现代化发展的关系。

第一节　农业现代化发展的理论分析

　　经济发展理论关于工业与农业发展的研究可以分为两种观点:第一种是"唯工业论"理论,对农业发展存在偏见,主要代表是结构主义经济学家刘易斯的二元经济结构发展模式;另一种观点是工业发展过程中应重视农业发展,城乡应该协调发展,实现农业现代化和城镇化同步发展。从研究体系出发可以分为马克思主义观点和发展经济学观点。

一、马克思主义关于农业发展的观点

　　由于近代工业革命以后的工业化发展导致了城市拥挤和环境污染等问题,西方经济学者开始对城乡发展进行研究。早期重农主义学者鲍泰罗在《城市论——论城市伟大之因由》中认为城市的发展与存在应以农产品剩余

---

① 周天勇:《高级经济发展经济学》,中国人民大学出版社 2006 年版,第 87—88 页。

为基础。1826年杜能在《孤立国同农业和国民经济的关系》中研究了农业与城市、工业发展的关系。城市与农村发展也受到古典经济学家的重视,其中亚当·斯密在《国富论》中认为在增加农产品剩余的基础上才能增设城市。随后马克思、恩格斯将城市与农村发展研究推到了新的高度。

马克思和恩格斯认为城市与农村分离是人类发展史上"第一次社会大分工",推动了生产力提高,也造成了城市与农村的对立。他们认为这种资本主义城市和农村对立是阶级矛盾的体现,可以消除其对立实现城乡融合。他们关于城乡发展的看法主要包括以下观点:①资本主义社会城市和农村存在对立。资本主义社会这种城市与农村对立关系反映在阶级矛盾上,城市在政治上统治农村,经济上剥削农村。②城市和农村对立关系可以消除。当时大多资产阶级经济学家认为这种对立关系是社会经济发展的必然,是合理的。马克思认为这种观点是错误的,坚称消除这种对立关系正如消灭资本家与工人对立一样,城乡对立关系消除将是工业发展和农业发展的必然要求。③提出了城乡融合的概念。马克思、恩格斯认为资本主义的城市与农村对立关系在将来社会主义社会发展到一定程度应该达到相互融合。农村人口向城市和工业集中是农业发展水平处于较低阶段的状况,随着农业发展水平提高,工业会在全国平衡分布,最终消除城市与农村的对立。

由此可知,马克思、恩格斯认为在社会发展过程中应该重视农村发展,城市与农村的对立是社会发展不协调的表现,二者对立会阻碍社会发展,通过发展生产力和科学技术进步实现二者融合。

列宁根据资本主义国家发展历史,结合苏联具体发展状况,分析了城市与农村发展的关系。他也认为城市与农村的分离和对立是社会发展的必然过程,是商业财富优于土地财富的必然结果。城市工商业发展与农业发展不均衡是城市与农村对立的根本原因。优质生产要素不断从农村流向城市,农业生产组织形式落后,农业发展缺乏优质的人力和物质。列宁认为消除城市和农村的对立需要发展农业,强调新技术应用对农业生产进步的作用。现代高新技术在农业生产中的使用,可以推动农业发展,消除城乡发展悬殊现象。

新中国成立后,结合我国国情几代领导集体也提出了城市与农村发展的一些设想。毛泽东时期曾提出"工农并举、城乡兼顾";邓小平、江泽民均强调"城乡协调发展";党十七大、十八大也均提到"重视农村发展,工业反哺农业,城乡统筹发展"。

二、发展经济学关于农业发展的理论

发展经济学主要以发展中国家经济发展为研究对象,经济发展路径是其研究的主要内容之一,城乡发展关系是经济发展路径中的关键。侧重于对城乡和工农关系解释的主要是二元经济结构理论,以及基于二元经济结构理论进一步修正和弥补的理论。

荷兰经济学家柏克最早用"二元结构"概念来概括社会经济分化现象。19世纪柏克对荷兰属地东印度经济发展研究时发现其是典型的"二元结构"社会,殖民地旧资本主义传统经济部门与殖民者输入的现代经济部门同时并存。这两种部门在社会制度和经济制度方面存在巨大差异,个人行为和资源配置方式也存在天壤之别。

1954年美国经济学家阿瑟·刘易斯发表论文《劳动力无限供给下的经济发展》,论文提出了二元经济结构分析方法,成了经济发展中城市与农村发展关系的一个基础模型。刘易斯指出发展中国家存在生产效率不同的两个经济部门,一个是生产效率低下的传统部门,主要指生产方式落后、收入水平较低和生产效率低下的农业部门;另一个是技术水平较高、工资水平较高和高生产效率的工业部门。在传统部门劳动力供给无限的条件下,劳动力大量向工资水平较高的现代部门流动,工业部门可以快速形成资本积累和资本扩张,当工业部门全部吸收传统部门劳动力后二元经济转向一元经济。刘易斯二元经济结构理论提供了发展中国家经济发展的一个路径,但整个的发展过程忽视了农业发展。针对我国国情,农业部门劳动力大量向城市工业部门转移,确实推动了工业化、城市化发展,但工业部门吸收的这部分劳动力并未放弃农村土地经营,也就意味着劳动力转移的同时农业生产效率并未得到实质性提高,也限制了农业收入水平提高。所以,刘易斯的二元经济结构理论实质上是"唯工业论",并不适用于中国农业大国的国情。

拉尼斯-费景汉(Rain-Fei)(1964)在刘易斯二元经济结构理论的基础上进行了补充,指出刘易斯忽视农业发展的缺陷,认为农业不仅仅能够为工业部门扩张提供无限劳动力,农业发展也为工业部门发展提供了农业剩余。他们认为为了避免经济增长的停滞需要工业部门和农业部门平衡增长,所以在农村劳动力向城市工业部门转移的同时要保证农业生产效率提高。

乔根森(W.Jorgenson)(1961)在关于城市与农村发展的关系上否定了Lewis和Rain-Fei的城市现代部门先发展后带动农业部门发展的观点。他认为城市工业部门的发展依赖于农业部门发展,为了避免经济发展陷入低水平陷阱,工业部门必须进行资本积累,但工业部门资本积累的前提是存在农业剩余。

托达罗(M.P.Todaro)(1970)和哈里斯(Harris)(1970)解释了城市存在失业情况下农村劳动力持续向城市转移现象,认为发展农村经济和提高农民收入才能从根本上解决城市失业、城市病和农村落后的局面,农村和城市必须协调发展,工业化才能顺利推进。

缪尔达尔(Karl Gunnar Myrdal)(1957)曾利用扩散效应和回流效应解释二元结构发展理论,他认为城乡经济发展差异会陷入恶性循环,城市发展越来越快,农村发展越来越慢,逐渐会呈现空间上"中间—外围"结构。要改变这种二元结构需要政府采取不平衡发展策略,促使城市工业部门扩散效应形成,推动农村部门经济发展。

张培刚(2001)在《农业与工业化》一书中阐述了其农业国工业化理论,认为虽然农业国家的出路是工业化,但农业发展对工业发展推动有着至关重要的作用。他分析了农业在工业化中的贡献,阐述了农业发展对整个国民经济发展的作用,认为农业是整个国民经济的基础。

由于20世纪50~60年代发展中国家农业长期停滞,经济发展严重受限,影响社会整体发展。20世纪60年代中期以来,西方发展中国家开始重视农业发展对经济发展的作用。速水佑次郎和弗农·拉坦(2000)总结认为关于农业和工业发展对社会经济发展的贡献学说观点已经发生了转变,已经有"唯工业论"转向了重视农业和农村发展。

基于以上理论和观点可知,随着我国城镇化和工业化快速发展,"唯工业论"已经不适合我国国情,推动农业发展并实现农业现代化已经成为我国经济发展的必然要求。

第二节　农村劳动力转移的理论分析

工业化和城镇化发展过程其实就是传统农业经济向现代工业经济转化,必然伴随着农村劳动力非农就业和向城镇流动,涉及人口在产业和空间双重流动。刘易斯、拉尼斯-费景汉、乔根森、托达罗在阐述经济发展理论时均认为农村劳动力向城镇转移是工业部门完成资本积累的前提,农村劳动力持续向城市转移是实现工业化、城镇化的先决条件。张培刚分析农业在工业化过程中的作用时认为农业发展提供的劳动贡献是显而易见的。工业化初期不仅需要大量资本,也需要大量劳动力。随着工业化、城镇化的发展,城镇人口自然增长满足不了工业发展对劳动力需求数量的增加,需要农村劳动力不断流入城市以补充工业劳动力供给不足。所以研究劳动力转移的动因至关重要,对研究我国劳动力转移动因有借鉴意义的理论主要有刘易斯模型、拉尼斯-费景汉模型、乔根森模型、托达罗劳动力转移模型和新城乡劳动力转移模型。

一、刘易斯模型

刘易斯将发展中国家经济划分为两部门:以劳动生产率极低的农业部

门为代表的传统经济部门和以现代方法生产的高生产率且工资水平较高的城市现代部门。模型有三个基本假定,即农业劳动力边际生产率很小或等于零、甚至为负,生存收入决定现代部门工资下限,不变工资下存在无限劳动力供给以及资本家剩余再投资于创造新资本而促进现代工业部门扩大假设。其中,假定劳动处于无限供给状态,这是刘易斯模型分析的基础。

(一)无限的劳动供给

所谓的无限劳动供给是指,在现有固定工资水平上,工业部门的劳动供给具有完全弹性。之所以如此,原因主要有两个方面:其一,人多地少、资本稀缺,表现为 K/L 构成的资本密集度低,农业劳动力边际生产率极低甚至为零[①],这种情况下流入城市的劳动者以获取生存收入为目的,属于生存性流迁就业。其二,流入城市的劳动力工资不能高,否则会超出工业部门的就业承受力。

流入城市务工的农村劳动力的固定工资水平主要构成部分分别为:农业生产收入水平参照、城市务工生活支出,就业转移的机会成本(刘易斯称之为劳动背乡离土的心理补偿成本,这一点对于传统的中国农民更是如此)、诱致性净收入、工会压力下的工资。当然,对于西方发达国家来说,工会组织发达,对劳动市场上的资方构成强大的压力,会带来部分工会压力下的劳动者工资上升,而对于中国来说,则是城市居民就业压力出现而要求获取的工资。随着社会经济的发展,流迁成本持续上升,这部分将逐渐纳入转移劳动者的就业决策中。

随着农业剩余劳动力转移规模的扩大,农业生产率将有所提高,直至转移完成,两部门边际产出趋于相等。此时,刘易斯转折点到来,这有两个标志,分别是:两部门边际产出趋于均等化,工业部门工资提高;城市现代部门劳动市场上的劳动力供应无法满足劳动需求,乡村农业剩余劳动力基本转移完毕。

(二)劳动力的转移过程

首先,假定工业部门只使用资本和劳动两种要素,资本稀缺而劳动丰富。根据经济学原理,任何产品的短期生产中,可变要素投入和固定要素投入间都存在一个最佳的组合比例[②],故对于一笔固定资本投入额,有一条特

---

① 这里,刘易斯强调所谓的劳动边际生产率为零不是指一个人时的边际生产率,而是指一个人的边际生产率,由于农业劳动力相对农业生产部门的其他资源如农地、乡村资本配置过度,存在过剩状态。而如果联系中国社会农村经济发展的历史则可以发现,扣除农业税负后,农户收入甚至为负。

② 高鸿业:《西方经济学(微观部分)》,中国人民大学出版社 2006 年版,第 131 页。

定的劳动生产率曲线(劳动需求曲线)与之对应。假定初始资本为 k,对应的劳动需求曲线为 $D_1(k_1)$,由于利润最大化(边际生产率=工资,即 $VMP = W$)是现代工业部门的目标,故当资本为 k_1 时,资本方将雇佣 OL_1 数量的劳动。此时总产量为 OL_1FW_1,工人工资为 OL_1FW,WFW_1 为资本方获得的利润。

　　由于生存考虑是决定工人工资的主要因素,故投入扩大的关键在于资本家剩余的使用。假定资本家剩余全部储蓄起来,以作投资使用,则随着资本的追加($K_1 < K_2 < K_3$),劳动边际生产率曲线随之移动($D_1(K_1) \rightarrow D_2(K_2) \rightarrow D_3(K_3)$),所需要的劳动力也随之增加,劳动转移持续扩大($OL_1 < OL_2 < OL_3$),直至剩余劳动完全转移为止。

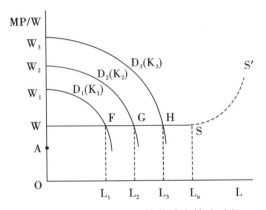

图 2-1　刘易斯模型中的劳动力转移过程

　　注:横轴表示劳动力的数量,纵轴表示劳动的边际产品和工资,OA 代表传统农业部门的生存收入,OW 表示工业部门的现行工资水平,WS 是劳动力无限供给的供给曲线,$D_1(K_1)$、$D_2(K_2)$、$D_3(K_3)$ 代表不同资本水平下的劳动边际生产率曲线,是对应的劳动需求曲线。其中,$K_1 < K_2 < K_3$,边际生产率曲线的外移,反映随着资本积累的增加,劳动生产率将不断提高,而向右下方倾斜,则表示在既定资本量下,随着劳动投入的增加,劳动边际产品递减。

　　刘易斯将发展中国家的经济发展分为两个阶段:无限的劳动供给阶段和有限劳动供给阶段(或弯折的劳动供给阶段,即 SS'),这里,分别对应着古典经济和新古典经济理论的假设。第一个阶段表现为资本稀缺和劳动丰富,资本剩余完全归资本方所有,工资固定不变;第二个阶段表现为所有生产要素都是剩余的,资本剩余不再完全归资本方所有,工资开始上升。总体看,刘易斯指出的二元经济发展是通过收入分配向利润倾斜形成的资本加速积累及从传统部门吸收劳动力和经济剩余而实现的,是一个现代工业部门不断扩张和传统部门逐渐缩小的过程。

（三）对刘易斯理论的批评

尽管刘易斯理论的提出对发展中国家社会经济发展具有较积极的参考意义,但仍然存在一定缺陷,对刘易斯论述的批评主要集中于以下几个方面:其一,该模型的两阶段划分过于粗糙,强调城市工业部门的扩张,而忽视农业发展的作用。因为如果没有农业劳动生产率的提高,当农业部门劳动力持续大量转移到城市现代部门后,会出现粮价上涨、工业工资水平上涨,最终会引起利润下降和工业扩张减速直至停止。其二,模型假定只有农村农业部门存在剩余劳动和隐蔽失业[①],而城市工业部门则不存在失业,农业部门能够提供无限剩余劳动力供给,这显然与发展中国家的经济发展事实不符,"农业部门在剩余劳动消失之前只能是一个为现代工业部门输送廉价劳动力的被动而消极的部门"的论断,明显无视经济增长中农业部门的重要作用,这一致命缺陷促使了其后拉尼斯-费景汉模型的产生。对此,舒尔茨指出,无限劳动供给假设不符合现实,因为不存在零值生产率的剩余劳动力或伪装的失业[②]。其三,刘易斯的人口流动模式暗含一个假定,即就业机会会随着资本积累扩大而增多,没有考虑资本积累中的技术进步因素,假定现代工业部门的劳动与资本的比例始终是不变,而实际情况则是,随着现代经济部门的扩大,资本方倾向于资本密集型技术的使用,资本对劳动构成替代。最终结果可能是,就业机会少与现代工业部门扩大同时并存,这些都是刘易斯没有看到的。此外,从本书研究视角看,刘易斯将"隐蔽失业"与农业剩余劳动力等同,而事实上,传统经济部门的劳动力剩余出现,是在低下的生产力水平以及由于产权阻碍而出现的劳动不断投入的内卷化的生产方式两方面因素所引致的。

二、拉尼斯-费景汉模型

以刘易斯模型为基础,美国经济学家拉尼斯和费景汉于 1961 年合作发表的论文《一个经济发展理论》中首次提出一个二元经济发展模式,其后在

---

① 纳克斯对此的解释是:即使农业技术不加改变,此类国家的农业部门的大量劳动力转移出去也会引致农业产量降低,从这个角度看,此类国家存在大量隐蔽失业。隐蔽失业的存在意味着存在"隐蔽储蓄",把这部分处于隐蔽失业状态的过剩劳动力转移到现代工业部门,就相当于将隐蔽储蓄变成为资本积累,从而促进工业部门的发展(纳克斯,1953)。

② 舒尔茨:《改造传统农业》,商务印书馆 1987 年版。

1964 年合着的《劳动力剩余经济的发展》中进一步系统阐述[1]，被称为拉尼斯-费景汉模型或费景汉-拉尼斯模型。该模型认为当劳动力边际产品大于零而低于"制度工资时"继续劳动力，将会出现农业总产量的下降甚至粮食短缺，这将导致工业部门工资上涨和资本家剩余的减少，最终使得刘易斯提出的假定，即通过转移农村剩余劳动力实现资本积累进而促进工业发展难以实现。此外，与刘易斯侧重描述现代工业部门的扩张过程不同，该模型将工业和农业两部门结合起来，详细描述了二元经济结构下的劳动力流动模型。

（一）模型的基本结构

拉尼斯-费景汉模型认为，除资本积累外，工业创新强度和偏向也影响劳动边际生产率，劳动供给曲线由两部分构成：水平和上升的两部分，在接受刘易斯观点的同时，该模型认为只有在农业生产率提高，劳动力转移速度高于人口增长速度时，转折点才会达到。在拉尼斯-费景汉模型中，农业剩余对工业部门扩张和劳动力转移具有决定性意义。因为它影响工业部门的工资水平，从而影响工业部门的扩张速度和劳动力转移速度。劳动力转移可以分为三个阶段：第一阶段，平均农业剩余等于不变制度工资，劳动力转移不会产生粮食短缺问题，从而不影响工业部门现有工资水平。这一阶段，劳动供给曲线是水平的，工资水平等于农业部门的制度工资，劳动力边际生产率为零。第二阶段，平均农业剩余小于制度工资，供工业消费的粮食不足，粮价上涨，工资上涨，劳动供给曲线开始上升。转折点又被称为短缺点，从此点开始，农产品特别是粮食短缺开始出现，引起粮价上涨和工业部门工资水平上升，最终可能会导致经济增长和劳动力转移进程减缓。第三阶段，农业边际劳动生产率上升到"制度工资水平"，伪装的失业消失标志着不发达经济已经进入商业化阶段，此时，两部门的工资水平都由市场原则而非制度因素决定，即由劳动边际生产率决定。工业部门要吸引更多的农业劳动者参加工业生产，须将工资提高到至少等于农业的劳动边际生产率。拉尼斯和费景汉认为，在劳动力转移过程中，农业劳动生产率逐步增加，来实现那个部门的发展平衡进行，这会有助于推动劳动力转移进入商业化点。

（二）农业生产率的增加和两部门的平衡增长

农业生产率的增加使农业剩余和边际生产率都有所增加，工业部门的劳动供给曲线相应的发生变动。一方面，商业化点之前，平均农业剩余曲线上移，粮食价格下降，工业工资降低，使得工业劳动供给曲线下降。另一方

———

① Fei. J, Ranis. G, Development of the Labor Surplus Economic：Theory and Policy, Richard DIrwin, Homewood, 1964.

面,在商业化点之后,农业边际生产率曲线上移使得工业劳动曲线上升。

拉尼斯等认为,农业生产率的增长是保证工业部门扩张和劳动力顺利转移的必要条件。但是,仅仅农业生产率增长尚有不足,要使劳动力转移不至于受到阻碍,两部门生产率增长保持同步,即两部门须平衡增长就成为必要条件。拉尼斯和费景汉认为,要保证劳动供求曲线在平衡增长路径上相交,需满足平衡增长原则。即两部门生产率的相对变化必须使得两部门长期地保持增长刺激,即每个部门的贸易条件都不能恶化,这就需要农业部门提供的农业剩余恰好能满足工业部门对农产品的需求。

假定人口不变条件下,两部门经济均衡增长(或两部门生产率同步增长)可以促进二元经济发展进入商业化点,但当人口增长情况下,就无法保证这种转折的实现,需要使劳动转移速度快于人口增长速度。拉尼斯等也指出,人口增长和生产率增长是劳动力转移过程中的两个关键变量,其中,人口控制短期很难见效,更重要的是要增加生产率,这有两条途径,即:资本积累和技术进步,强调需要根据发展中国家资本稀缺和劳动富裕这一特征,合理使用技术。

(三)拉尼斯-费景汉模型的贡献与缺陷

在刘易斯模型的基础上,拉尼斯-费景汉进行了修正,认识到农业剩余的重要性,强调农业部门的发展是工业部门扩张和农业劳动力转移的先决条件,认为农业生产率的提高有助于弥补第二、三阶段劳动力减少对农业剩余的影响,从而为工业部门发展提供保障。拉尼斯和费景汉认为,农业部门与工业部门应同步发展,强调彼此平衡增长和均衡贸易条件,这是劳动力转移得以持续进行,并最终消除农业部门剩余劳动力的关键。此外,拉尼斯等在把资本积累看作是扩大工业生产和经济发展的基础的同时,将技术因素纳入考虑,认识到创新要素偏向对劳动就业的影响。拉尼斯-费景汉模型以发展中国家特征为经验依据,其两部门均衡发展理论对发展中国家有一定的实用参考价值。但该模型也存在缺陷,部分是与刘易斯模型共有的,如农业劳动绝对过剩、城市工业部门零失业、不变制度工资水平等假说都与现实不符,该模型还忽略了农业劳动流动的异质性及劳动者个体微观决策因素等。此外,从本书研究角度看,早期二元经济发展理论假定"零值劳动力",这意味着劳动要素没有通过市场价格机制进行配置,以此为基础提出的二元经济政策会导致国民经济运行中的价格偏离边际替代率,引致资源配置扭曲[①]。

---

① 西奥多·W·舒尔茨:《改造传统农业》,商务印书馆 2003 年版。

三、乔根森模型

1961 年,美国经济学家乔根森(Jorgenson, D. W.)创立了一个新的二元经济发展模式,不认可农业存在边际生产率等于零的剩余劳动力,不认为农业与工业的工资水平固定不变[①]。

(一)基本假定与结构

该模型首先作以下假定:发展中国家经济被划分为两个部门,分别为以农业为代表的落后或传统部门、以工业为代表的先进或现代部门;农业部门没有资本积累,只投入劳动和土地,农地被假定是固定的,故农业产出是劳动的函数;工业部门产出是资本和劳动的函数;假定技术进步是中性的,两部门生产产出被假定随时间而自动增加,这种不增加要素而产出增加的现象被叫作技术进步。

乔根森认为人口增长取决于粮食供给,当粮食供给增长率大于最大人口增长率时,农业剩余产生,由此,农业劳动开始向工业部门转移,工业部门开始增长,两者间(劳动转移与农业剩余)存在密切的正相关关系。

(二)农业发展与人口增长

首先,假定发展中国家经济没有现代工业,设 P 为总人口,Y 为农业总产出,L 为土地,则农业生产函数为

$$Y = e^{\alpha t} L^{\beta} P^{1-\beta} \qquad (1)$$

α 表示农业部门技术进步率,$e^{\alpha t}$ 表示 t 年与技术进步有关的增长因子、β 表示土地产出弹性,$1-\beta$ 表示劳动产出弹性。

由于假定土地供给固定,故(1)式可以改写为

$$Y = e^{\alpha t} P^{1-\beta} \qquad (2)$$

方程(2)两边除以总人口,则有

$$y = \frac{Y}{P} = e^{\alpha t} P^{-\beta} \qquad (3)$$

其中,y 表示人均农业产出,对时间 t 求导,再两边除以人均产出,则有

$$\frac{y'}{y} = \alpha - \beta \frac{P'}{P} \qquad (4)$$

乔根森认为人口增长依赖人均农业产出,由此,人口增长率公式为:

$$\frac{P'}{P} = \min \begin{cases} \gamma y - \delta \\ \varepsilon \end{cases} \qquad (5)$$

---

① Jorgenson D W, The Development of a Dual Economy, Economic Journal, 1961, 11.

γ 表示与人均粮食或者说是农业产出有关的人口出生率增长率,被假定是一个常数,γy 即为人口出生率。δ 代表人口死亡率,被假定为一个常数。ε 代表一个社会在现有制度和医学水平上能够达到的生理最大人口增长率,假定不变。min 表示两数中取最小。函数表明,在达到最大人口增长率之前,总人口增长率将随着人均粮食产出增长而增长。

由此可以进一步分析农业发展的两种情况。

其一,当人口增长率低于生理最大量,则人口函数为

$$\frac{P'}{P} = \gamma y - \delta \qquad\qquad (6)$$

将(6)式代入生产函数中,则有 $\frac{y'}{y} = \alpha - \beta(\gamma y - \delta) = \alpha + \beta\delta - \beta\gamma y$,整理可得,

$$y' = (\alpha + \beta\delta)y - \beta\gamma y^2 \qquad\qquad (7)$$

设人均农业产出增长率等于零,则有 $(\alpha + \beta\delta)y - \beta\gamma y^2 = 0$,解之得,$y_1 = 0$,$y_2 = (\alpha + \beta\delta)/\beta y$。当 $y = y_1 = 0$ 时,人口增长率下降为负数,且等于人口死亡率 δ,当 $y = y_2 = (\alpha + \beta\delta)/\beta y$ 时,人口增长率为 $\frac{P'}{P} = \gamma[\alpha + \beta\delta]/\beta\gamma - \delta = \frac{\alpha}{\beta} > 0$。

这种人均粮食产出不变而人口增长率为正数的情况,叫作低水平均衡陷阱。此时,不可能存在劳动力从农业到工业的流动。

其二,当人口增长率达到生理最大量,则 $\frac{P'}{P} = \gamma y^+ - \delta = \varepsilon$,这里,$y^+$ 代表人口增长率达到生理最大量时的最低人均粮食产出,$y^+ = (\varepsilon + \delta)/\gamma$。此时,生产函数为 $\frac{y'}{y} = \alpha - \beta\varepsilon$,该函数为乔根森二元经济发展模式建立的前提。

若 $y < y^+$,人口增长率低于生理最大量,粮食产出增长率将被人口增长吞没,生产非农产品的工业部门难以得到发展。若 $y = y^+$,此时才会有农业剩余。乔根森认为,农业剩余是工业部门产生于扩张及劳动从农业部门转移的充要条件,故此将成为临界人均收入水平。

(三)农业剩余与工业扩张

当 $y > y^+$ 时,即 $\alpha - \beta\varepsilon > 0$ 时,农业剩余产生,设为 S,则 $S = y - y^+$。农业剩余产生使得总人口中有一部分可以从土地上释放出来从事工业生产。设农业人口为 A,工业人口为 M,总人口为 P,则有 $P = A + M$。乔根森认为,劳动力转移量与农业剩余间的平衡关系是:农业剩余在总农业产出中的比例等于

工业部门的劳动力在总人口中的比例①。

假定所有粮食都被消费掉,则

$$yA = y^+ P \qquad (8),$$

由于 $S = y - y^+$,$P = A + M$,故(8)式可整理为:$\dfrac{S}{y} = \dfrac{M}{P}$。此时,农业和工业两部门人口分别为 $A = A(0)e^{\left[\frac{\lambda}{1-\sigma}\right]t}$ 和 $M = P - A = P(0)\left[e^{\varepsilon t} - e^{\left(\frac{\lambda}{1-\sigma}\right)t}\right]$,其中,$M(0) = 0$

设 X 为工业总产出,K 为资本,M 为工业劳动量,则工业生产函数为 $X = e^{\lambda t}K^{\sigma}M^{1-\sigma}$。其中,$\lambda$ 代表工业技术进步率,σ 代表资本产出弹性,$1 - \sigma$ 代表劳动产出弹性。

假定工业部门利润全部用于投资,则投资方程 $\dot{K} = \sigma X$,$\dot{K}$ 代表资本增量,σX 代表利润总额,由此得二元经济基本微分方程:$\dot{K} = \sigma K^{\sigma} P(0)^{1-\sigma} e^{\lambda t}\left[e^{\varepsilon t} - e^{\left(\frac{\lambda}{1-\sigma}\right)t}\right]^{1-\sigma}$。假定工业工资率等于劳动边际生产率 $\dfrac{\partial X}{\partial M} = (1 - \sigma)X = W$,工资增长率为 $\dfrac{\dot{W}}{W} = \dfrac{\dot{X}}{X} - \dfrac{\dot{M}}{M} = \left[\dfrac{\lambda}{1-\sigma} + \varepsilon\right] - \varepsilon = \dfrac{\lambda}{1-\sigma}$,可知,工资率增长率取决于工业技术进步率、资本积累率和劳动产出贡献等。

(四)对乔根森模型的评价及批评

乔根森认为传统与现代两部门的差异主要体现在生产关系上的不对称,主张引入资本要素和市场竞争机制以推动农业部门的发展,将农业剩余作为分析的基础,认为工资水平不是固定的,而是受多种因素的影响将会上升。同时,乔根森将人口增长看作一个内生变量,由经济增长决定。此外,乔根森模型指出在劳动供给条件发生变化背景下消费需求结构变化对社会经济发展进程的重要性。尽管乔根森模型在刘易斯和拉尼斯–费景汉模型的基础上提出了更符合发展中国家经济现实的论断,但仍然存在一定缺陷。如与刘易斯和拉尼斯–费景汉模型相似,忽视农业部门物质投资的需要及城市失业等,且其假定与现实不符,即 $y < y^+$ 时,粮食需求的收入弹性为 1,而在 $y \geqslant y^+$ 时,粮食需求的收入弹性为 0②。

---

① 推导公式见谭崇台:《发展经济学》,山西经济出版社 2001 年版,第 304–305 页。
② 速水佑次郎、拉坦:《农业发展的国际分析》,中国社会科学出版社 2000 年版,29 页。

四、托达罗劳动力转移模型

(一) 基本模型及其含义

托达罗 (1969) 认为劳动力由农村转移城市是一个理性的决策过程,它取决于城乡预期收入差异。城乡预期收入差距越大转移的动机越强,转入城市的人口也就越多。基本模型用下式表达。

$$M = f(d) \ , f' > 0$$
$$d = wp - r$$

其中,M 是劳动力转移人口数量,d 是城乡预期收入差异,w 是城市实际工资水平,p 是城市就业概率,r 代表农村平均收入水平,f'>0 表示劳动力转移是预期收入差异的增函数。假如城市不存在失业,农村劳动力转入城市立即就能就业,也即是就业率 p 为 1,那么劳动力转移的动机取决于城乡实际收入差异,这和刘易斯、拉尼斯-费景汉及乔根森的观点一致。但实际中城市就业率不可能等于 1,也就是城市是存在失业的。

托达罗 (1969) 认为,劳动力转移到城市就业率与现代部门就业机会和城市失业人数有关。就业率与就业机会成正比,与城市失业人数成反比,可以用下面公式表达。

$$p = \frac{g \times 1}{s - 1}$$

上式中 g 指现代部门就业岗位创造率,1 表示城市总的就业人数,s 表示城市中总的劳动力人数。那么,g×1 表示现代部门在一定时期创造的就业机会,s 与 1 的差值表示城市失业人数。现代部门就业岗位创造率 g 等于工业产出增长率与现部门劳动生产率增长率之差。

托达罗认为由于劳动力可能预期转移后计划工作时间较长,其预期收入不仅与当期有关,也与计划范围内其他时期收入有关。又由于劳动力转移存在转移成本,所以转移成本要在预期收入中扣除。设 V(0) 表示劳动力计划期内转移城市预期城乡收入差异的净贴现值;$Y_U(t)$、$Y_r(t)$ 分别表示第 t 期城市和农村的实际工资水平;n 表示计划的时期数;R 代表贴现率;c(0) 表示转移成本;p(t) 表示 t 期内累计就业概率,托达罗认为转移者在城市时间越长就业概率越大。那么劳动力转移城市就业的预期收入贴现净值可以表示为下式:

$$V(0) = \int_{t=0}^{n} [p(t) Y_U(t) - Y_r(t)] e^{-Rt} dt - c(0)$$

那么劳动力转移函数可以变化为:$M = f[V(0)]$

由于劳动力转移城市时间越长就业概率越大,在城市和农村实际收入不变的前提下,劳动力会预期转移城市后一段时间能找到工作,即长期城市预期收入是高于农村收入的。劳动力转移与否与城乡预期收入差距和转移成本有关,当前发展中国家劳动力大量转移城市是城乡预期收入差距扩大的结果。

(二)托达罗模型的主要观点与缺陷

托达罗模型是在传统人口流动模型无法解释城市失业和劳动力转移城市共存现象情况下产生的,它主要是为了解释这种矛盾现象的产生,分析劳动力转移城市的动因,解决城市失业问题。主要观点有以下两个:

(1)劳动力转移的主要动因是城乡预期收入差距,应该摒弃认为扩大城市实际收入差距的措施。托达罗认为发展中国家城市实际工资水平并不是市场力量决定的,而是受政府计划或行政力量(最低工资标准和工会力量)决定的,这样会导致城乡收入差距较大,会吸引大量农村劳动力转移城市,即便是城市存在大量失业。由于政治原因,城市实际工资水平很难降低,只有发展农村经济和提高农村收入水平才能缩小城乡收入差距,进而解决城市失业问题。

(2)依靠工业扩张增加就业岗位不能解决城市失业问题,只有发展农村经济才是根本出路。托达罗认为,资本积累下的工业扩张结果是劳动力生产率提高,工业产出增长率必然高于劳动力需求的增长,即便是二者同步,也解决不了城市失业的问题。因为劳动力需求增长的越快,现代部门创造就业机会就越多,劳动力转移城市就业概率就越高,在城乡实际收入差距不变的条件下,会吸引越来越多的劳动力向城市转移,逐渐超过工业部门扩张对劳动力的需求。

托达罗模式的假设和观点也存在缺陷,具体的缺陷及启示有以下几点。

第一,托达罗假设农村不存在农业剩余劳动力,这与发展中国家实际不符。农村人口增长率一般快于城市人口增长率,对于有限的农业土地而言必然存在生产效率很低或为零的剩余劳动力。靠推动农业发展解决城市失业问题并不可取,农业发展必然提高劳动效率节省农业劳动力,会造成更多农业剩余劳动力。所以,单纯的农业发展和城市部门工业扩张并不能解决城市失业和劳动力转移问题,应该发展农村非农经济促使劳动力就地转移。"推—拉"人口流动理论阐述了农村和城市发展状况共同作用促进农村劳动力转移,进一步说明了劳动力转移受农村推力和城市拉力的共同影响[①]。

第二,没有区分农村劳动力转移与迁移,没有认识到农村劳动力与城市居民就业领域的差异。由于城市居民具有较高的人力资本,农村劳动力人力资

① Jeffreu G. Williamson, "Migration and Urbanization", oxfod university, 1992, 425 - 465.

本水平一般较低,他们就业领域会存在差异,农村劳动力转移城市就业一般从事较低生产效率的岗位,不会给城市就业造成太大压力。同时,农村劳动力也不像托达罗认为的转移后会一直在城市等待就业,实际中他们一旦不能在城市获得就业机会,他们会选择重新回到农村。所以农村劳动力大多并不是托达罗认为的向城市迁移,而是向城市转移就业或重新回流农村。

第三,城市大量失业不见得与农村劳动力转移本身有多大关系,很有可能是因为就业结构与产业结构矛盾。日本、韩国和中国台湾地区不仅失业率低,还发生了劳动力短缺。[①] 2003 年以来中国也出现"民工荒"与城市失业并存现象,这是由于农村劳动力具有非同质性,在政府计划和行政力量作用下,低人力资本水平使劳动力供给与产业结构对劳动力需求产生差异,产生"民工荒"和就业难并存现象。[②]

五、新城乡劳动力转移理论与托达罗模型修正

(一)新城乡劳动力转移理论

托达罗模型中劳动力转移城镇就业的行为是以单个劳动力理性决策为前提的,也即是劳动力是否转移城镇就业取决于个体对城乡预期收入差异的判断,与其他家庭成员无关。20 世纪 80 年代斯塔克(Stark)(1971)等人否定了劳动力转移是个体决策结果的观点,认为劳动力是否转移城镇就业不是由孤立的个体行为做出的,应该是与其相关联的家庭决策结果。家庭成员集体决策追求的不仅仅是预期收入最大化,而且也考虑家庭风险的最小化;不仅仅考虑劳动市场内的因素,也会考虑劳动力市场之外的关联因素。斯塔克对劳动力转移决策的认识为劳动力转移动因研究提供了一个新的思路,形成了新的劳动力转移理论。

在后期经济学家和人口学家不断补充下,新劳动力转移理论虽然没有成型的模型,但形成了主要的观点[③]。第一,城乡收入差异并不是劳动力转移的必要条件,就算是城乡收入均衡,农村劳动力为了分散家庭风险也会转向城市就业。特别是农业经营风险较大的情况下,劳动更倾向于转移非农就业。第二,当地经济发展状况和资源配置状况也会影响劳动力转移。当地经济发展较好的情况下一定程度上会减少劳动力转移的推力,但即便是城乡经济发展水平一致和收入水平相当,如果城乡资源配置不均衡,农村

① 周天勇:《高级发展经济学》,中国人民大学出版社 2006 年版,第 40 页。

② 曹亚:《劳动力估价偏误与要素配置失衡研究》,《经济学家》2011 年第 4 期。

③ 毛隽:《中国劳动力转移研究—基于制度变迁的视角》,复旦大学博士学位论文,2011 年。

投资成本较高或就业风险较大,劳动力也会倾向于转移城市。第三,政府对劳动力市场制度和社会保障制度供给的城乡差异也会影响劳动力转移。如果城镇劳动力市场制度完善和社会保障制度健全会吸引农村劳动力转向城市。这些城乡供给制度或政策的差异会直接影响劳动力转移方向。第四,相对贫困是劳动力转移的动因之一。斯塔克(1991)对墨西哥研究发现,农村劳动力转移城市不是因为城乡收入差距,而是因为内心的相对贫苦感受。当城乡经济发展差距较大时,农村劳动力会处于相对贫困的状态,与城市相似群体作比较后会有脱离相对贫困的想法,促使其转移城市就业。

后期相关研究的学者也逐渐接受了新劳动力转移理论的观点,并且通过实证验证这些观点。比如 Mincer(1986)通过实证分析验证了劳动力转移决策是受家庭因素的影响①。新劳动力转移理论比较适合研究中国家庭劳动力转移行为,因为中国农业生产是以家庭为单位,所以收益和风险一般都是以家庭为单位来考虑的。另外,中国家庭成员之间关联性和束缚性较强,代际间传统的责任较多,比如父母要承担子女的教育、升学、结婚和住房等成本,子女将来要承担父母养老等责任。杜鹰等(1997)认为中国劳动力转移动因与西方并不相同,西方劳动力转移是个体追求利益最大化的过程,中国劳动力转移决策虽然也受个体追求利益最大化影响,但过多的受家庭因素影响。

(二)托达罗模型的修正

基于中国国情在新劳动力转移理论的影响下,国内学者尝试对托达罗模型进行修正,修正主要集中于农村劳动力转移的动因方面,试图将模型更贴近中国现实。周天勇(2001 年)②对托达罗模型修正,修正后的模型本书不再赘述③。其将托达罗模型中一个国家劳动力就业的两部门修正为三部门,即为农业部门、城市正规部门和城市非正规部门。模型的主要观点和结论如下:

第一,农村劳动力转移是家庭理性决策的结果,农村劳动力转移城市有两种情况,迁移与暂时转移。农村劳动力转移后获得收入是务农收入和非农就业收入之和。

第二,无论是城市发展正规部门还是非正规部门都不会导致更严重的失业。农村劳动力流向正规部门或者非正规部门,不管正规部门劳动力来自于非正规部门还是农业部门,都会直接或间接吸引农村劳动力向城市转移。这与托达罗模型的结论完全不同。

---

① Mincer. J. Family Migration Decisions. Journalof Political Economy,1986(5):749.
② 周天勇:《托达罗模型的缺陷及其相反的政策含义》,《经济研究》2001 年第 3 期。
③ 具体模型修正过程可以参看周天勇主编的《高级发展经济学》,第 41-49 页。

第三,影响劳动力转移的因素不仅仅是城乡预期收入差距,还有其他家庭因素,用预期效用差异更好一些。利用预期效用差异研究劳动力转移因素虽然较难建立模型,但更贴近现实。所以分析时可以考虑用城乡预期效用差异代替城乡预期收入差距。

第四,发展农业虽然可以改善城市就业问题,但由于农村人口数量较多和农村非农产业不足;发展农业提高农民收入水平的作用有限;还是需要通过农村劳动力转移非农就业来实现农民收入水平提高。

第五,城市发展过程中应该重点发展与就业结构相匹配的产业。应该大力发展城市第三产业和中小企业,同时推动产业向中小城镇转移,这样有利于农村劳动力转移就业和降低转移成本。

周天勇虽然对托达罗模型进行了修正,但也存在缺陷,其没有考虑农村转移成本、城市生活成本等因素对劳动力转移的影响。在农村劳动力转移方面考虑的不够周全;同时模型也不足以解释农村和城市发展对就业的影响程度。这些缺陷在国内其他学者的不断修正和补充下是适用于我国劳动力转移研究的,对于分析农村劳动力转移动因具有一定的借鉴意义。

基于以上理论和观点可知,在我国农村人多地少的特殊环境下,又由于农村劳动力异质性,农村劳动力总体人力资本水平较低,无法获得稳定的收入和收入较高的工作岗位,会导致其农村劳动力不能完全转移。所以,单方面促使农村劳动力向城镇非农产业转移将会产生农业发展滞后和城市失业问题。只有将农村劳动力转移和农业发展结合起来考虑,才能解决我国城镇化发展过程所面临的社会问题。通过完善中小城镇基础设施,吸引非农产业向中小城镇转移;同时鼓励和支持农村非农产业发展,使农村劳动力通过本地非农就业增加其效用水平。特别是增加涉农非农产业,增加农村劳动力就业稳定性,实现农村劳动力非农就业完全性。

第三节　农地流转的理论分析

一、农地流转与农业适度规模经营

农业适度规模经营是指我国不易采取统一的规模经营模式,而应该根据各区域不同的农业土地状况、资源禀赋、人口特征、技术条件和相关制度灵活地选择不同标准集中土地并规模化经营,达到农业规模经济和农民增收的目的①。通过农地流转可以扩大农地经营规模,从而实现规模经济。规模经济是指随着生产规模的扩大经济效益不断提高。规模不经济是指随着生产规模扩大而经济效益不断下降。在技术水平一定的条件下,生产者随着规模的扩大一般都要经历由规模经济到规模不经济。按照经济学理论,规模经济能够促成生产单位长期平均成本下降,而规模不经济会导致长期平均成本上升。农地流转扩大农地规模带来规模经济过程也即是降低单位产品生产成本的过程,当然农地规模扩大到一定程度也会带来规模不经济,如图 2-2 所示。

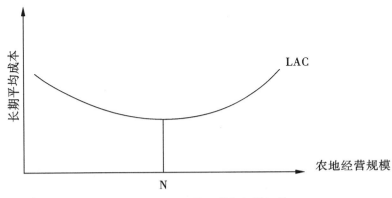

图 2-2　农地规模经营与规模经济

从上图可以看出,农地经营规模在未达到平均成本最低点的土地数量 N 之前,随着农地经营规模的扩大而平均成本逐渐下降,也即是存在规模经济。所谓的适度规模经营就是指农地经营规模达到生产平均成本最小值的土地规模 N 点,这个农地适度规模 N 是随着农业技术条件、种植类型和农地特征不同而发生变化的。随着农业技术水平提高,农地适度规模水平会增加,也即是 N 点会向右移。所以,在我国不同区域农地技术水平、农地特征、种植类型和区位存在差异条件下,各区域农地适度规模标准也不一样。在现有技术水平下,假定亩均农地产出不变,其他要素投入不变,通过农地流转如果可以增加劳均经营农地面积,从而实现单位产品平均成本下降,实现农地规模经济。无论与发达国家相比,还是从劳均收益最大化角度分析,我国目前劳均经营农地面积均未达到最佳经营面积(适度规模面积),也即是

---

①　文雄:《农地流转促进农业适度规模经营问题研究》,湖南农业大学博士学位论文,2011 年。

说通过土地流转可以增加劳均经营土地面积,实现农地流转下的农地规模经济①。

二、农地流转与地租理论、帕累托最优

17世纪,英国古典经济学家威廉·配第(William Petty)首次提到地租,认为地租是土地生产能力的体现,是土地生产物所得剩余收入。不同的土壤肥力、耕种技术和土地区位会产生不同的地租。亚当·斯密认为地租是土地私有下的产物,是因使用土地而支付给地主的土地价格。英国古典经济学家安德森认为地租是由土地生产的农产品价格决定,而不是地租决定农产品价格。大卫·李嘉图认为地租差异是由于不同土地条件下劳动力、生产率差异导致的,提出了差额地租的概念。德国经济学家杜能在《孤立国》著作中也阐述了地租与地理位置的关系,认为远离市场的土地地租较低,离市场越近地租越高。

马克思主义地租理论是基于古典经济学家观点下的发展,认为地租是由土地生产者创造而被土地所有者占有的剩余生产物。马克思主义地租理论阐述了地租是土地所有权和使用权分离下的产物,任何社会只要存在不同土地占有者与使用者,当土地占有者得到土地生产者通过土地生产得到的剩余成产物,这样的社会关系存在是地租产生的基础。地租也因不同土地条件、区位和产权不同分为级差地租、绝对地租和垄断地租。

我国农村土地所有权虽然归集体所有,但农户拥有土地承包经营权。当大量农村劳动力转移到城镇非农就业后,农村劳动力与土地分离推动农地流转。当农地承包权与经营权分离后,农户流转自己承包土地后可以得到地租,地租的存在是农村土地流转的基础。所以,分析地租理论对我国推动农地流转有着重要理论和现实意义。

从农户角度看,地租是推动农村土地流转的关键;从社会和国家的角度看,推动农地流转可以实现资源配置的帕累托最优。农村劳动力转移非农就业后低效率兼营农地或者抛荒现象是资源配置无效率的表现,通过农地流转使其他人获得高效利用农地的机会,这是一种帕累托改进。帕累托改进是指在一定资源条件下,通过改变资源配置状态,可以使至少一个人状态变好而不让其他人状态变差,这样的改进称为帕累托改进。不存在帕累托改进的资源配置状态为帕累托最优状态。当农村劳动力转移非农就业后,

---

① 陈中伟、陈浩:《农村劳动力与土地流转统筹发展研究》,《中国人口科学》2013年第3期。

如果以非农就业为主兼营农地,会降低农业生产效率①,流转农地并不会使其状态变差,但能使农地转入者状态变好。所以,从社会的角度来说,农地流转是一种帕累托改进,是以实现农地资源配置帕累托最优为目标的选择。

三、农地流转与制度变迁理论

马克思认为制度是调节社会中人们之间利益的机制,产权变化和生产力进步会改变社会中这种关系,更好地处理人与人之间的利益关系就需要制度变迁。马克思主义认为制度变迁的根本动力是生产力进步,随着生产力进步生产关系必须适应生产力发展,否则生产关系就阻碍了生产力发展,需要制度变迁②。农村劳动力由自己经营农地到转移非农就业后流转农地伴随着制度变迁,农地流转是生产力进步的表现。处理好农地流转中的生产关系(人与人之间的关系)需要制度变迁,所以制度变迁是推动农地流转的必要条件。

西方制度变迁理论主要以科斯的交易费用理论为基础,诺斯、戴维斯等对制度选择与演变思想的运用与创新。制度变迁就是指新制度产生和旧制度变更和变化的过程。制度变迁的方式可以分为诱致性和强制性制度变迁两种。诱致性制度变迁是指一部分经济主体支持制度不均衡产生的获利机会时自发引起的变迁;强制性制度变迁是以国家为主体主导推动的。诱致性制度变迁的动因是制度选择群体变化、技术进步、制度服务需求变化和其他制度变迁;强制性制度变迁的动因是国家主导下可以产生规模经济、降低变迁成本、减少制度变迁时间、弥补作为公共品供给不足等问题。诺斯认为制度变迁过程首先是有一部分经济主体预测到潜在利益,有制度变迁的需求;然后提出和尝试新的制度方案,并经过一段实验和选择方案的过程,选择一个利益最大化最优方案形成制度安排。最后其他经济主体在这种制度安排获得利益,共同推动制度变迁。整个的制度变迁过程有创新者、策划者、试验者、推动者和实施者。诺斯(1952)认为制度变迁存在路径依赖。人们会根据以前的选择来决策目前的选择。造成路径依赖的原因主要有既定制度下的报酬递增,不完全信息下个人偏好,交易费用导致的无效制度,既得利益者保守行为等。③

制度变迁理论对我国推动农地流转有着重要的借鉴意义,通过推动农地流转来实施适度规模经营必然伴随着制度变迁。在制度变迁过程中要充

①　郝海广:《农户兼业行为及原因探析》,《农业技术经济》2010 年第 3 期。
②　郑凤田:《制度变迁与中国农民行为》,中国农业出版社,2000 年,第 80–91 页。
③　林毅夫:《制度、技术与中国农业发展》,上海人民出版社,1994 年,第 27–46 页。

分考虑农户经济利益和农户对制度服务的需求,重视制度变迁中的路径依赖,分析路径依赖的原因,这对于全面推动我国农地流转至关重要。

四、农户流转农地行为的理论分析

农户作为农地流转的主体,其行为直接决定农地流转市场的需求与供给,也会影响社会整体推进农地流转的程度。所以,分析农户流转土地的行为成为研究农地流转的必要内容,这里基于农户理性假说和行为理论对农户流转农地行为进行分析。

(一)农户理性假说

1. 完全理性行为理论

传统观点认为传统农业中的农户是愚昧和思想落后的,农户经济行为缺乏理性,在经济刺激下不能做出正常决策。这种农户不理性行为要素是资源配置效率低下的原因,传统经济学长期持有这种观点。美国经济学家西奥多·W·舒尔茨在其《改造传统农业》一书中严厉批评和反驳了这种观点,认为传统农业中的农户是理性的,能够对市场中要素和产品价格做出快速反应,能够使要素配置达到最优化。[①]

完全理性是经济学最基本的经济人假定,用卡尔·布鲁尔的话表示经济人就是会计算和能够获得最大经济收益的人。古典经济学家亚当·斯密认为经济人的理性行为具有两层含义:一个是追求个体利益最大化的自利思想;二是根据市场信息中完全追求利益最大化的行为。新古典经济学家对经济人理性假说进行了概念的发展与泛化,认为经济人理性行为应该是追求个体效用最大化或个体利润最大化。[②]

波普金(S. Popkin)(1979)在《理性的小农》一书中修正了舒尔茨的观点,认为传统农业下的农户在较小风险和稳定收入条件下,追求经济安定和收入的稳定,并不是追求的利润最大化。波普金认为传统农业下的农户追求的应该是"效用最大化"。

2. 有限理性行为理论

古典和新古典经济学家对完全理性行为有严格的前提假设:经济人掌握市场中完全信息;选择对象固定,且选择结果概率分布已知。目标是个体利益最大化或效用最大化,且能够把握发展趋势和结果。然而现实中,经济主体不能掌握所有的信息,选择对象也很难固定,甚至目标和发展过程都很

---

① 舒尔茨:《改造传统农业》,商务印书馆,1987 年版,第 29–30 页。
② 刘克春:《农户农地流转决策行为研究—以江西省为例》,浙江大学博士学位论文,2006 年版。

难控制。所以完全理性行为的假设不能解释现实中很多问题,越发受到很多学者和经济学家的批评。

诺贝尔经济学奖获得者赫伯特·西蒙(Herbert A. Simon)(1945)认为人只能是有限理性的,经济主体在经济活动中理性和非理性是并存的。当经济主体面临一个不完全信息处时,在外部条件和信息不确定的条件下,选择的过程和结果都是不确定的,人们控制发展过程和目标的能力是有限的。新制度经济学家从交易费用的角度分析了人的有限理性行为,认为市场交易费用不为零和不确定,再加上市场信息不完全,经济人的行为不能达到完全理性,应该是有限理性的。西蒙针对经济人有限理性行为引入了"管理人模式"理论,认为人们由于受控制能力和信息不完全的限制,只能在有限能力范围内选择。经济主体不是以追求最大化为目标,而是追求一种令人满意,实现现有条件下足够好的目标。在进行决策之前不需要对整个市场做出全面了解,只需要掌握少数与决策有主要因果关系的关键因素,也即是管理人认为的主要和重要的因素。管理人模型相对于经济人模型更贴近现实,更能反应经济主体决策的真实行为。

有限理性行为理论对于研究我国农地流转农户选择行为具有一定的借鉴意义,农户流转农地时不可能掌握所有市场信息,只能在条件限制下追求个体利益。所以在研究农户行为时只需要重点分析与其相关的少数关键因素即可,不需要将所有的因素考虑在内。

(二)农户行为理论

对农户行为研究的理论主要有两种观点:一是农户决策行为不具备资本主义企业性质,并不是追求利润最大化;二是农户决策行为和资本主义企业经营一样,都是以利润最大化为目的。以俄国经济学家 A·恰亚诺夫为代表的生产和组织学派持第一种观点,认为小农经济下农户经营不是雇佣劳动,而只是为了满足基本的消费和生存需要,并不是追求利润最大化。农户经营是靠自身劳动,生产一般为了满足家庭生存需求和日常消费,无法衡量投入成本要素和收益。农户决策是日常生存需求和劳动强度之间平衡的结果,并不是成本与收益之间的平衡结果。该学派还有多尔顿、卡尔·波拉尼和瞻姆斯·斯科特等均论证了小农经济下农户决策行为不符合市场经济规律。以西奥多·W·舒尔茨为代表的农户理性行为学派持第二种观点,认为在市场竞争环境下农户选择行为与资本投入的企业经营没有区别。农户在生产经营中也是在追求使用高效率,所以生产中要素分配极少低效率。传统农业中农户行为也是有基于成本收益来选择的,他们也会根据市场中要素供给与自己需求,理性地选择要素使用的类别和数量,理性地追求最大利润。舒尔茨认为传统农业停滞不前的原因不是农户缺乏追逐利益的积极性,而是缺乏自由的市场竞争。投资边际收益递减导致农户不愿增加投资。农户不愿增加农业投资的原因是因为增加和投入新要素的价格水平无法使其利润增加,如果农户能在投入一定要素成本下获得利润,那么他们会乐于追求利润最大化。该学派认为发展中国家中农户贫穷现象是由于其国内政策而导致的。农业剩余被榨取,工业发展以损害农业发展为代价,致使农业生产要素与农产品市场缺乏竞争,农户在有限经济刺激下做出的选择行为可以忽略。所以,要想使农户行为理性地追逐利润,符合市场规律,需要创造一个竞争的市场环境。①

结合中国国情,农户行为并不完全符合其中任何一个观点,农户行为具有异质性②。随着我国工业化、城镇化发展和劳动力转移至非农就业,农户经营农地方式由全职经营转向兼业经营,兼业经营也分为以农业为主和以非农业为主两个阶段。我国目前农业经营方式依然是传统的小农经营,但农户经营的目的发生了改变。在土地承包到户的初期农户全职经营农地,经营目的就是满足日常生存需求,这个时期农户行为并不是追求利润最大化。当随着劳动力转移非农就业后,农户以农业为主兼业经营阶段,农户兼业行为本身就是为了充分利用自身劳动这一要素,显然符合市场规律。但农地经营在一定程度上依然是满足生存的基本需求,在农地经营与流转上并不是追求利润最大化。当农户处于以非农就业为主兼营农业阶段,农地经营的目的已经不是为了满足生产需求,而是为了追求利润最大化。在这个阶段农户选择自己经营农地还是流转农地是由成本收益平衡决定的。所以,我国农户行为要根据农户异质特征分类研究,既要考虑经济因素,也要考虑非经济因素。

本章小结

本章是本书写作的理论基础和分析依据,重点对城乡发展、劳动力转移和农地流转相关理论进行了回顾和评述。城乡发展理论演变显示了经济学家们对城市与农村发展路径研究思路的变化,20世纪60年代中期之后无论是理论研究还是现实政策导向均由偏向城市发展转向城乡协调发展。本书的研究就是试图在农村劳动力转移背景下推动农地流转来实现农业现代化

---

① 刘克春:《农户农地流转决策行为研究—以江西省为例》,浙江大学博士学位论文,2006年版。
② 郑风田:《制度变迁与中国农民的经济行为》,中国农业出版社,2000年版,第39页。

目标,所以本书研究是以城乡协调发展理论为基础和以农业现代化为目标。本章主要对劳动力转移相关理论中托达罗模型、新城乡劳动力转移理论和托达罗模型修正进行了阐述。这一部分是本书研究劳动力转移动因的理论基础。这部分理论回顾对研究我国劳动力转移影响因素具有重要的参考意义。劳动力转移影响因素不能仅仅考虑托达罗模型中的城乡预期收入差距和转移成本,还要根据新劳动力转移理论和托达罗修正模型考虑制度、家庭、城乡生活成本差异等因素,可以尝试使用城市预期效用水平差异来分析劳动力转移的动因。针对农地流转相关理论,主要阐述了农地适度规模经营、地租理论、帕累托最优理论、制度变迁理论和农户行为理论。农地适度规模经营也即是扩大农地经营规模实现规模经济,是推动农地流转的前提。地租理论和帕累托最优理论是将土地资源放到经济学分析框架中,利用价格机制促使土地资源高效率配置。制度变迁理论是推动农地流转过程中制度变迁的理论依据,农地流转牵涉到产权、交易、组织等制度变迁,所以推动农地流转过程中要充分考虑农户对制度服务的需求和路径依赖。农户行为理论是分析农户流转土地影响因素的基础,辨别农户行为是否符合市场规律和是否纯粹追求利润最大化是关键。我国农户具有异质性,也即是农户经营农地的目的并不完全一样,他们目的并非完全是追求利润最大化,行为也并非完全符合市场规律。所以,分析农户流转农地行为时不能仅仅考虑经济因素,还要考虑非经济因素。

基于前面的理论基础可知,农村劳动力转移和农地流转是农村劳动力的两种选择行为,是社会经济发展必经阶段。根据二元经济理论,随着社会经济发展和城镇化水平提高,由于城乡经济发展差距农村劳动力将会选择向非农产业转移。农村劳动力非农转移背景下农地流转与否取决于农户个体的选择,当农村劳动力以非农就业为主并不选择流转农地时,会导致农业资源配置效率较低,这与城乡协调发展要求的农业现代化目标不符。这是农户个体追求利益最大化和社会整体福利最大化的矛盾。推动农地流转可以使这一资源配置状态存在帕累托改进。解决这一矛盾的根本是解决农村人口与资源困境问题。农业现代化目标要求提高土地、劳动力和资本等要素利用效率,在人多地少的困境下农村劳动力非农转移是必要条件。农村劳动力非农转移是农地流转的前提,只有农村劳动力对农业收入依赖性减弱才会有选择转出农地的可能。增加农户非农收入才能弱化其对农地的依赖。农村劳动力非农转移仅仅满足了农地流转的必要条件,靠农户自发性农地供给与需求无法满足农业现代化目标的要求。农业现代化目标要求农地适度规模经营,通过实现农地规模效益达到提高资源利用效率的目的。所以,在农村劳动力非农转移背景下,要进一步研究农地流转市场主体的行为,通过外部力量的推动和引导逐步实现农地规模化流转和农业产业化经营,以实现农业现代化发展的目标。

第三章

我国农村劳动力转移与农地流转发展状况

推动农地流转已经成为我国"三化"协调发展中的重要问题,是实现农业现代化的关键。那么,是否农村劳动力转移一定能够带动农地流转呢?农村劳动力转移非农就业一定会流转农地吗?农村劳动力流转农地后一定会转移非农就业吗?农地流转是否滞后农村劳动力转移?所以,只有厘清二者之间的关联性与发展现状,才能找出问题的症结,从根本上推动农业现代化发展。

第一节　农村劳动力转移与农地流转的互动

农村劳动力转移与农地流转在一定条件下存在相互推动作用,在不同的经济发展阶段二者相互作用的结果也不尽相同。

一、农村劳动力转移推动农地流转

我国农村劳动力转移推动农地流转可以分为农地自发流转、规模化流转和农地流转市场规范化三个阶段,具体推动作用有三个方面。

(一)农村劳动力转移非农就业是农户流转农地的主要驱动力

农户流转农地的原因有很多,比如家庭劳动力体弱、年老或者转移非农就业等,其中农村劳动力转移非农就业是农户选择流转农地的最主要驱动力。从经济学角度分析,在农户承包权不变的前提下,农户选择流转农地是农村劳动力追求要素高回报率的结果。在家庭承包农地经营条件下,农户经营农地面积一定,农业资本和技术投入受限,在土地边际报酬递减规律下农村劳动力要素回报率较低。人力资本较高的劳动力可以流向非农就业,获得较高的劳动报酬,成了其流转农地的主要驱动力。对于人力资本水平较低的农村劳动力可以转入农地,通过增加农地面积,集约化经营实现劳动回报率增加,提高劳动力效率和家庭收入。所以,只有部分农村劳动力转移非农就业,才能推动农村农地流转。但是,农村劳动力转移推动的农地流转在农地自发流转和规模化流转两个阶段的作用存在差异。

1.农村劳动力转移提高了农户间自发流转农地积极性

农村劳动力在农户间自发流转农地阶段,农地一般是在亲戚、邻居或朋友间进行的,农村劳动力并不担心失去农地承包权问题。基于经济学理论与新人口转移理论,在农地承包权固定不变的条件下,农村劳动力是否选择流转农地取决于自己经营农地利润与流转农地的收入之间的大小。仅仅考虑转出农地的农村劳动力行为,当这部分农村劳动力转移非农就业收入较高时,流转农地比自营农地更划算,他们才会选择流转出农地。1992年邓小平南行以后,农村劳动力大量转向高收入地区和城市,形成"民工潮"。据统计,农村劳动力转移城市数量从1992年的3 500多万增加到1995年的7 500多万。2003年农地承包权延长到30年后,农村劳动力转向城市数量达到1.1亿[1]。随着农村劳动力转移非农就业收入水平越来越高,部分收入较高的劳动力逐渐放弃自营农地,自发向亲朋好友流转农地。

这种农户间自发流转农地行为,实质上是农村劳动力资源最优配置的结果。人力资本水平较高、就业相对稳定和非农就业收入较高的农村劳动力通过流转农地从事非农岗位,获得较高的劳动回报率。人力资本水平较低、非农就业不稳定和收入较低的农村劳动力可以转入农地,通过规模化经营农地获得较高的劳动回报率。这种因为农村劳动力向非农产业转移就业引起的农户间农地流转行为,促使农村劳动力劳动效率和报酬提高,也增加了农村劳动力自发流转农地的积极性。

2.农村劳动力转移是农地规模化流转的必要条件,但并非充分条件

农户间自发流转农地并无法改变我国家庭分散经营农地的特征,依然是小农经营模式。农业现代化发展需要农业规模化和产业化经营,需要投入资本、现代技术和机械设备,并产生规模经济效应。农业规模化经营要以大面积土地耕作为基础,需要改变家庭分散式小农经营模式,促使农地规模化流转。当然农地规模化流转也要以农户自愿为前提,农村劳动力转移非农就业是农户自愿流转农地的前提,也是农地规模化流转的必要条件。由于农户间禀赋差异和劳动力异质性,农村劳动力转移非农就业后并不是所有劳动力均愿意流转农地;同时农地规模化转入的对象是经营大户、农合组

---

① 段娟、叶明勇:《新中国成立以来农村剩余劳动力转移的历史回顾及启示》,《党史文苑》2009年第3期。

织和外部资本。部分愿意流转农地的农户对契约式转出农地有顾忌,可能更倾向于农户间流转。

农村劳动力转移虽然可以提高农户流转农地积极性,但并不一定能够形成规模化农地流转。从农地转出的角度分析,由于并非是所有农村劳动力都愿意流转农地,集体中各农户土地一般相连,如果农户流转农地意见不一致,很难形成规模化农地流转。由于农户对农地转入经营大户、农合组织和外部资本有所顾虑,以及部分农户具有农地情结,担心自己的农地承包权利和以后收益,很多农户处于观望状态。这就需要国家和政府出台相关支持和保护农户流转农地的政策。从农地转入角度分析,在现有的农地流转市场条件下,市场机制不健全和农户流转意愿不一致会加大规模化转入农地成本。在现有的农地经营政策、基础设施和农产品市场条件下,规模化转入农地并不一定能够获得较高的经营效益。较高的农地转入成本和较低的经营效益,会导致规模化农地流转需求不足①。所以,农村劳动力转移非农就业是农地规模化流转的必要条件,但还需要完善的农地流转市场机制和相关政策制度。

(二)农村劳动力转移推动了农地流转政策供给

农村劳动力转移非农就业提高了农户流转农地积极性,增加了农地流转市场中农地经营权交易比重,也推动了农地流转政策供给。农村劳动力转移非农就业后流转农地已经成为农村经济发展中的重要问题,成了全国范围内的普遍现象,需要国家出台相关政策支持。1993 年开始农村劳动力转移非农就业数量急剧增加,农地流转已经成为全国范围内农户关注的焦点,明确农地流转经营权概念和相关政策成为客观需求。1995 年,国务院批转农业部《关于稳定和完善土地承包关系意见》的通知中指出"建立农地承包经营权流转机制",国家和政府开始关注和重视农地承包经营权流转问题,但在法律上并未合法化。

按照制度变迁理论,我国早期的农地流转虽然在法律上并未认可,但自发的农地流转能够给农户增加以前无法获得的利益,这部分利益对于更广泛的农户而言是种"潜在收益"。只有推动农地流转相关制度变迁,才能使这种农户向往的"潜在收益"变为"现实收益"。为了鼓励农村劳动力转移非农就业后流转农地,2003 年正式实施的《农村土地承包法》规定取得农地承包权的家庭可以通过转包、出租、转让或者其他方式依法进行流转农地经营权。这从法律意义上肯定了农户流转农地经营权的合法性,进一步提高了

---

① 孙明琦、王吉恒:《农地流转:基于供求态势的分析》,《商业研究》2009 年第 6 期。

农户流转农地的积极性。

随着农村劳动力转移非农就业数量稳步增加,农地流转在农村已经广泛出现。劳动力转移非农就业已经影响到农村经济发展,但农地流转滞后和过程中存在的问题亟须解决。为了鼓励农户流转农地,推动农业现代化发展,需要进一步保障农户流转农地后的权益,逐步推动农地规模化流转。我国陆续出台了相关政策规定和法律,《农村土地承包经营权流转管理办法》(2005年)和《中华人民共和国物权法》(2007年)的颁布,规范和保护了农户流转农地的权益。十七届三中全会对农地流转做出具体部署,明确推动农地流转成为农业发展、农民增收和农村繁荣的客观需要。党的十八大进一步明确了农地流转要基于农户自愿,确保农民长久保障,培育新型农业合作组织,推动规模化农地流转。2012年和2013年中央农村工作会议分别强调了"不强制和限制农户农地流转"和"保障农民农地承包权"。

这些政策与法律的出台是农村劳动力大量转移非农就业后发展农业现代化的客观需求,是推动农地流转的制度保障。但是,实现农业现代化需要农地规模化和市场化流转,必须完善农地流转市场机制。在保障农民利益前提下实现农地流转供给与需求市场化。

(三)农村劳动力转移有助于建立和规范农地流转市场

农村劳动力转移非农就业导致了农地经营权流转的出现,引发了农地流转供求交易双方的存在,不可避免形成了一定程度上的农地流转市场。农地流转市场是农地流转供求双方交易、竞争、制度安排、信息流通和关系处理的场所。农村劳动力转移状况决定了农地流转供求双方交易情况,也影响农地流转市场的完善程度。

早期农村劳动力转移比重较小,引发的农地流转比重并不高。农村劳动力一般选择亲朋好友流转出土地,甚至是无偿转给别人短期耕种。短期内农户间无偿或者较低代价的农地流转交易,并不是严格的市场交易行为,农户并不是"经济人",追求利润最大化。随着农村劳动力转移非农就业数量增加和素质提高,农村农户愿意流转出农地比重逐渐提高。此时农户较多的是以"经济人"追求利润最大化。由于农地流转交易数量较多、交易信息不对称,农地流转供求双方难以实现信息对称,导致农地流转成本增加。同时,农村劳动力转移非农就业后对流转农地会提出附带要求,比如长久保障、分红等。由于农户间农地流转形式无法满足这些要求,部分地区出现了农地流转的中介组织。虽然这些中介组织并不成熟,但标志着农地流转市场的建立。

农村劳动力转移非农就业有利于农地流转市场完善,不同的劳动力转移状况决定将来我国农地流转市场存在两种形式[①]。

第一种形式是非农劳动力市场是完全的,农村劳动力可以在非农市场和农业市场自由流动。若非农劳动力市场工资率高于农业劳动力市场工资率,农村劳动力就会转到非农就业。若这种非农就业是自由和稳定的,那么转移非农就业的劳动力会流转自己的农地,农地最终会规模化流向能够实现农地规模效益的需求者手中。农地流转供给者为了得到更高收益,农地需求者为追求农地资源最优利用,双方会逐渐完善农地流转市场,最终会达到非农劳动力市场工资率与农业劳动力市场工资率相等的最优状态。这种形式下农村劳动力转移非农就业推动农地流转市场达到最优状态。

第二种形式是非农劳动力市场不完全,农村劳动力并不能自由融入非农劳动力市场。在这种情况下,即便是非农劳动力市场工资率高于农业劳动力市场工资率,由于部分农村劳动力转移非农就业后无法获得稳定的非农就业岗位和收入,导致其并不愿意流转农地。农地流转市场中的供给者是那些转移非农就业稳定和收入较高者。农地需求者依然可以获得一定规模的农地,通过技术革新和专业化经营,获得较高的农产品附加值和土地收益率。农地规模化和产业化经营带来的高收益率会促使原来不愿意流转农地的农户转出农地,然后成为农业劳动工人或不稳定的非农就业者。这将会使农地流转市场得到进一步完善。当然,由于农地规模化经营下技术和机械替代劳动力,会导致部分转出农地后的劳动力无法获得农业劳动工人的岗位,只能从事不稳定的非农就业岗位。当然也不排除部分劳动力不流转农地,宁愿低效率和低收益率地经营家庭小面积农地。虽然这种形式资源配置最终并不是最优效率的状态,但农村劳动力转移无疑促进了农地流转市场进一步完善。

二、农地流转推动农村劳动力转移

农村劳动力转移是农业现代化、工业化和城镇化同步发展的必然要求,农地流转进一步释放了农村劳动力,规模化农地流转深化了劳动力转移非农就业形式。

(一)农地流转进一步释放了农村劳动力

根据发展经济学理论,随着农业资本、技术投入,农业劳动力生产率不断提高,释放出部分农村劳动力并不影响农业产出,这部分农村劳动力被称为农村剩余劳动力。在城乡预期收入差距作用下农村剩余劳动力向城市非

---

① 计卫舸等:《中国农村土地流转与劳动力转移》,河北人民出版社,2013年版,第147-148页。

农产业转移就业,在实际非农劳动工资率高于农业劳动工资率条件下,部分农户开始流转农地,真正从事农业生产的劳动力数量减少,进一步释放出更多农村劳动力转移非农就业。

农村劳动力转移到非农就业后需要对如何处理农地做出选择,我国农村劳动力大致经历了兼营农地和流转农地两个过程。如果农村劳动力转移非农就业后选择兼营农地,那么这是既定农业资本、技术投入下劳动力生产率提高的结果。兼营农地行为并未改变我国家庭分布式小农经济模式。农村劳动力经营农地并不能获得规模经济。从事农业生产的劳动力并未获得足够的农地而提高劳动效率;兼营农地劳动力要往返城乡之间,农忙回到农村,农闲转移非农就业,无论是农业和非农业劳动力效率均相对较低。如果农村劳动力选择流转农地,从事农业生产的劳动力可以耕种更多农地。农地经营规模扩大,有利于农业资本和技术投入,实现规模经济,提高劳动生产率,在一定农地面积下减少农业劳动力数量,进一步释放农村劳动力。

农户兼营农地行为无法改变农村劳动力小面积耕作农地的现实,农村剩余劳动力的释放只能通过农业技术、资本投入替代更多劳动。但农地小面积和细碎化特征限制了农业资本和技术投入。由于要素边际报酬递减规律,所能释放的农村劳动力有限。农户流转农地可以改变农地经营的细碎化,通过增加农地经营规模,实现农业资本和技术规模报酬递增,提高劳动力生产效率,进一步释放农村劳动力。

(二)规模化农地流转深化劳动力转移形式

在农户兼营农地和自发流转农地阶段,农村劳动力倾向于外部转移。一般在大、中城市的第二、三产业就业。据统计,2003 年以前我国平均每年向省外转移的农村劳动力超过 6 000 万人,占农村劳动力转移总量的 60% 以上①。主要因为在这一阶段与农业相关的第二、三产业并未发展起来,本省城市非农部门就业岗位有限。随着农地流转比重增加和流转规模增大,释放出了更多农村劳动力,本地农业相关产业得到发展,本省城镇化发展也促进了产业结构调整,提供了更多非农岗位,农村劳动力转移逐渐由向省外转移过渡到向省内转移。据农民工监测报告数据,2010 年和 2011 年我国农村劳动力向省外转移数量占总转移数量比重分别为 50.3% 和 47.1%,呈现下降趋势。外出劳动力中省内转移比重分别为 49.7% 和 52.9%,呈现逐年增加趋势。

农地规模化流转有利于农业现代化发展,带动了农产品附带产业发展,

---

① 计卫舸等:《中国农村土地流转与劳动力转移》,河北人民出版社,2013 年版,第 153 页。

促进了农村与农业相关的第二、三产业发展,推动农村城镇化发展,并提供了本地非农就业岗位。由 2008~2013 年我国农民工监测报告数据可知,农民工在本镇户籍范围内就业数量逐年增加(见表 3-1),农村劳动力转移非农就业方式呈现多样化,不仅可以离开户籍地外出务工,也可以在本地非农就业。

表 3-1 我国农民工总量与本地就业数量(万人)

年份	2008	2009	2010	2011	2012	2013
农民工总量	22 542	22 978	24 223	25 278	26 261	26 894
本地农民工	8 501	8 445	8 888	9 415	9 925	10 284

数据来源:2013 年全国农民工监测报告。

农地规模化流转可以满足不同类型非农劳动力就业的要求,可以满足长期转移城市非农就业劳动力的土地保障心理,也可以满足本地非农就业劳动力的留守乡土心理,深化了农村劳动力转移形式。

三、二者相互推动的前提条件

无论是农村劳动力转移对农地流转起推动作用,还是农地流转对农村劳动力转移的促进作用,均需要满足一定的前提条件才能产生。

(一)农村劳动力转移对农地流转推动的前提条件

农村劳动力转移非农就业与流转农地其实是劳动力所作出的两种选择。转移非农就业只是农村劳动力流转农地的影响因素之一,农村劳动力转移非农就业后并不一定流转农地。随着农村劳动力转移非农就业数量增加,为了能够形成对农地流转的推动作用,必须满足农地流转市场中供给与需求均衡,且供求数量呈递增趋势。

农地流转的影响因素比较多,而且复杂,劳动力转移非农就业只是其中一个必要的影响因素。劳动力转移非农就业后农户是否流转农地,一般还受非农就业稳定性和收入水平、自营土地机会成本、农户禀赋差异、是否有土地保障心理、流转后权益保障等方面影响。要想使转移非农就业的劳动力流转农地,必须要考虑农户分化条件下的不同要求,只有满足不同类型农户心理预期需求,才能从根本上增加农地流转数量。农地流转需求方主要是一般农户和专业经营大户(包含外部资本化企业)。一般农户流转农地后追求的是农业收入的提高,全职经营农业的纯收入至少应该和其他非全职农户收入持平,否则一般农户转入农地需求将不足①。专业经营大户追求资本收益率最大化,提高资本收益率需要通过规模经济降低平均成本来实现。只有农地规模化流转才能尽可能使用大型现代机械、技术。但农地规模化流转受到农地流转市场组织制度、农地供给数量和农地流转政策等影响,这些影响因素可能导致部分地区农业资本收益率较低,从而导致专业经营大户转入农地需求不足②。

当农地流转市场中供给或需求不足时,即便是农村劳动力转移数量增加也不会对农地流转产生推动作用。劳动力转移非农就业,只有同时满足了影响农地流转供给的其他条件,才能产生有效的农地供给。当农地转入需求者认为经营较多农地能够带来更高利润时,才会有有效的农地需求。农地流转市场中供给与需求充足,达到均衡才能促进农地流转。无论是农地流转供给不足,还是需求不足,都会限制农地流转数量和速度。所以,农村劳动力转移非农就业只是农地流转的一个驱动力和其中一个影响因素,要产生对农地流转的推动作用还需要满足其他前提条件。

(二)农地流转促进农村劳动力转移非农就业的前提条件

农地流转有助农业规模化经营,可以有效地投入现代机械、技术,节约农业劳动力投入,释放更多农村劳动力。但是,一个时期农地流转并不一定能够对下一期劳动力转移产生促进作用,因为农地流转仅仅释放了农村劳动力,并不能保证劳动力找到稳定的非农就业岗位。因为农村劳动力转移非农就业数量受城镇非农产业提供岗位数量的限制,非农就业岗位又受区域经济发展状况影响。区域经济波动和产业结构调整不仅仅会影响非农就业岗位数量,也会影响非农就业岗位对劳动力素质的要求,可能会造成农村劳动力素质与非农就业岗位要求不相符。当区域经济发展处于萧条期时,或者农村劳动力素质无法满足产业结构调整后岗位需求时,农村劳动力转移非农就业就会受阻。此时,农地流转虽然释放了农村劳动力,但劳动力并不能转向非农产业就业。

在农地规模化流转过程中,由于农户分化和劳动力异质性,会产生部分劳动力流转农地后并不能转移非农就业。特别是强制性大规模流转农地,大部分农村劳动力不具备长期稳定从事非农产业的能力,最终会导致流转农地后的劳动力仍然徘徊在农村,处于失业或继续从事农业雇工状态。13

① 蒋雯莉、陈中伟:《农地流转滞后农村劳动力转移及区域差异分析》,《贵州社会科学》2013 年第 9 期。

② 李明艳:《劳动力转移对农地利用效率的影响研究》,社会科学文献出版社,2012年版,第 115–119 页。

世纪～19世纪中叶英国的"圈地运动"中大量农民失去了农地,农业快速进入规模化经营,但农村劳动力并没有转移非农就业,仍然留守在农地上成为雇工[①]。所以,我国农地流转不能强制农民规模化转出农地,现阶段农地流转并不能直接导致劳动力转移[②],农地流转对劳动力转移的促进作用还需要取决于其他前提条件。农村劳动力流转农地后能否转移非农就业,还要受非农收入水平、劳动力素质、非农就业岗位数量与素质要求、区域经济发展状况和产业结构等影响。当区域经济发展水平和产业结构状况提供的非农就业岗位与农村劳动力供给状况相适应时,并且达到相对满意的收入水平和长久生活保障时,农地流转才会对劳动力转移非农就业产生促进作用。

第二节　农村劳动力转移与农地流转相互制约

农村劳动转移与农地流转在一定的前提条件下彼此具有相互推动作用,这说明二者在不同阶段、不同条件下可能不会彼此相互推动,甚至有可能产生相互制约作用。本节重点分析我国农村劳动力与农地流转相互制约状况。

一、农村劳动力转移制约农地流转

从发展经济学理论角度看,农村劳动力转移与农地流转相互推动、相互促进是实现农业现代化的必要条件,而且许多学者研究也认为二者存在相互推动和促进作用。但是,我国经济发展实际过程中农村劳动力转移确实会对农地流转产生制约作用。农村劳动力转移非农就业不彻底、小富即安心态和农村人力资本流失等均会制约农地流转。

(一)劳动力非农就业不彻底和不稳定制约农地流转

随着农业技术进步和现代机械推广使用,我国家庭分散式小规模农地经营需求劳动量越来越小,经营农地占用非农劳动时间越来越少。当农村劳动力转移不彻底和不稳定情况下,兼营农地几乎不占其非农劳动时间,也即是自营农地机会成本几乎为零,农户转移农地积极受到制约[③]。

---

①　王勇辉:《农村城镇化与城乡统筹的国际比较》,中国社会科学出版社,2011年版,第67-91页。

②　游和远、吴次芳:《农地流转、禀赋依赖与农村劳动力转移》,《管理世界》2012年第3期。

③　陈中伟、陈浩:《农村劳动力转移与土地流转统筹发展分析》,《中国人口科学》2013年第3期。

在不改变农户农地承包权的前提下,农村劳动力转移非农就业后流转农地与否与其非农就业状况相关。当劳动力非农就业岗位稳定且工作时间连续,农忙时无法抽出时间或者家庭无闲置劳动力时,坚持经营农地会产生较高的机会成本,这样的家庭一般会选择流转农地。若农村劳动力转移非农就业不稳定且工作不连续时,农忙时家庭能够抽出劳动力经营农地的概率较高,经营农地基本不会造成非农收入损失,自营农地是最佳选择。由2013年全国农民工监测报告数据可知,2013年农民工全年非农就业平均只有9.9个月,月平均时间为25.2天,签订劳动合同的仅为41.3%。农村劳动力转移非农就业呈现转移不彻底、就业不稳定和工作不连续等特征,再加上农业化学技术进步、现代机械推广提高了劳动效率,减少了家庭经营农地所需劳动力和劳动时间,降低了劳动力兼营农地机会成本,制约其流转农地。

虽然1980年以后出生的新生代农民工经营农地意愿减弱且比重逐年增加,2013年达到46.6%,但是1980年以前出生的老一代农民工呈现了"返流"、退守农地的趋势。农村一般家庭均存在两代农民工,老一代农民工转移非农就业不彻底,随着年龄增长"返流"和依赖农地保障心理逐渐加重。所以大多家庭农地并不会因为新生代农民工不愿经营而流转。

(二)"小富即安"心态加剧劳动力非农转移对农地流转的制约作用

农村劳动力转移非农就业后家庭收入水平和收入结构均发生了变化,家庭收入水平提高,非农收入占家庭收入比重增加。据国家统计数据,2013年农村居民家庭平均人均纯收入为8 896元,比2012年多979元,比2011年多1 919元。据2012年中国农村状况调查报告数据可知,农村居民家庭人均纯收入中农业收入占19.3%,非农收入占62.8%,其他(财产性收入、转移支付等)占17.9%。调查数据显示,虽然农村家庭收入存在差距,但近七成家庭收入以非农收入为主,仅三成家庭以农业收入为主。

农村劳动力转移非农就业提高了家庭收入水平,非农就业收入成了农村家庭收入的主要组成部分,弱化了农村劳动力对农地的依赖。但农村家庭收入提高也促使了农户产生"小富即安"的心态。农地经营可以满足基本生活需求,非农就业可以增加家庭收入且有结余。保持这种生活状态成了很多农户典型的心态。农户这种"小富即安"心态是由于我国城乡二元制度和其土地保障心理导致的。城乡二元制度导致劳动力转移城镇受限,无法享受城镇教育、公共设施等同等社会保障,提高家庭收入后他们更愿意回到农村生活。在社会保障不健全条件下,长期农地承包制度形成了农户对农地保障的依赖心理,随着人口结构变迁以及老一代农民工年龄增加、社保无法覆盖的情况,农户土地保障心理愈发严重。由于城镇高生活成本(高消费、高房价等），部分农村劳动力认为回到农村才有归属感，拥有农地才有保障。甚至部分农户认为获得较高非农收入，在农村可以获得较高的地位，农村与农地成为他们情感的归属和保障。这种"小富即安"的保守心理，会抑制农户转出农地的积极性，从而制约农地规模化流转。

（三）农村人力资本流失制约农地流转市场进一步完善

农村劳动力转移非农就业满足了工业化和城镇化发展的需要，但也造成了农村承载较高人力资本劳动力流失，呈现城乡人力资本水平失衡状态[①]。农村精英人才流失和人力资本水平较低，不仅影响农村经济、文化和政治全面发展，也会抑制农业现代化发展中农地规模经营和产业化经营，制约农地流转。

农村劳动力转移非农就业是市场机制配置劳动力资源的结果，非农劳动力市场是对农村劳动力就业能力的检验场所，农村劳动力能够转移非农就业是非农劳动力市场对其筛选与淘汰的结果。按照经济学理论，非农就业岗位对农村劳动力需求取决于其所能创造的价值，即具有较高能力和素质的农村劳动力往往优先获得非农就业岗位。现实中确实如此，无论是从年龄结构，还是从受教育年限、有无培训经历来看，农村转出的劳动力一般以青壮年为主、具有较高教育程度、具有一技之长等特征。农村大量主要体力与脑力劳动力转出，会进一步限制农业经营管理和技术推广，在更大程度上制约农户经营农地观念与外部衔接，也不利于农业经营相关市场信息流动，成了农地流转与实现农业现代化的瓶颈之一。据 2013 年全国农民工监测调查报告数据，1980 年及以后出生的新生代农村劳动力中有 65.5% 的转向城镇非农就业，其中三分之一的人具有高中以上文化程度。

素质和能力相对较高的农村劳动力转移非农就业，导致农村人力资本流失。一些具有先见思想、组织能力和创新精神的人才流出农村，严重影响了农村经济发展中组织、管理、开发和创新活动，不利于农地流转市场进一步完善，制约农地规模化和产业化经营。据调查数据可知，我国经济落后和比较偏远的农村，农村留守劳动力多为 50 岁以上的老人，少部分青壮年劳动力也多是文化程度较低和非农就业能力较差的[②]，这些劳动力无能力组织和管理农地流转与农地规模化经营，他们无法成为推动农地流转的带头人，限制了农地流转市场需要的中介组织增加。

---

① 曹亚：《要素配置失衡背景下的劳动力乡城就业转移应对研究》，湖北人民出版社 2012 年版，第 197–213 页。

② 计卫舸等：《中国农村土地流转与劳动力转移》，河北人民出版社 2013 年版，第 161 页。

二、农地流转制约农村劳动力转移

按照农业现代化、工业化和城镇化同步发展的要求,农地流转促进劳动力转移是必然的过程,既可以满足农业规模化经营,又可以满足工业化和城镇化发展所需要的劳动力。现实中,农地流转过程中存在的诸多问题并没有对劳动力转移起到推动作用,甚至制约了劳动力向非农产业转移。具体主要体现为:违背农民意愿、违反农业发展趋势、与城镇化发展不相适宜的农地流转。这些形式的农地流转不仅伤害了农民利益,也会制约劳动力非农转移。

(一)违背农民意愿的农地流转不利于劳动力非农转移

我国近几年陆续出台了相关法律和政策规定不能强制或强迫农民流转农地,要按照农民自愿有偿原则,引导农地流转,发展适应形式的适度规模经营。但实际中,违背农民意愿的农地流转现象依然层出不穷。主要是由地方政府推动或者农村村集体推动,目的是满足政府政绩和少数人的经济利益。部分地区政府或者村集体打着发展农业的幌子,强制农民转出全部或者部分农地,然后将农地转租、转包给其他经济主体。这种不考虑农民利益和意愿的农地流转,会激化农地流转过程中和后期供求双方矛盾,导致农村劳动力被动转移非农就业。被动非农就业无论是从数量还是质量方面都不如主动劳动力转移。农民自愿流转农地比非自愿流转农地要释放出较多数量农村劳动力,而且劳动力非农就业积极性要相对较高。据对河南省部分农村调研结果,部分乡、镇政府为了引入资本经营农业经济作物,强制农民流转了部分农地。结果并没有增加外出务工人员数量,家庭劳动力还要留守剩下农地继续经营农业。同时,由于外部资本经营农地后的收益不佳,无法兑现当时对转出农户的经济承诺,激化了双方矛盾。外出劳动力无法安心在外务工,影响了其非农就业质量。

强制农民流转农地后,农村劳动力被动转移非农就业,会增加非农劳动力市场中劳动力的供给量。如果有限的非农就业岗位无法全部吸纳这部分农村劳动力,必然会导致这部分劳动力回流,同时激化农地流转所产生的矛盾,甚至会影响大批农村劳动力返乡重新回农地继续从事农业经营。这种违反农民意愿的农地流转,不仅不能推动农村劳动力转移,可能还会适得其反,会制约农村劳动力转移非农就业,也会限制农业正常化发展。

(二)不适宜的农地流转制约劳动力非农转移

农地流转的时机要与农业发展趋势和城镇化发展程度相适应。超前推进及滞后发展均不利于农业现代化、工业化和城镇化同步发展。如果农地流转规模和速度超过了当前农业发展趋势要求,比如当前农业技术水平、机械动力、管理水平等无法满足较大规模农地经营,或者当前农地经营作物类型、农地特征不符合大规模经营,结果并不能有效释放农村劳动力,甚至在一定程度上制约了农村劳动力非农转移。在农业技术、资本条件有限下,农地经营规模不宜太大,应该适度规模经营。在部分山区,农地流转规模也不易过大,因为山区农地比较零散,单位劳动力耕作农地面积有限。经营特殊种类农作物的地区,比如不能大范围使用机械的农作物种植,机械不能有效替代劳动。经营这类农作物即便是大规模农地流转,也不会释放更多农村劳动力,规模过大会制约劳动力非农转移。

　　农地流转的规模与速度也要与城镇化发展相适应。农地流转释放出的劳动力数量与质量要与城镇化过程中产业结构变换相适应。所释放的农村劳动力能够在非农产业中寻找到适宜的岗位,结果才能真正实现劳动力向非农产业转移。如果农地流转规模和速度超过了城镇化发展的要求,所释放的农村劳动力会加剧非农劳动力市场供求矛盾,只能有部分农村劳动力找到适合的非农岗位,其余劳动力会失业或者返回农村。这种低就业概率和就业不稳定现象会增加农村劳动力非农就业的顾虑,他们会担心非农就业的保障性,导致部分农村劳动力不愿意全职非农就业,宁愿回到原来兼业农地的处境,结果会降低劳动力非农就业积极性,从数量和质量上均对农村劳动力转移有一定的制约作用。

第三节　我国农地流转滞后农村劳动力转移

　　我国农业发展滞后工业化、城镇化已经成为经济发展过程中的症结之一,咎其主要原因是农地流转现状限制了农业现代化发展。根据发达国家经济发展经历,实现农业现代化、工业化与城镇化同步发展,必须促使农地流转与农村劳动力转移协调发展[1]。那么,我国农地流转与农村劳动力转移的现状如何? 是否达到协调发展的程度? 如若没有协调发展,处于一个什么样的状态? 所以,本节重点讨论我国农地流转与农村劳动力转移发展的协调程度,证实农地流转滞后的状态。

一、农地流转与农村劳动力转移协调度模型

　　流转农地和转移非农就业是农村劳动力两种具有相关性的选择行为,农村劳动力整体对这两种行为选择的结果决定了二者是否协调发展。本节引入物理学中“耦合协调度”的概念,“耦合”是指系统中相关联变量之间的

---

① 孙云奋:《劳动力转移与农地流转的关联度:鲁省个案》,《改革》2012 年第 9 期。

相关程度,"协调度"是指相关变量之间良性耦合的程度,体现了变量之间协调程度的好坏。将农地流转与劳动力转移作为考察的两个变量,利用耦合协调度函数进行分析二者协调程度。

(一)耦合模型和协调度函数

有关耦合函数的计算模型较多,本书选择物理学中容量耦合系数模型,结合研究变量为农地流转与劳动力转移,将耦合度计算模型设定如下:

$$C = 2 \times \left[\frac{r_a \times r_1}{(r_a + r_1)^2} \right]^{1/2}$$

其中 r_a 为农地流转比重,用农地流转面积与农地面积之比表示;r_1 为劳动力转移比重,用农村外出务工劳动力数量与总劳动力数量之比表示;C 为耦合度,

$0 \leqslant C \leqslant 1$,耦合度越大说明二者关联度越大。

耦合度大小只能体现二者关联程度,无法体现良性协调发展的程度,所以引进协调度函数,具体函数如下。

$$D = (C \times T)^{1/2} \quad T = \alpha \times r_a + \beta \times r_1$$

其中 C 为耦合度;T 为农地流转与劳动力转移整体上综合调和指数,它反映二者整体协同效应;a 和 β 为系数,系数大小表示对整体协调的贡献程度,考虑到二者相互影响与促进,这里两个系数均取 0.5;D 为协调度,$0 \leqslant D \leqslant 1$,并划分为五种情况,具体见表3-2。这五种情况都有可能存在农地流转与劳动力转移不同步的情况,当 $r_a > r_1$ 时,农村劳动力转移滞后;当 $r_a < r_1$ 时,农耕地流转滞后。

表3-2　农地流转与劳动力转移协调度分类

协调度	$0 \leqslant D < 0.2$	$0.2 \leqslant D < 0.4$	$0.4 \leqslant D < 0.6$	$0.6 \leqslant D < 0.8$	$0.8 \leqslant D \leqslant 1$
协调发展级别	严重失调	失调	初级协调	中级协调	高度协调

二、农地流转滞后农村劳动力转移

通过查找全国2000~2012年相关数据,农地流转比重 r_a 是用当年家庭承包耕地流转总面积与家庭承包总耕地面积的比值表示;劳动力转移比重 r_1 是用家庭中农业劳动力数量减去从事农业生产经营劳动力数量,得出转移非农就业劳动力数量,再除以农业劳动力总量得出。由历年农地流转比重和劳动力转移比重通过耦合协调度函数计算出每年二者的协调度,具体数据如表3-3所示。

表3-3　农地流转、农村劳动力转移与二者协调度

年份	2000	2001	2002	2003	2004	2005	2006	2007	2008	2009	2010	2011	2012
r_1	0.17	0.19	0.20	0.24	0.25	0.28	0.27	0.29	0.30	0.33	0.33	0.40	0.45
r_a	0.08	0.08	0.09	0.11	0.12	0.13	0.14	0.16	0.16	0.15	0.15	0.15	0.21
D	0.34	0.34	0.35	0.39	0.40	0.42	0.43	0.46	0.46	0.45	0.46	0.47	0.53

数据来源：由《全国农村固定观点数据（1986～2009年）》、《中国农村统计年鉴（2010～2012年）》、《2012年中国农村状况调查报告》及《中国农业发展报告2013》数据计算得出。

　　由于各个省份农地流转与劳动力转移数据难以查找，通过各省份年度公报、政府网站以及《中国农业发展报告2013》，仅仅查找到2011年江苏、湖南、河南、四川、湖北、吉林和安徽几个耕地面积极大省份的数据。这几个省份也包含了东部、中部和东北省份的数据，利用耦合协调度函数计算出他们的协调度，分析结果具有一定代表性，具体结果如表3-4所示。

表3-4　2011年全国及各省份农地流转、劳动力转移与二者协调度

	全国	江苏	湖南	河南	四川	湖北	吉林	安徽
r_1	0.40	0.675	0.483	0.524	0.623	0.46	0.5	0.403
r_a	0.15	0.412	0.236	0.236	0.183	0.162	0.31	0.162
D	0.47	0.715	0.563	0.570	0.532	0.490	0.619	0.481

数据来源：由各省份年度统计公报及《中国农业发展报告2013》数据计算得出。

　　从2000～2012年全国农地流转与农村劳动力转移协调度可以看出，二者发展协调度逐年好转。特别是从2003年以后达到了初级协调程度，但协调程度仍然较低，且明显处于农地流转滞后于农村劳动力转移状态。从2011年各省份农地流转与农村劳动力转移协调度可以看出，东部地区江苏省和东北地区吉林省二者协调程度较高，达到中度协调；中部地区的湖南、河南、湖北和安徽，以及西部地区四川协调程度相对较低，处于初级协调的状态。总体上看，每个省份均未达到高度协调的状态，且均呈现农地流转滞后于农村劳动力转移。

第四节　农村劳动力转移是农地流转的必要条件

　　农村劳动力转移与农地流转有辩证的关系，随着所处环境、经济发展状况、政策等变化，二者关系呈现不一样的表现。同时二者关系也呈现总体与个体的差异，总体上表现出的关系并不一定与个体完全一致。所以，本节从

总体与个体角度分析我国农村劳动力转移与农地流转的关系,这是分析农地流转滞后原因的前提。

一、总体上农村劳动力转移与农地流转关系

为了验证农村劳动力转移与农地流转总体上存在的关系,也即是要分析两个问题,一是农村劳动力转移数量的增加是否会带来农地流转数量的增加;二是农地流转数量增加是否会带来农村劳动力转移数量的增加。从农村劳动力转移与农地流转程度考虑,分别选择农村劳动力转移比重和农地流转比重作为二者的相对数量进行分析。

因为变量选择了劳动力转移比重 r_1 和农地流转比重 r_a,由于缺乏各省份数据面板数据,本书选择 1986 ~ 2012 年的时间序列数据进行分析(具体数据如表 3-5 所示)。利用 eviews 软件对两变量时间序列数据进行相关系数和协方差分析,协方差为 53.58,相关系数为 0.96,可以说明两变量存在较强的相关性。虽然农村劳动力转移和农地流转总体上具有较强的相关性,但不能说明二者之间的因果关系。要确定二者之间因果关系,需要进行格兰杰因果关系检验。首先对两个时间序列进行 ADF 检验平稳性,检验结果显示两变量均为一阶单整序列,可以对原序列进行格兰杰检验,根据不同滞后期下的 AIC 值的大小,选择最优的滞后期,具体检验结果如表 3-6 所示。

表 3-5　农村劳动力转移比重与农地流转比重

年份	1986	1987	1988	1989	1990	1991	1992	1993	1994	1995	1996	1997	1998	1999
r_1	0.05	0.05	0.05	0.06	0.08	0.10	0.10	0.14	0.15	0.15	0.16	0.16	0.16	0.17
r_a	0.03	0.04	0.04	0.04	0.04	0.04	0.04	0.03	0.04	0.04	0.06	0.05	0.07	0.08

年份	2000	2001	2002	2003	2004	2005	2006	2007	2008	2009	2010	2011	2012
r_1	0.17	0.19	0.20	0.24	0.25	0.28	0.27	0.29	0.30	0.33	0.33	0.40	0.45
r_a	0.08	0.08	0.09	0.11	0.14	0.14	0.16	0.16	0.15	0.15	0.15	0.15	0.21

数据来源:由《全国农村固定观点数据(1986 ~ 2009 年)》、《中国农村统计年鉴(2010 ~ 2012年)》、《2012 年中国农村状况调查报告》及《中国农业发展报告 2013》数据计算得出,数据均四舍五入取小数点后两位。

由两变量格兰杰检验结果可知,在滞后 1、2 期的情况下,农村劳动力转移比重是农地流转比重的格兰杰原因,在滞后 1、2、3 期的情况下,农地流转均不是农村劳动力转移的格兰杰原因。所以,我国农村劳动力转移是农地流转的原因,也即是说农村劳动力转移比重增加是农地流转比重增加的原

因,但农地流转比重增加并不是农村劳动力转移的原因。

表3-6　农村劳动力转移比重与农地比重格兰杰关系检验

非因果关系假定	F 值	Prob	滞后长度	是否拒绝假定
r_1 不是 r_a 的格兰杰原因	5.99	0.02	1	拒绝
r_a 不是 r_1 的格兰杰原因	0.14	0.71	1	不拒绝
r_1 不是 r_a 的格兰杰原因	3.25	0.05	2	拒绝
r_a 不是 r_1 的格兰杰原因	0.03	0.97	2	不拒绝
r_1 不是 r_a 的格兰杰原因	1.32	0.29	3	不拒绝
r_a 不是 r_1 的格兰杰原因	1.13	0.36	3	不拒绝

　　我国农村劳动力转移与农地流转协调发展应该以促进农村劳动力非农转移为基础,而不能片面地单独推动农地流转。如果强行推动农地流转,现阶段并不能实现农村劳动力向非农转移的目的,这个结论印证了游和远、吴次芳(2012)的观点。

二、农村劳动力非农就业与流转农地选择的个体差异

　　虽然总体上农村劳动力转移是农地流转的原因,农村劳动力转移比重增加可以带动农地流转比重上升,但我国农地流转滞后的现状说明这种带动作用只在部分个体劳动力身上起作用。也即是农村劳动力转移非农就业后只会引起部分农村劳动力选择流转农地,另外一部分并不会流转农地,存在个体差异性,具体如表3-7所示。

表3-7　劳动力转非农转移后流转农地意愿

土地流转意愿	流转	不流转	合计
样本人数	67	261	328
样本比例	20.5%	79.5%	100%

注:调查对象是农村劳动力转移非农就业

　　本研究利用2012年国庆期间对河南省农村进城务工人员进行了询问式调查,调查对象包含河南省17个地市农村外出劳动力,且这些对象均有农村承包土地。调查人员由国庆放假大学生组成,共发放350份调查问卷,收回328份,有效率94%。调查结果显示,其中转移非农就业中189人不愿意转

出农地,也即是近 79.5% 的农村劳动力转移非农就业与流转农地选择行为不一致。所以,对于农村劳动力个体而言,并不是所有的农村劳动力转移非农后都愿意流转农地,存在较大的个体差异。调查结果显示,农村劳动力转移非农就业仅仅是其选择流转农地的基础,而决定其流转农地的原因主要是非农就业导致的因素。

调查结果显示,样本范围内农地流转比重达到 20.5%,农村劳动力流转农地(转包、出租或卖出农地)的主要原因是为了全职非农就业,但这部分劳动力非农就业收入水平平均较高。问卷对非农收入水平设为三个阶段,农村劳动力非农就业月收入高于 2 400 元流转农地比重明显高于月收入低于 1 600 元的流转农地比重,大约是其 3.8 倍。除了非农就业收入水平是农村劳动力流转农地考虑的因素之外,其还考虑农忙家庭有无闲置劳动力、家庭耕地面积、自营农地机会成本、非农就业稳定性、获得社会保障水平、转移非农就业距离、农地流转利益分配方案等因素。农村劳动力是否流转农地考虑最多是非农就业收入与就业稳定性,也即是离开农地后是否能够获得长久生活保障。现阶段,我国非农就业收入与稳定由城镇产业结构状况决定,农村劳动力在非农产业找到稳定收入且相对较高的岗位并不容易。调查结果显示,农村劳动力打算回本地非农就业比例增加,占样本的 58%,认为在本地非农就业困难的比例为 68%。目前我国在城乡二元社会保障制度条件下,农村劳动力并不能获得较高水平的社会保障,贸然推动大规模农地流转并不能保证劳动力能够同步非农就业。

本章小结

通过前面分析可知,我国农村劳动力转移与农地流转存着相互推动和相互制约的作用,农村劳动力转移在满足一定前提条件下才能推动农地流转。虽然农村劳动力转移推动了农地流转,但我国农地流转处于滞后于农村劳动力转移的状况,二者协调发展呈较低水平。从总体上看,我国农村劳动力非农转移是农地流转的必要条件;从个体角度看,农村劳动力非农转移并不是其流转农地的充分条件。

综合以上总体与个体分析可知,我国农村劳动力转移与农地流转并不是简单的因果关系,并不是发展其中一个方面就可以推动另外一个方面。单纯推动劳动力向非农转移并不能实现农地规模化流转,因为存在劳动力个体差异。大范围推动农地流转也并不能带来大规模劳动力非农转移,因为现阶段农地流转并不是农村劳动力非农转移的原因。针对我国国情,二者关系可以概括为以下几个方面:

（1）从总体上看,农村劳动力转移是农地流转的前提。农村劳动力转移非农就业是其选择流转农地的驱动力,非农就业改变农村劳动力以前全职经营农业的状况,使他们获得了农业收入之外的非农收入。随着农村劳动力非农就业转移数量增加,会增加部分劳动力流转农地的意愿,可以带动农地流转数量增加。

（2）个体劳动力流转农地与否是由劳动力非农转移后的导致因素决定的。虽然总量上劳动力转移可以带动农地流转,但个体劳动力转移非农就业后不一定流转农地。影响农村劳动力流转农地的是其非农就业后导致的因素,比如非农就业收入水平、农忙家庭是否有闲置劳动力、获得社会保障程度、就业稳定性和自营农地机会成本等。

（3）规模化农地流转并不能推动大规模劳动力非农转移。总体上农地流转并不是农村劳动力转移的决定因素,农村劳动力非农就业受区域经济发展中产业结构提供岗位的影响,非农就业岗位对农村劳动力需求与劳动力供给在数量和质量上差异会成为农村劳动力非农就业的瓶颈。所以推动农地流转的同时也要考虑农村劳动力转移的影响因素。

（4）综合考虑二者影响因素才能促进其协调发展。虽然农村劳动力转移是农地流转的前提与原因,但农地流转滞后的现状说明农村劳动力转移并没有同步推动农地流转,农地流转需要外部力量推动。

第四章

我国农地流转供求状况及影响因素分析

从前面分析可知,我国农村劳动力转移与农地流转具有复杂的关联性,虽然从数量上农村劳动力非农转移促进了农地流转,但农地流转滞后的现状说明这种促进作用非常有限。农村劳动力在转移非农就业和流转农地两种行为的选择存在个体差异,部分农村劳动力对两种行为选择不统一导致总体上农地流转滞后于农村劳动力非农转移。所以,研究农村劳动力非农转移后供给农地及农地需求影响因素,成为寻求农地流转滞后原因的关键。

第一节　农村劳动力非农转移与农地流转供求决策模型

农村劳动力非农转移与供给农地是农村劳动力选择的两种行为,两种行为选择是否一致直接影响农地流转供给。所以,本节构建农村劳动力非农转移模型、农地供给和需求模型,分析农地流转的影响因素和农地流转滞后的原因。

一、农村劳动力非农转移决策模型

托达罗人口流动理论认为农村劳动力向城镇转移主要因为城乡预期收入差距和转移成本有关。虽然我国部分农村劳动力转移是因为城乡收入扩大差距,但托达罗模型不足以说明我国农村劳动力转移非农就业的整体特征与原因。本书引入新人口流动理论和效用论观点,建立农村劳动力非农转移决策模型。

假设农村劳动力是完全理性的,以农户(家庭)为决策单位追求效用最大化。这里的农村劳动力转移仅仅是以转移非农就业为目的,当然也包含部分具有农村承包土地劳动力迁移城市的行为。农村劳动力是否转移非农就业取决于其非农就业后带来的效用水平与原来效用水平的比较,如果效用水平提高了,那么农村劳动力就会选择转移非农就业。

假设家庭内部劳动力通过农业或非农业就业带来的效用水平为 U,效用水平高低取决于其所从事产业的预期收入水平 y、预期生活成本 c 和其他非经济应因素 σ,效用函数可以写为 U=f(y,c,σ)。如果用 U_R 和 U_U 分别代表农村劳动力全职经营农业和转移非农就业后的效用水平,则 $U_U > U_R$ 时,农村劳动力就会选择转移非农就业;$U_U < U_R$ 时农村劳动力不会转移非农就业,而会留守农村经营农业。具体的决策模型可以设定如下:

$$\begin{cases} U = U_{max}(U_U, U_R) \\ U_R = f_R(y_r, c_r, \sigma_r) \\ U_U = f_U(y'_r, y_u, c_u, \sigma_u) \end{cases}$$

农村劳动力追求转移非农就业和全职经营农业两种情况下效用水平最大的一种,如果转移非农就业效用水平较高,那么农村劳动力就会决定转移非农就业。农村劳动力转移非农就业后对农地的处理有两种情况,一是兼营农地;二是选择流转或放弃农地。

农村劳动力全职经营农地的效用水平 U_R 与农业收入 y_r、农村生活成本 c_r 和农村非经济因素 σ_r 决定。农业收入 y_r 与农户农地面积和农地亩均产出水平有关;农村生活成本 c_r 主要与日常农村消费、住房和交通成本有关,同时包含农闲时劳动力闲置机会成本;农村非经济因素 σ_r 主要指农村社会保障水平和公共基础设施状况等。较高的农业收入水平和较低的农村生活成本可以带来较高的全职经营农业效用水平;农村不完善的社会保障与落后的公共基础设施会降低全职经营农业留守农村的效用水平,会对农村劳动力转移产生推力。

农村劳动力转移非农就业带来的效用水平 U_U 由转移非农就业后因农地获得的收入 y'_r、非农就业收入 y_u、城镇生活成本 c_u 和非经济因素 σ_u 决定。其中转移非农后因农地获得的收入 y'_r 与劳动力处理农地方式有关,若兼业农地则是农业收入,若流转农地则是获得地租,这里假定农户农地流转具有不可分性,也即是不考虑部分农地兼业部分农地流转的情况。非农就业收入 y_u 与非农就业概率和非农工资率有关;城镇生活成本 c_u 主要指日常消费、住房和交通成本等;非经济因素 σ_u 主要指城镇社会保障水平和公共基础设施状况。较高的非农就业收入和因农地获得收入可以提高农村劳动力转移非农后的效用水平;较高的城镇生活成本会降低其效用水平;城镇完善的社会保障和先进的教育、便利的交通和完善的公共基础设施会提高非农转移以后劳动力效用水平,会对劳动力转移产生拉力。

二、农地流转供求决策模型

农村劳动力选择流转农地不仅与非农转移后引致因素有关,也与农地流转市场中转入需求有关,只有供求双方力量达到均衡,才能促使真正的农地流转。

(一)农地流转供给决策模型

农村劳动力转移非农就业后对农地的选择有两种,一是自营农地(兼业经营农地);二是转出农地。农村劳动力自营农地可以获得农业收入,但由于劳动力和农地等资源存在其他用途,所以自营农地具有一定的机会成本。农村劳动力选择转出农地,如果存在农地转入需求的情况下,可以得到地租收入。

假设在既定的农地产权制度和农地流转制度条件下,农地流转不改变农村劳动力对农地的承包权,农户依然长期拥有农地承包权。即不考虑部分农村劳动力的土地保障心理,因为这里讨论的农地流转并未使其失去农地承包权。在这样的假设前提下,农村劳动力是否流转农地取决于流转农地与自营农地两种情况下家庭收入高低的比较。

假定家庭土地面积为 N,且家庭农地流转具有不可分性,家庭劳动力拥有的劳动时间为 T,家庭农产品产出函数为 f(N,T);假定家庭农业劳动时间占总劳动时间比例为δ,农忙时占用家庭非农劳动时间概率为θ(取值为 0 时表示农忙时有闲置劳动力),非农就业概率为 m,单位土地面积租金为 r,非农时间工资率为 w,农产品单位价格为 p。由于目前政府对农地经营的补贴无论是否流转农地仍支付给原承包农户,所以农地补贴多少不影响农地转出的选择。那么可以将农户面临的土地流转与否两种收入状况表示 y_1 和 y_2,具体表达式如下:

$$y_1 = mw(T-\delta\theta T)+pf(N,\delta T) \tag{3}$$
$$y_2 = mwT+Nr \tag{4}$$

其中 y_1 为兼业农地条件下的家庭收入,y_2 为流转农地条件下的家庭收入。$mw(T-\delta\theta T)$ 代表农户兼业农地条件下的非农收入,$pf(N,\delta T)$ 为兼业下农业收入;mwT 为流转农地下的非农收入,Nr 为家庭农地转出获得的总地租。

若要使农户做出流转土地的决策,需要 $y_1 < y_2$,即 $mw(T-\delta\theta T)+pf(N,\delta T)<mwT+Nr$,整理后结果为:

$$Nr+mw\theta wT>pf(N,\delta T) \tag{5}$$

不等式左端为自营土地机会成本,与家庭流转土地总租金、非农就业概率、农忙占用非农劳动时间比例(农忙有无闲置劳动力)和非农工资率有关;不等式右端为家庭自营土地收入。也即是当自营土地机会成本大于农业净收入时,农户会选择流转农地。

（二）农地流转需求决策模型

农地流转市场中需求方可以分为两类，一是全职经营农业的普通农户；二是资本化专业经营大户（或企业）。若农地转入需求方为普通农户时，农地流转后农户依然是以家庭分散经营为主，采取以家庭内部劳动力为主的经营方式。若农地转入需求方为资本化专业经营大户（或企业）时，农地流转后其经营一般采取集中式经营，劳动力以雇佣其他农村劳动力为主。

1.普通农户转入农地决策分析

农户要选择转入农地，全职经营农地的家庭净收入至少应该比兼业经营农地条件下家庭净收入高。从单个农村劳动力角度考虑，若单个劳动力愿意转入农地，那么其全职经营农地收入应该高于其兼业农地的收入。假设单个劳动力转入农地面积为 M，如果经营这么多农地面积的农业收入刚好等于其兼业收入，那么这个农地面积就是农户转入农地的劳均必要土地面积。即只有农户转入的劳均农地面积大于或等于劳均必要土地面积时，才满足全职经营农地净收入大于或等于其兼业农地净收入。当然劳均必要土地面积不能超过单个劳动力最大可能经营土地面积，而且要超过农户实际承包劳均土地面积[①]。只有满足这些条件，农户才有转入农地的可能。

假设农户现有农地面积 N，农地亩均纯收入为 A，且全职经营与兼业经营农地亩均纯收入一样。那么农户兼业农地下收入可由式（3）修改为式（6）。假设农户实际承包土地面积为 S，转入农地后总经营农地面积为 M，转入农地的地租为 r，则全职经营农地的净收入 y_3 可以用式（7）表达，经营总农地面积带来的农业净收入减去转入农地面积需支付的地租。

$$y_1 = mw(T - \delta\theta T) + NA \tag{6}$$

$$y_3 = MA - (M - s)r \tag{7}$$

农户要转入农地，需要满足 $y_3 \geq y_1$，即全职经营农地收入应该高于或等于兼业下的收入[②]。为了寻求农户全职经营农地的必要土地面积，可以令 $y_3 = y_1$，可得 $M = \dfrac{y_2 - sr}{A - r}$，这里的 M 值即为农户经营农地能够达到兼业收入水平的必要土地面积。农户选择转入农地还要满足另外两个条件，一是必要土地面积大于现有承包土地面积，也即是 M>s；二是必要土地面积 M 不能超过农户所拥有劳动力的劳动能力，也即是农户中劳动力最大可能经营土地

---

① 陆文聪、朱志良：《农地供求关系实证分析——以上海市为例》，《中国农村经济》2007 年第 1 期。

② 一般情况下农户会将自己收入与当地农村家庭平均收入比较，所以农户全职经营农地收入应该高于或等于当地农村家庭平均收入。

面积。

2. 资本化专业经营大户(或企业)转入农地需求决策分析

资本化专业经营大户(或企业)转入农地主要靠雇佣劳动力经营,一般要求转入的农地具有集中性和规模化特征。专业经营大户(或企业)转入农地需求是由资本收益率决定,只有资本化经营农地的资本收益率高于非农资本收益率时,他们才会转入农地进行规模化经营。

专业经营大户(或企业)经营农地类似于企业经营,其资本收益率与收益和投入的要素成本有关。专业经营大户经营农地的资本收益率取决于转入农地规模、亩均农地收益、亩均投入成本、管理成本等因素。其中农地规模关系到专业经营大户能够降低农地经营平均成本,获得规模经济。亩均农地收益与其经营农产品种类、农产品市场供求状况等有关系。亩均投入成本主要指所投入的劳动力、资本和技术等要素成本,要想降低亩均投入成本需要农地集中经营,可以进行规模化、专业化经营,降低亩均投入成本。管理成本与农地经营规模、管理人员素质和管理制度等因素有关系。

假如专业经营大户(或企业)转入农地数量既定量 E,预期亩均农地收益为 A_t,预期亩均投入成本为 C_t,预期亩均管理成本为 Q_t,t 为其认为的一个收益回报周期,i 为收益贴现率,则一个周期净收益 π 可以表述为下式:

$$\pi = \int_0^t e^{-it} E(A_t - C_t - Q_t) dt$$

专业经营大户追求一个收益周期内净收益 π 大于零,且越大越好。追求一个农地经营周期净收益最大化,需要增加亩均农地收益、降低亩均投入成本与亩均管理成本。提高亩均农地收益需要改良作物种类、种植模式和投入新生物技术,前提需要农地集中和规模化,这样有利于农业产业化经营。降低亩均投入成本主要是减少要素投入成本,通过机械化和自动化降低劳动力成本和其他生产过程中投入成本,降低成本的多少与农地集中程度和规模化程度有关。管理成本降低与是否获得规模经济有关,农地规模和集中程度决定了平均管理成本大小。

虽然专业经营大户经营农地的资本收益率与很多因素有关,但农地规模与集中程度是影响其收益与成本的主要因素之一,所以能否转入较集中和较大规模的农地是专业经营大户(或企业)要考虑的前提与主要因素。

第二节　农地流转市场供求非均衡状况

理论上农村劳动力非农转移后农地流转滞后是由市场中供求非均衡状况导致的,一是劳动力非农转移后转出农地供给不足;二是农地流转市场需求不足;三是农地流转市场中供求均不足。由于缺乏全国各地区详细的调

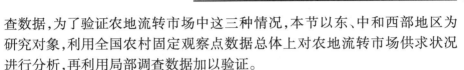

查数据,为了验证农地流转市场中这三种情况,本节以东、中和西部地区为研究对象,利用全国农村固定观察点数据总体上对农地流转市场供求状况进行分析,再利用局部调查数据加以验证。

一、农地流转市场供给不足的状况

农村劳动力非农转移后选择转出农地的必要条件是自营农地机会成本大于自营土地收入,即不等式(5)所表达的内容。假设农户现有农地面积N,农地亩均纯收入为A,且全职经营与兼业经营下农地亩均纯收入相同。不等式(5)可以修改为不等式(8):

$$\lambda\delta\theta wT > N(A-r) \tag{8}$$

为了从整体上测算各地区农户农地转出供给大小,先测算出农户愿意供给土地的临界土地面积。令不等式(8)两边相等,整理后为:

$$\lambda\delta\theta wT = N(A-r) \tag{9}$$

由于研究对象是已经转移非农就业的农村劳动力,所以劳动力非农转移就业概率λ可以假定为1;农忙所需劳动时间占家庭劳动力时间比重δ,用农忙时间占劳动力外出务工时间比例表示;农忙时占用家庭非农劳动时间的概率θ,用非农劳动力占农村劳动力比重表示,概率越大说明农忙时家庭具有较少闲置劳动力;wT用各地区农村家庭平均非农收入表示;农地亩均收入A取各地区平均农业亩均收入900元,地租r取100元[1]。通过查找其他数据,可以计算出各地区劳动力非农转移后家庭转出农地供给临界面积N。当农村家庭实际承包农地面积大于N值时,意味着自营农地收入大于其机会成本,其会选择兼业农地;农村家庭实际承包农地面积小于N值时,意味着自营农地机会成本较小,其会选择转出农地。然后,将各地区总体上农地供给临界面积与实际户均土地面积转换为单位劳动力下平均值(具体数据如表4-1所示),可以从整体上判断各地区农地流转有效供给状况。

---

① 该数据来源于东、中和西部局部调查数据的平均值或估测值,因为部分地租以农产品形式支付。

表 4-1　2009 年各地区农地流转供求相关数据

	东部地区	中部地区	西部地区
实际劳均农地面积(亩/人)	1.74	4.08	2.13
劳均供给农地的临界值(亩/人)	3.7	2	2
劳均必要土地面积(亩)	14.6	12	11.4
外出务工年收入(元/人)	14 615	12 017	11 431

数据来源:由《全国农村固定观察点数据》(2000~2009 年)计算得出。

由表 4-1 中数据可知,东部地区农户实际劳均农地面积小于劳均供给农地临界面积,说明东部地区总体上劳动力非农转移后转出农地供给相对较充足;中西部地区农户实际劳均农地面积大于劳均供给农地临界面积,说明中西部地区总体上劳动力非农转移后转出农地供给相对不足。从总体上看,东部地区相对于中西部地区家庭非农收入水平较高、农忙时占用家庭非农劳动时间概率较大,测算出农户转出农地临界面积也较大,由于东部地区农户实际农地地面积较小,所以总体上劳动力非农转移后转出农地供给相对充足,而中西部却相反。

二、农地流转市场需求不足的状况

首先分析农户转入农地需求状况。由于我国农村劳动力非农转移后大部分仍兼业农地,大多农户劳动力经营自己农地未达到满负荷,即农村劳动力最大可能经营农地面积大于其承包的农地面积。所以,只要农村劳动力最大可能经营农地面积大于劳均必要农地面积时,农户就会选择转入农地。劳均必要农地面积是指劳动力全职从事农业生产的收入达理想水平所需农地面积,理想收入水平一般都以当地全年非农劳动力平均收入为参考,用其除以农地亩均年纯收入(本书取值为 1 000 元①),即可求出劳均必要农地面积(如表 4-1)。由此测算得出东中西部地区劳均必要农地面积分别为 14.6亩、12 亩和 11.4 亩。当然这一估算结果只是总体状况,个体农户在决策是可能只以自己非农收入水平为参考,而不是总体平均水平,如果个体非农就业收入较低或者就业概率较小,那么其劳均必要农地面积则会较小。所以,劳均必要农地面积因个体参照非农收入水平不同而存在差异。

---

① 这里取值 1000 元是以粮食为主的农业生产区域局部调查数据估算得来,农户一般不能准确计算亩均纯收入。

对于农户而言,只要家庭劳动力劳均最大可能经营农地面积超过其所认为劳均必要农地面积,就会存在农户转入农地的可能。劳均最大可能经营农地面积受农地地理特征、作物种植类型和气候等因素影响;受机械化程度影响,平原、丘陵和山区劳均最大可能经营面积依次递减;受机械化程度和作物种植类型影响,主要粮食作物小麦、玉米、大豆、水稻劳均最大可能经营面积依次递减①。有全国农村固定观察点数据可知,东、中、西部地区粮食作物种植面积占各地区总播种面积均在 70% 以上,所以本书研究劳动力最大可能经营农地面积时仅以粮食作物为研究对象。

考虑到农地分散经营特征和粮食作物经营周期各个阶段的瓶颈作用,通过调查询问方式选择不同情形下劳均最大可能经营农地面积。调查询问结果显示,受机械化程度影响,平原地区小麦、玉米、大豆和水稻的劳均最大可能经营面积均在 20 亩以上。丘陵和山区因地貌不同各种作物劳均最大可能经营面积不太相同,但几乎不可能超过 10 亩,因为粮食作物种植的各个阶段有时节限制,在一定期限内劳均种植面积受地貌特征影响很大。结合东中西部劳均必要农地面积可知,总体上东中西部平原地区农户转入农地需求较为充足;山区和丘陵地区农户转入农地需求相对不足。

农地流转市场中需求方除了农户需求外,还有资本化专业经营大户(或企业)。专业经营大户主要以农地集中化、规模化、机械化和专业化经营为主,其转入农地需求取决于农业资本配置效率。农业资本配置效率相对较高的地区会吸引农业资金流入,专业经营大户对农地转入需求相对较高。我国农业资本配置效率呈东、中、西部地区依次递减,东中部农业资本配置效率高于全国平均水平,西部低于全国平均水平,农业经营规模与资本配置效率同方向变化②。所以,东、中、西部地区农地专业经营大户(或企业)对农地转入需求程度依次减小,东中部农地专业经营大户的农地转入需求相对较高,西部相对较低。

通过以上分析可知,东部地区农地供给充足,平原农户转入需求充足,山区和丘陵农户转入需求不足,专业经营大户转入需求相对较高,这也印证了东部地区农地流转比重相对较高的事实;中部地区农地供给不足,平原农户转入需求充足,山区和丘陵农户转入需求不足,专业经营大户转入需求相对较高;西部地区农地供给不足,平原农户转入需求充足,山区和丘陵农户

---

① 蒋文莉、陈中伟:《农地流转滞后农村劳动力转移及区域差异分析》,《贵州社会科学》2013 年版第 9 期。

② 薛薇:《我国农业资本配置效率的测度与区域差异研究》,西南大学博士学位论文 2012 年版。

转入需求不足,专业经营大户转入需求相对较低。所以,东部地区虽然农地供求均充足,但农地流转滞后现状说明供求交易存在障碍;中西部地区主要问题是农地供给不足;各地区山区与丘陵的问题是农地转入需求不足。

三、农地异质、劳动力分化和区域分异下农地流转供求差异性

前面对农地流转市场供求状况的估算,目的只是证实农地流转滞后于劳动力非农转移是由农地流转市场中几种供求状况导致的。农地流转滞后于农村劳动力转移可能是农地流转供给不足造成的;也有可能是农地流转市场需求不足造成的;或者是因为农地流转市场供求交易有障碍,这种障碍主要体现为部分农户对专业经营大户持观望和排斥态度,导致农地集中和规模化流转存在困难,同时经营大户担忧分散性经营的风险。通过上面的总体测度和局部调查分析可知,在农地异质、劳动力分化和区域分异条件下农地流转供求所呈现的非均衡状况具有差异性,本书对这种差异性进一步分析和验证。

农地异质是指农地地貌特征和种植作物类型不同,会直接影响农地经营成本、规模效益和单位农地农业收益,会引起农地流转市场中供求状况差异。通过前面的分析可知,山区、丘陵地区相对于平原地区农地流转需求不足,供给充足;种植作物类型中经济作物相对于粮食作物的农地流转需求充足,供给不足。

本书中的劳动力分化是指农村劳动力非农转移过程中由于人力资本差异、性别差异、从事行业差异和岗位差异导致的分化现象,最终体现为非农就业收入水平和稳定性的分化。通过前面的分析可知,非农收入较高的农村劳动力转出农地意愿偏高,而转入农地意愿偏低。这种劳动力分化现象也会导致农村劳动力非农转移后对于农地流转与否的选择存在个体差异性。

区域分异是指由于地理原因或非地理原因导致的区域差异性,本书主要指的是由于区域经济发展水平不均衡和区位差异条件下产生的农地流转供求状况差异。有前面分析可知,中西部地区农地流转滞后的主要原因是农地流转供给问题,也即是劳动力非农转移后转出农地供给不足。东部地区农地滞后原因是农地流转市场中供求双方交易存在障碍,特别是农户供给与资本化专业经营大户需求之间存在交易障碍。针对城市远郊与近郊不改变农地使用性质的条件下,城市近郊粮田供给相对于远郊粮田供给较为充分;近郊菜田需求相对于远郊菜田需求较为充分。

本书以河南省进城务工农村劳动力为调查对象,通过询问家庭中具有农地流转决定权的劳动力进行调查。调查结果显示,不同农地类型、城市远

近郊、地貌特征和非农收入水平均影响劳动力对农地的转出转入意愿。对调查数据整理发现(具体数据如表4-2所示),粮田区农地转入需求较为充足,转出供给不足;菜田区农户愿意转入农地,不愿意转出农地;同样为粮田区的城市远近郊农地流转供求也存在差异,郊区供给大于需求,远郊供给小于需求;山区和丘陵农地转入需求不足,供给充足;平原农地转入需求充足,供给不足;非农收入较高的劳动力转入农地需求比重相对较低,转出农地比重相对较高。在调查时发现,愿意转出农地的农户并不愿意将农地转给专业经营大户;同时专业经营大户在转入农地时并不能与整片区域农户达成一致意见,规模化和集中化转入农地存在一定的障碍。调查结果与前面总体分析结果基本相符。

表4-2 河南省不同情况下农地流转供求意愿状况调查数据

分类	农地类型		城市远近郊粮田		地貌特征		劳动力非农月收入	
	粮田	菜田	郊区	远郊	山区、丘陵	平原	<2 500 元	≥2 500 元
愿意转出农地比重	25%	0	72%	7%	86%	17%	12%	26%
愿意转入农地比重	68%	83%	10%	90%	4.5%	75%	84%	16%

注:本次调查是基于农地承包权不变为前提条件下进行的,调查对象为家庭主要劳动力。

虽然,农地流转市场中供求状况在不同条件下呈现差异化和复杂状态,但前面的分析已经证实农地流转滞后现状主要是由于农地流转供求失衡状况导致的,一是劳动力非农转移后转出农地供给不足;二是农地转入需求不足;三是供求均不足。所以,要解决我国农村劳动力转移后农地流转滞后问题,就要分析农地流转供给(劳动力非农转移与转出农地)和需求的影响因素。

第三节 农村劳动力转移后供给农地的影响因素分析

总体上农地流转市场中供给不足,实质是个体农村劳动力转移非农就业后不流转农地造成的。本书通过农村劳动力转移非农就业与转出农地的影响因素差异,寻求劳动力非农就业后不转出农地的原因,也即是农地流转市场供给不足的原因。

一、研究假设

由农村劳动力转移模型与农地流转供给决策模型可知,农村劳动力转移非农就业取决于转移前后的效用大小,效用主要受预期收入、生活成本、劳动力闲置机会成本和其他非经济因素等影响。在农地承包权不改变的前提下,劳动力非农就业后转出农地与否取决于其自营农地净收入与其机会成本的大小,自营农地机会成本主要与非农就业收入水平、就业概率、农忙占用家庭劳动力时间、农地流转租金等因素有关。基于此,本书提出以下假设:

(1)非农就业收入水平影响劳动力转移非农就业选择,也影响其流转农地选择。非农就业收入水平与非农就业工资率和就业概率有关,收入水平越高劳动力向非农转移意愿较高与数量较大,农地流转的意愿也越强。所以,非农就业工资水平和就业稳定性是劳动力转移非农就业与流转农地选择的关键因素,非农就业收入水平越高,占家庭收入比重越大,越有利于劳动力两种选择行为一致。

(2)家庭劳动力闲置程度,也即是农地经营所需劳动力数量多少,会影响劳动力非农转移,同时影响农地流转的选择。单位农地所需劳动力数量越少,家庭闲置劳动力就越多。劳动力留守农业机会成本增加,会促进劳动力向非农产业转移。随着机械化程度提高和生物化学技术进步,农村劳动力经营农地所需劳动力数量和劳动力时间均减少,会降低农村劳动力自营农地的机会成本,不利于农村劳动力做出流转农地的选择。

(3)农地流转预期地租水平提高,有利于劳动力非农转移后转出农地。农村劳动力非农转移后是否流转农地与农地是否能够带来长期保障性收入有关,如果农地转出后能够给劳动力带来较高且稳定的收入(可能是租金收入、分红收入和社会保障收入等形式),那么可以增加劳动力自营农地机会成本,增加其转出农地意愿。

(4)城乡收入差距与城乡生活成本对劳动力转移非农就业造成拉力和斥力,间接影响农地流转。城乡收入差距扩大和城市生活成本增加会导致劳动力向中小城镇转移和减弱非农就业稳定性,现实中的产业结构调整与劳动力"回流"增强劳动力兼业的可能性。

(5)城乡二元制度并不是影响劳动力非农转移的关键,但会限制农地流转。城乡二元制度主要指二元户籍制度、劳动力市场分割制度和不完善的社会保障制度,这些制度对农村劳动力非农转移就业并无多大影响,因为大多数劳动力非农转移就业主要是获得非农收入,获得就业岗位的途径多为非正规劳动力市场。城乡二元制度虽然没有限制劳动力转移非农就业,但会影响劳动力非农就业稳定性或者市民化,增加农村劳动力的农地保障心理,限制农地流转。

本书通过选取农村劳动力转移与农地流转的主要影响因素,然后验证劳动力转移非农就业和转出农地行为的影响因素存在差异,通过分析二者影响因素差异寻求农地流转供给不足的原因。

二、基于总体统计数据的实证检验

(一)数据来源、变量选取及模型设定

由于缺乏农村劳动力转移与农地流转相关变量的面板数据,本书采用时间序列数据进行验证。农村劳动力转移与土地流转影响因素相关数据主要来源于《全国农村固定观察点数据汇编》(1986～2010)和《中国统计年鉴》(1987～2011),以及基于此的计算结果。由于不同年份数据观测样本有所差别,本书所选变量以比例数据为主,主要变量依据农村劳动力转移和农地流转的影响因素来选取,具体变量如表4-3所示。

表4-3 变量描述性统计及平稳性检验

变量	定义	平均值	标准差	最大值	最小值	平稳性
land	农地流转数量比重(%)	8.91	4.62	16.50	3.47	一阶平稳
labor	劳动力转移比重(%)	19.9	7.45	32.90	7.67	一阶平稳
incor	外出务工收入比重(%)	15.68	6.79	26.10	5.80	一阶平稳
rent	农地转包亩均收入(元)	91.65	66.50	288.00	29.77	一阶平稳
aland	单位土地所需劳动力(人/亩)	0.23	0.02	0.28	0.19	一阶平稳
rule	制度变迁指数	74.86	17.03	99.34	53.90	一阶平稳
gap	城乡收入差距(比值)	2.89	0.36	3.33	2.20	一阶平稳
cost	直接迁移成本(比值)	2.88	0.32	3.35	2.19	一阶平稳

其中农地流转比重指转包农地面积与总耕地面积之比,衡量土地流转数量变化趋势;农村劳动力转移比重指外出就业人数与农村劳动力人数之比,衡量农村劳动力转移数量变化趋势;外出务工收入占家庭收入比重是外出务工收入占家庭总收入之比,衡量劳动力城市就业收入水平及稳定性;农地转包亩均收入指农地转包总收入与农地转包面积之比,衡量农地流转租金;单位农地所需劳动力指农业劳动力数量与耕地面积之比,衡量农业劳动效率;制度变迁指数是衡量劳动力流动自由度、社会保障覆盖率和农村劳动

力市场开放性,由城市化率、城镇职工养老参保率和非国有部门就业率进行主成分分析综合形成的指数;城乡收入差距为城市人均可支配收入和农村纯收入之比;直接转移成本为城市生活消费支出与农村生活消费支出之比。二者影响因素的实证基本模型如下。

$$labor = \beta_0 + \beta_1 aland + \beta_2 incor + \beta_3 gap + \beta_4 cost + \varepsilon_1$$

$$land = \alpha_0 + \alpha_1 aland + \alpha_2 rent + \alpha_3 incor + \alpha_4 rule + \varepsilon_2$$

(二)检验过程

根据 1986～2012 年数据分析发现劳动力转移比重和农地流转比重差距呈现逐年拉大趋势,这就揭示了总体上农村劳动力转移非农就业和转出农地行为并非一致。这种不一致性说明农村劳动力转移非农就业后流转农地动力不足。本书通过分析劳动力转移与农地流转的影响因素,寻求农地流转供给不足的原因。

首先验证各时间序列平稳性,对劳动力转移与农地流转影响因素模型中各变量时间序列进行 ADF 检验,检验结果(如表 4-3 所示)显示所有变量时间序列均在 10% 显著水平为非平稳序列。对各时间序列进行一阶差分,再进行 ADF 检验,检验结果显示的一阶差分序列均在 1% 显著水平下平稳。

由于各变量时间序列均为一阶单整序列,可以分别以劳动力转移比重和农地流转比重为被解释变量,与其各自影响因素进行协整检验。

分别利用 OSL 法估计,然后对两方程回归残差进行 ADF 检验平稳性,实证结果如表 4-4 所示。回归结果可以看出模型不存在序列相关,且方程拟合度较好,观测其残差图显示不存在异方差。再对各解释变量和被解释变量进行格兰杰因果关系检验,结果显示两个模型的解释变量均为其被解释变量的格兰杰因果关系,也即是可以利用这两个方程回归结果对劳动力转移与农地流转总体行为变动进行解释。

表4-4 协整分析回归结果

变量	被解释变量 labor	被解释变量 land
常数项	28.93*(3.47)	−17.78*(−4.06)
incor	0.74*(6.87)	0.24*(2.99)
rent	—	0.02*(3.36)
aland	−106.19*(−4.78)	42.82*(2.86)
rule	—	0.16*(4.54)
gap	6.06#(2.29)	—

续表 4-4

变量	被解释变量 labor	被解释变量 land
cost	-4.78#(-2.36)	—
R²	0.974	0.980
Prob	0.000	0.000
DW	2.01	1.86
残差 ADF 检验值	-3.66*[-2.72]	-4.15* [-2.66]

注:小括号内数字为 t 值,中括号内数字为临界值;*、#分别表示在 1%、5% 水平上显著。

(三)结果分析

农村劳动力转移非农就业与转出农地影响因素并不完全相同,差异性影响因素导致农村劳动力这两种选择行为不一致,是劳动力非农转移后转出农地供给不足的原因。

1.家庭分散经营农地模式是劳动力转移后转出农地供给不足的主要原因

单位农地所需劳动力数量每降低 0.01 单位,劳动力转移比重增加 1.06%,农地流转比重减少 0.43%。这说明农业劳动效率越高农地流转比重越低,劳动力转移比重越高。主要原因是我国目前土地经营模式依然是以家庭承包分散经营为主,家庭分散经营土地面积占耕地面积的比例一直在 93% 以上(见图 4-1)。随着农业技术和机械水平提高,单位农地所需劳动力数量减少促使家庭自营土地投入较少劳动力仍然能获得同等收入,剩余劳动力可以转移城市就业,结果就是劳动力转移但不转出农地。在两个模型中,单位土地所需劳动力数量在所有解释变量中系数均较大,说明家庭分散经营农地模式是导致劳动力转移与农地流转不一致的主要影响因素。在家庭分散经营农地模式下,劳动效率提高导致农户提供较少劳动力就可以获得农地带来的收入。只有通过农地经营模式,即便是劳动力不进行农业劳动也可以获得农地带来相近的收入,增加其自营农地机会成本,促使其选择转出农地。比如农地经营模式采取集体经营模式,劳动力可以选择自营农地和交给集体经营,集体经营下劳动力仍然可以获得农地收入分红,当分红和自营农地收入相近时,劳动力将会倾向于转出农地。

2.非农收入个体差异导致部分劳动力非农转移后不流转农地

若外出就业收入占家庭收入比重每增加 1%,劳动力转移比重和农地流转比重分别增加 0.74% 和 0.24%,说明农村劳动力转移城市就业收入占家庭收入比重越高,农村劳动力转移非农就业和转出农地的机会就越多,但对

图4-1 家庭分散经营农地面积占耕地面积比例

数据来源:由1986~2010年全国农村固定观察点数据计算得出。

农地流转的影响作用相对较小。实际中农地流转滞后的现状说明,农村劳动力非农就业收入水平存在较大的个体差异,即便是总体上非农收入占家庭收入比重逐渐增加,也必然存在部分劳动力非农收入水平较低,这部分农村劳动力非农就业后并未选择流转农地。由于农村劳动力外出务工的工资率和就业稳定性决定了其总体就业收入水平的高低,所以通过提高其工资率和就业稳定性促使农村劳动力转移非农就业和转出农地选择行为一致。

3. 较低地租和城乡二元制度限制了劳动力转出农地积极性

每亩土地地租增加100元,农地流转比重将增加2%;制度指数提高0.1,农地流转比重将增加1.6%。这说明提高地租可以加快农地流转,劳动力流动自由度越高、社保覆盖率越高和劳动力市场开放性越好,对农地流转加速越有促进作用。2012年我国的农地数量流转比重仅为21%(见图1-1),这也说明地租较低和制度约束限制了农村土地流转速度。制度的约束主要是目前的城乡二元户籍制度、劳动力市场分割制度和社会保障制度不健全,它导致了农户的农地保障心理,制约了其转出农地的主动性。

4. 城乡收入差距拉动劳动力转移,城市高生活成本固化留守乡土思想

城乡收入比值每增加1%劳动力转移增加6.06%;城乡生活支出成本比值每增加1,劳动力转移减少4.78%。这说明城乡收入差距对农村劳动力转移具有拉力,城市生活成本对农村劳动力转移具有斥力。目前很多农村劳动力转移城市就是因为城乡收入差距,为了更多的就业收入,但并未真正承担城市生活成本,并不是真正意义上的城市市民,这也凸显了农村劳动力非农就业的不连续性和不稳定性。城市高生活成本排斥农村劳动力在城市稳定就业和生活,固化了其留守乡土的思想,限制农地流转。

5. 城乡二元制度对劳动力转移没有影响,但约束了劳动力真正市民化

变量"制度指数"没有进入劳动力转移模型。这说明目前的劳动力转移受制度约束不显著,严格来说应该是大部分转移城市就业的劳动力并没有考虑这些制度约束。现实中城市户籍、城市社保和正规劳动力市场制度并

不对大部分转移劳动力有吸引力,他们仅仅是为了获得城市就业收入。就业渠道大多通过个人关系,并非来源于正规劳动市场。这恰恰验证了目前的二元制度虽然没有约束农村劳动力转移就业,但约束了其真正市民化,阻碍了农村劳动力由农民向市民身份的转变,固化其农地保障心理,限制农地流转。

三、基于个体意愿调查数据的检验

(一)数据来源及描述性统计

本书数据来自课题组于 2012 年国庆放假期间对河南省进城务工农村劳动力的问卷调查。调查采用随机抽样的方式,涉及河南省 17 个地市,调查对象为农村外出务工人员且拥有农村承包土地。本次共发放调查问卷 350 份,收回有效问卷 328 份,有效率 93.7%。农村劳动力迁移与土地流转意愿描述性统计如表 4-5 所示。

表 4-5 农村劳动力迁移与土地流转意愿描述性统计交叉表(人数与比例)

		劳动力迁移意愿		合计
		迁移	不迁移	
土地流转意愿	流转	36(11%)	31(9.5%)	67(20.5%)
	不流转	158(48.1%)	103(31.4%)	261(79.5%)
合计		194(59.1%)	134(40.9%)	328(100%)

从上面的样本数据分析结果可以看出,其中 189 人存在农村劳动力迁移与土地流转意愿不一致性,占整个样本的 57.6%。"愿意迁移,愿意土地流转"的人数只有 36 人,占 11%;"愿意迁移,不愿土地流转"的人数有 158 人,占 48.1%;"不愿意迁移,愿意土地流转"的人数有 31 人,占 9.5%;"不愿迁移,不愿土地流转"的人数 103 人,占 31.4%。从整体上看,"愿意迁移"的劳动力人数仅占 59.1%,"愿意土地流转"的劳动力人数仅占 20.5%。所以劳动力迁移与土地流转不仅仅存在不一致性,同时还存在动力不足的问题。找出两者的各自的影响因素,促使劳动力对两者选择行为动态转化并趋于一致成为研究的关键。

(二)基于 logistic 模型的农村劳动力迁移与土地流转影响因素分析

1. 变量选取

本书为了比较分析劳动力迁移与土地流转影响因素,需要建立两个模型。所以两个模型的被解释变量分别为劳动力迁移意愿和土地流转意愿,均为二分类离散变量。劳动力愿意迁移时,被解释变量为"1";否则为"0"。劳动力愿意土地流转时,被解释变量为"1";否则为"0"。

为了便于比较,首先对两个模型选择相同的解释变量,然后在分析过程中逐步筛选变量,最终以两个模型解释变量的差异来验证各自影响因素的不同。基于前面的理论分析,两个模型的相同的解释变量从三个方面选择:个体特征、家庭因素、就业与社会因素,具体包含 13 个变量。详见表 4-6。

表 4-6　解释变量选取

变量类型	变量名	变量定义
	性别(SEX)	男 =1,女 =0
	年龄	
	25～45 岁	参照组
	25 岁以下(AGE_1)	是 =1,其他 =0
个体特征	45 岁以上(AGE_2)	是 =1,其他 =0
	婚姻(MAR)	已婚 =1,未婚 =0
	教育程度	
	高中(中专、技校)	参照组
	初中及以下(EDU_1)	是 =1,其他 =0
	大专以上(EDU_2)	是 =1,其他 =0
家庭因素	是否非农业户口(REG)	是 =1,其他 =0
	农忙有无闲置劳动力(LAB)	有 =1,无 =0
	家庭耕地面积(LAN)	按实际耕地面积(亩)
	农业收入占家庭收入比例(AINC)	按实际计算(%)
就业与社会因素	月均务工收入	
	1 600～2 400 元	参照组
	1 600 元以下(INC_1)	是 =1,其他 =0
	2 400 元以上(INC_2)	是 =1,其他 =0
	从事行业(JOB)	脑力 =1,体力 =0
	城市社会保障(SEC)	有 =1,无 =0
	迁移就业距离(MIG)	省外 =1,省内 =0
	大中型城市生活成本高(COST)	是 =1,否 =0

2. 模型设定及回归结果

利用一般线性多元回归模型对被解释变量取值为 1 的概率 p 设定模型，由于概率 p 的取值在 0 ~ 1 之间，一般线性回归模型被解释变量取值在 $-\infty \sim +\infty$ 之间。需要对概率 P 进行非线性转换，由于 P 与 $\frac{P}{1-p}$ 呈增长一直性，$\frac{P}{1-p}$ 与 $\ln(\frac{P}{1-P})$ 呈增长一致性，所以用 $\ln(\frac{P}{1-P})$ 代替概率 P。这种转换称为 logit 转换，经过 logit 转换后就可以利用一般线性回归模型建立被解释变量与解释变量之间的依存关系，本书模型设定如下：

$$\ln(\frac{P}{1-P}) = \beta_0 + \beta_1 SEX + \beta_2 AGE_1 + \beta_3 AGE_2 + \beta_4 MAR + \beta_5 EDU_1 +$$
$$\beta_6 EDU_2 + \beta_7 REG + \beta_8 LAB + \beta_9 LAN + \beta_{10} AINC + \beta_{11} INC_1 + \beta_{12} INC_2 + \beta_{13} JOB +$$
$$\beta_{14} SEC + \beta_{15} MIG + \beta_{16} COST$$

由于 P 与 $\ln(\frac{P}{1-P})$ 呈正向关系，模型中解释变量增加时，确实能导致概率 P 的增加（或减少），但这种增加（或减少）的幅度是非线性。应用中需要考察的是解释变量给发生比 $\frac{P}{1-p}$ 带来的变化。将模型两边取 e 得指数可以得到：$\frac{P}{1-p} = \exp(\beta_0 + \beta_i x_i)$，这里 $\beta_i x_i$ 代表模型中参数与解释变量之积。这就表明当其他解释变量不变时，x_i 每增加一单位将引起发生比变化（扩大或缩小）$\exp(\beta_i)$ 倍。

本书分别对被解释变量迁移意愿和土地流转意愿作两次 logistic 回归分析。采用向后筛选策略（backward：wald）对河南省进城务工农村劳动力的 328 个样本数据进行分析，变量剔除方程的依据是 Wald 统计量。具体分析结果如表 4-7 所示。

表 4-7　劳动力迁移与土地流转意愿的 logistic 回归分析比较

变量	迁移意愿为被解释变量			土地流转意愿为被解释变量		
	B	sig	Exp(B)	B	sig	Exp(B)
常数项	2.57	0.00	13.07	-1.20	0.18	0.30
性别(SEX)	—	—	—	—	—	—
年龄≤25 岁(AGE_1)	—	—	—	—	—	—
年龄≥45 岁（AGE_2）	—	—	—	—	—	—
婚姻(MAR)						

续表 4-7

变量	迁移意愿为被解释变量			土地流转意愿为被解释变量		
	B	sig	Exp(B)	B	sig	Exp(B)
初中及以下(EDU_1)	-1.36	0.00	0.25	—	—	—
大专以上(EDU_2)	1.16	0.00	3.19	—	—	—
是否非农业户口(reg)	0.93	0.02	2.54	—	—	—
农忙闲置劳动力(LAB)	—	—	—	-2.05	0.00	0.13
家庭耕地面积(LAN)	-0.80	0.08	0.44	-1.09	0.01	0.34
农业收入比例(AINC)	-3.67	0.00	0.03	-4.17	0.01	0.02
收入≤1 600 元(INC_1)	-0.74	0.02	0.48	0.87	0.73	2.39
收入≥2 400 元(INC_2)	-0.28	0.46	0.76	1.33	0.07	3.78
从事行业(JOB)	1.41	0.00	4.10	—	—	—
城市社会保障(SEC)	0.749	0.02	2.11	—	—	—
迁移就业距离(MIG)	—	—	—	0.88	0.02	2.41
城市生活成本(COST)	-1.56	0.00	0.21	-1.71	0.00	0.18
-2 Log likelihood	117.56			107.19		
Cox&snell R Square	0.296			0.250		
Nagelkerke R Square	0.463			0.450		

表中 B、sig、Exp(B)分别代表模型估计的变量系数、Wald 检验的显著概率、发生比率,变量的这三个值若为"—"代表未进入所选择的模型。根据-2 Log likelihood、Cox&snell R Square 和 Nagelkerke R Square 检验值,所选择的两个模型拟合优度较好,且两个模型预测正确率分别为78.1%和83.7%,说明两个模型具有统计学意义,可以接受。

(三)结果分析

估计结果显示性别、年龄和婚姻解释变量均未进去两个选择模型,其中年龄未进入的原因可能为样本中 45 岁以下劳动力比例较高。

以劳动力迁移意愿为被解释变量的模型中进入的解释变量有教育程度、是否非农业户口、家庭耕地面积、农业收入所占比例、月务工收入、从事行业、城市社会保障和城市生活成本。其中与月务工收入在 1 600~2 400 元的劳动力相比,月收入低于 1 600 元的劳动力迁移意愿发生比率要低52%,月收入高于 2 400 元的劳动力迁移意愿差异不显著,这说明当前收入减少会降低迁移意愿,提高当前收入并未促进迁移意愿增加。估计结果显示较高的教育程度、非农户口、从事脑力劳动和有城市社会保障会显著增加劳动力迁移意愿,较低的教育程度、农业耕地较多、农业收入比重较高和城市生活成本较高会显著降低劳动力迁移意愿。这就验证了劳动力迁移行为选择与其在城市的永久收入和城市生活成本有关,较高教育程度、从事脑力劳动和有城市社会保障意味着增加了劳动力在城市的高永久性收入,较高的农业收入比重意味着其较低的城市永久收入。

以土地流转意愿为被解释变量的模型中进入的解释变量有农忙闲置劳动力、家庭耕地面积、农业收入比例、月务工收入、迁移距离和城市生活成本。其中与月务工收入在 1 600～2 400 元的劳动力相比,月收入低于 1 600元的土地流转意愿差异不显著,月收入高于 2 400 元的土地流转意愿是其3.77倍,这说明月务工收入高到一定水平能显著提高劳动力土地流转意愿。估计结果显示农忙有闲置劳动力、较多家庭耕地面积、较高农业收入比例和较高城市生活成本会显著降低土地流转意愿,较高务工收入和较远迁移距离能显著提高土地流转意愿。这就验证了农村劳动力土地流转行为选择与自用土地收入和其机会成本有关,农忙有闲置劳动力、较多家庭耕地面积和较高农业收入比例意味着自用土地收入较高和其机会成本较低,较高务工收入和较远迁移距离意味着土地自用机会成本较高。

比较两个模型估计结果发现劳动力迁移与土地流转行为选择的影响因素存在差异性,教育程度、从事行业和城市社会保障只影响劳动力迁移行为,农忙有无闲置劳动力和迁移距离只影响土地流转意愿。这些影响因素的动态变化会导致劳动力迁移与土地流转的不一致性,同时也可以促使选择行为动态变化趋于同步。结合二者相同影响因素可以得出提高劳动力永久收入性和降低城市生活成本可以促进劳动力迁移,提高土地自用机会成本可以促进土地流转。土地周期动态流转机制、劳动力培训教育与产业向中小城镇转移等途径可以促使劳动力迁移与土地流转意愿趋于同步。

第四节　农地流转市场需求的影响因素分析

由于缺乏全国农地转入需求的总体数据,本书利用350份河南省进城务工农村劳动力调查意愿数据与河南省、安徽省150份关于资本化专业经营大户调查意愿数据,从个体角度分析农地流转需求影响因素。

一、普通农户转入农地需求的影响因素分析

(一)研究假设

由前述农户转入农地决策模型可知,个体农户转入农地与否取决于其全职经营农业收入与兼业收入的比较,只有全职经营农业收入高于兼业收入时,其才愿意转入农地;或者其转入农地后经营收入高于其原来收入。基于以上分析,本书提出关于农户转入农地需求影响因素的假设。

(1)农户家庭收入水平。农户家庭收入水平与农户转入农地需求呈反方向变动。农户转入农地需求与农户家庭平均收入水平和劳动力最大可能经营农地面积有关。因为研究对象是转移非农就业的农村劳动力,这些个体农户农地面积均不能使家庭劳动力满负荷耕作,所以农户是否转入农地取决于转入农地后是否能够获得理想的收入水平(一般以当前家庭收入或当地家庭平均收入为参考)。因此,农户家庭收入水平越高,转入农地需求相对越低;亩均农地带来农业收入越高,农户转入农地需求越高。

由于不同区域的农村家庭平均收入存在差异,经济发展水平较高区域的家庭平均收入水平偏高,当地农户全职经营农地所需必要农地面积也会较多,在农户劳动力能力一定的条件下,农户转入农地需求相对较低。所以,经济发展水平不同的区域,比如东中西部、城镇远近郊,农户转入农地需求存在差异。

(2)农户家庭劳动力最大可能经营农地面积。农户转入农地需求与农户劳动力最大可能经营农地面积呈同方向变化。在农户劳动力数量不变、单位农地产出不变、技术水平一定条件下,农户劳动最大可能经营农地面积越大,转入农地需求就越大。因为在一定的劳动力数量下,可以获得较多的农地经营收入。但是影响农户劳动力最大经营农地面积的因素非常多,比如农产品种植类型、农地类型(山区、丘陵和平原等)、农地零碎与集中程度等。容易采用机械化和规模化经营的农地或农产品类型,劳动力最大可能经营农地面积就较大,相对转入农地需求就充足;反之,则农地转入需求不足。

(3)亩均农业收入。亩均农地带来的农业收入越高,农户转入农地意愿越强。亩均农业收入越高,农村劳动力转入农地的必要面积就越少,转入较少农地就可以达到理想的收入水平,增加农户转入农地的意愿。亩均农业收入高低与经营的作物类型、气候特征、农地特征和农产品市场价格等有关。

(二)实证检验

1.变量选取及数据统计性描述

根据前面分析结果,本书选取影响农户转入农地需求的变量有农户主要劳动力年龄(AGE)、性别(SEX)、农户家庭净收入(INCOME)、亩均农业收入或作物类型(CROP)、农地地貌(LAND)、家庭劳动力闲置程度(LABOR)。数据来源于 350 份河南省农村家庭主要劳动力调查意愿,调查以农户中主要劳动力为对象,采用询问方式进行。收回有效问卷 328 份,有效率93%。具体变量与数据统计性描述如表4-8 所示。

表4-8　变量选取及数据统计性描述

变量名称	变量定义	最小值	最大值	均值	标准差
解释变量					
性别	男性=1;女性=0	0	1	0.92	0.23
年龄	30 岁及以下=1;31～50 岁=2;51 岁以上=3	1	3	2.13	0.86
家庭年净收入	1.5 万元及以下=1;1.5～2 万元=2;2～3 万元=3;3 万以上=4	1	4	1.78	1.11
亩均农业收入(作物类型)	粮食作物=0;经济作物=1	0	1	0.11	0.56
家庭有无闲置劳动力	有=1;没有=0	0	1	0.83	0.42
农地地貌	平原=1;山区或丘陵=2	1	2	1.07	0.28
被解释变量					
转入农地意愿	愿意=1;不愿意=0	0	1	0.70	0.52

2. 基于 logistic 模型的农户转入农地需求影响因素分析

由于被解释变量转入农地意愿取值为 1 的概率 P 介于 0～1 之间,而一般线性多元回归模型的被解释变量取值在 $-\infty \sim +\infty$ 之间。所以,需要对被解释变量取值为 1 的概率 P 进行转换,因为 p、P/(1-P) 和 ln[P/(1-P)] 变动趋势相同,具有增长一致性,可以将 P 转换为 ln[P/(1-P)] 表示被解释变量取值为 1 时概率变化趋势。这种变换称为 logistic 变换,变换后就可以用一般多元线性回归模型建立被解释变量与解释变量之间的关系方程。具体方程设置如下:$\ln(\frac{P}{1-P}) = \beta_0 + \beta_1 SEX_i + \beta_2 AGE_i + \beta_3 INCOME_i + \beta_4 CROP_i + \beta_5 LAND_i + \beta_6 LABOR_i + \mu$ 其中,β_0 为截距;$\beta_j(j=1,2,3,\cdots,6)$ 为个解释变量回归系数,μ 为误差项。利用 spss11.5 进行 logistic 回归分析,解释变量家庭净收入多分类采取最大值为参照类,其他解释变量中多分类的采取最小值为参照类,回归结果如表4-9所示。表中 B、sig、Exp(B)分别代表模型估计的变量系数、Wald 检验的显著概率、发生比率,变量的这三个值若为"—"代表变量系数不显著,进入模型的各变量系数均在 5% 水平显著。根据-2 Log likelihood、Cox&snell R Square 和 Nagelkerke R Square 检验值,模型拟合度较好,模型预测正确率为83.5%,具有一定的统计学意义。

3. 结果分析

模型回归结果解释中,一般通过考察的是解释变量给发生比 $\frac{P}{1-p}$ 带来的变化。对模型方程两边取以 e 为底数的指数函数可以得到:$\frac{P}{1-p}$ = $\exp(\beta_0 + \beta_i x_i)$,这里 $\beta_i x_i$ 为模型中各解释变量与其系数之积。这表明当其他解释变量不变时,x_i 每增加一单位将引起发生比变化(扩大或缩小)$\exp(\beta_i)$ 倍。在于参照组比较时,参照组发生比假定为1,其他变量发生比为参照组的倍数。根据表4-9中回归结果,可以得出农户转入农地需求的影响因素。

(1)以男性为主要劳动力的农户转入农地需求的概率相对较高。在其他变量不变的条件下,以男性为主要劳动力的农户可以增加其转入农地需求的概率。以男性为主要劳动力的农户转入农地需求发生比是以女性为主要劳动力农户的9.3倍。这说明家庭劳动力最大耕种农地的能力限制其转入农地需求,女性劳动力为主的家庭最大劳动力能力相对较弱,转入农地需求相对不足。

(2)高年龄段劳动力转入农地需求相对较高。以30岁以下年龄段劳动力为参照组,30~50岁和50岁以上年龄段劳动力转入农地需求发生比分别为3.90和4.76。这说明,年龄较长劳动力转入农地需求的概率相对较高,这可能是两代农民工的农地依赖心理差异导致的,第一代农民工相对于第二代农民工具有较高的农地依赖性①。

(3)家庭收入越低转入农地需求相对越高。以家庭净收入3万元以上农户为参照组,家庭净收入低于3万元以下的农户转入农地需求发生比依次增加,这说明家庭净收入越低的农户转入农地需求越高。家庭净收入越低说明非农收入水平相对较低,农户只需转入相对较少农地就可以保持现有

---

① 何军、李庆:《代际差异视角下的农民工土地流转行为研究》,《农业技术经济》2014年版第1期。

的收入水平,这会增强农户转入农地需求的意愿。

(4)经营经济作物的农户比经营粮食作物的农户转入农地的概率高。从劳动力种植作物类型角度考虑,种植经济作物的劳动力转入农地需求发生比是种植粮食作物劳动力的14.44倍。这说明经济作物类型不同引起农业收入差异,单位农地经济作物收入一般高于粮食作物收入,所以单位农地带来的农业收入越高农户转入农地需求意愿也就越高。

表4-9 农户转入农地需求影响因素 logistic 回归结果

变量	农户转入农地意愿(转入/不转入)		
	B	sig	Exp(B)
常数项	1.16	0.00	3.19
性别(SEX)	2.23	0.02	9.30
年龄30岁及以下(参照组)			
年龄31~50岁(AGE_1)	1.36	0.06	3.90
年龄50岁以上(AGE_2)	1.56	0.00	4.76
家庭净收入1.5万元以下(INCOME$_1$)	2.32	0.00	10.18
家庭净收入1.5~2万元(INCOME$_2$)	1.24	0.00	3.46
家庭净收入2~3万元(INCOME$_3$)	0.93	0.02	2.54
家庭净收入3万元以上(参照组)			
作物类型(CROP)	2.67	0.00	14.44
家庭有无闲置劳动力(LABOR)	1.16	0.00	3.19
农地地貌(LAND)	-1.35	0.02	0.26
-2 Log likelihood		114.52	
Nagelkerke R Square		0.445	

(5)家庭有闲置劳动力增加转入农地需求。有闲置劳动力的家庭是没有闲置劳动力家庭转入农地需求发生比的3.19倍。家庭有闲置劳动力的情况下,扩大农地经营面积可以额外增加家庭收入,劳动力非农就业不稳定会增加家庭劳动力闲置程度,增加农户转入农地需求意愿。

(6)山区、丘陵地貌条件下农户转入农地需求不足。相对于平原地区,山区和丘陵地区的农户转入农地需求意愿明显较低。山区与丘陵地区农地分散性增加农业经营难度,限制农户最大可能经营面积,有限的农地经营面积无法带来理想的家庭收入,农户转入农地需求不足。这也印证了前面分析的结果,山区和丘陵地区农户转入农地需求不足,转出农地供给充足,部分地区出现抛荒现象。

二、专业经营大户转入农地需求的影响因素分析

(一)研究假设

资本化经营农地和雇佣劳动力是专业经营大户与普通农户的本质区别。由前面对专业经营大户转入农地需求模型分析可知,专业经营大户转入农地需求与其对转入农地预期收益和预期经营成本有关,即是较高的农业资本配置效率会增加专业经营大户转入农地需求。农业资本配置效率指农业资本配置优化程度,用来衡量农业内部资本使用效率,为农业资本投入提供科学指导。农业资本配置效率一般用农业资本产出比来衡量,体现单位农业资本带来的产出水平,较低的农业资本配置效率会限制专业经营大户转入农地需求,或者会使经营大户参与农地流转时陷入困境。根据农业资本配置效率的影响因素,提出以下假设。

1. 较低的农业比较收益限制专业经营大户转入需求

农业投资资金流向资本配置率较高的农业区域,这为农业投资行为指定了方向。农业资本配置效率较高的区域,资本化专业经营大户转入农地需求也相对充足。一个区域的农业资本配置效率主要与农业比较收益水平呈正比,在经营作物类型一定的条件下,农业比较收益高低与单位农地的农业收入水平有关。较高的单位农地农业收入,会带来较高的农业比较收益。较高的农业比较收益能够带来农业资本较高的回报率,才能吸引资本流向农业。农业比较收益主要用单位农地净收益来衡量,同时也与国家相关农业补贴相关。所以,单位农地农业收益低下会限制农业资本投入,造成专业经营大户转入农地需求减少。

2. 农户分散式经营农地模式成了专业经营大户转入农地的瓶颈

专业经营大户需求的农地要具有集中化和规模化特征,分散的农地流转现象无法带来相对集中和规模化农地供给,会导致农地流转市场中需求与供给的结构不一致,将阻碍农地流转市场供求达成交易,成为农地流转滞后的原因之一。专业经营大户更愿意与中介组织签订转入农地合同,可以避免与分散农户交易产生较高交易成本。

3. 农业基础设施不足会降低专业经营大户转入农地意愿

农业基础设施主要指交通设施、水利设施以及其他服务设施,这些基础设施不足的情况下无疑会增加专业经营大户转入农地后的经营成本。农业基础设施不足不利于农业资本进入和农业产业的集聚,经营大户转入农地

后需要自己投入资本完善相关基础设施,会降低其转入农地的意愿。

4.农业经营风险是专业经营大户转入农地时考虑因素之一

专业经营大户转入农地经营方式采用的是企业经营方式,投入资本回报率是其经营的主要考虑因素。农业经营风险大小会直接影响农业投入资本回报率,这将是专业经营大户转入农地需求时考虑的因素之一。对农业经营风险的担忧程度,直接影响专业经营大户转入农地的需求意愿。

(二)实证检验

1.数据来源及变量选取

针对专业经营大户转入农地需求的影响因素,本书在河南省商水县、安徽省肥东县范围内进行了 150 份问卷调查,最终收回有效问卷 121 份。调查采用走访询问的方式,询问对象包括现有的经营大户和从事招商与提供服务的乡镇、村一级相关工作人员。为区别于普通农户,本研究将专业经营大户的特征确定为经营中雇佣劳动力和转入农地 50 亩以上。针对现有的专业经营大户主要询问影响其选择转入农地的因素有哪些;针对乡镇和村一级工作人员主要询问他们所了解的一些专业经营大户转入农地时考虑的因素和顾忌。调查内容根据前面农地流转供求决策模型,主要设定与专业经营大户转入经营成本、收益相关的问题。

为了检验专业经营大户转入农地需求意愿的影响因素,依据前面的理论分析和调查内容,选取的变量有经营大户是否为本地人(NAT),用于衡量经营大户处置与农户关系的容易程度;计划或实际转入农地面积(AERA),用于衡量经营大户规模化经营程度;农地地貌特征(LAND)、转入农地集中程度(PIECE),用于衡量转入农地的分散程度;农地亩均预计净收益(PROFIT),用于衡量转入农地后经营收益状况;国家亩均补贴(SUB),用于衡量经营大户农业收益之外的收入状况;农业基础设施状况(BASE),用于衡量经营大户转入农地后的经营困难程度与成本投入;专业经营大户的交易对象(OBJECT),用于衡量交易中交易成本大小;转入农地亩均地租(RENT),用于衡量转入农地中租金成本;转入农地计划或实际合同年限(YEAR),用于衡量转入农地经营的稳定性,影响农地经营长期收益;对于农业风险的担忧程度(RISK),用于衡量专业经营大户对经营农地的风险好坏。具体变量相关数据统计性表述如表 4-10 所示。

表4-10 专业经营大户转入农地需求意愿相关数据描述性统计

变量	变量定义	最小值	最大值	均值	标准差
解释变量					
是否为本地人	本地人=1;非本地人=0	0	1	0.256	0.438
转入农地面积	50~100亩=0;100~200亩=1;200亩以上=2	0	2	1.752	0.581
农地地貌特征	山区、丘陵=0;平原=1	0	1	0.273	0.447
农地集中程度	1片农地=0;2片=1;3片以上=2	0	2	1.124	0.842
预计亩均净收益	1 000元以下=0;1 000~2 000元=1;2 000元以上=2	0	2	0.438	0.604
农业基础设施	自己不用投资或投资小部分=0;完全或者大部分由自己投资=1	0	1	0.636	0.483
国家亩均补贴	150元以下=0;150元及以上=1	0	1	0.603	0.491
交易对象	农户=0;村集体或中介组织=1	0	1	0.512	0.502
亩均地租	300元以下=0;300~1 000元=1;1 000以上=2	0	2	0.719	0.698
合同年限	5年以下=0;5~10年=1;10年以上=2	0	2	0.975	0.769
风险担忧状况	风险影响决定=0;风险不影响决定=1	0	1	0.818	0.387
被解释变量					
转入农地与否	转入农地=1;不转入农地=0	0	1	0.438	0.498

2. 基于logistic模型的专业经营大户转入农地需求影响因素分析

在对专业经营大户选择意愿进行分类时,本书将调查中正在经营的专业大户选择意愿设定为"愿意转入";将村、镇相关人员以前所联系并未实际转入农地的经营大户意愿设定为"不转入"。将专业经营大户转入农地意愿作为被解释变量,其他影响因素作为解释变量。本书利用eviews6.0进行logistic回归分析,解释变量采用逐步剔除法进行,具体分析结果如表4-11所示。

表4-11 专业经营大户转入农地需求影响因素 logistic 回归结果

变量	专业经营大户转入农地意愿（转入/不转入）		
	B	sig	Exp(B)
常数项	0.78	0.000	2.181
农地地貌特征（LAND）	2.13	0.012	8.415
转入农地区域分布 1 片（参照组）			
2 片（$PRICE_1$）	-1.02	0.026	0.361
3 片以上（$PRICE_2$）	-2.37	0.000	0.090
亩均净收益 1 000 元以下（参照组）			
1 000~2 000 元（$PROFIT_1$）	1.54	0.000	4.665
2 000 元以上（$PROFIT_2$）	1.98	0.032	7.243
农业基础设施（BASE）	-2.15	0.000	0.116
交易对象（OBJECT）	2.27	0.011	9.679
风险担忧状况（RISK）	1.35	0.023	3.857
-2 Log likelihood		123.720	
Nagelkerke R Square		0.627	

表中 B、sig、Exp(B)分别代表模型估计的变量系数、Wald 检验的显著概率、发生比率，进入模型的各变量系数均在 5% 水平显著。根据 -2 Log likelihood、和 Nagelkerke R Square 检验值，模型拟合度较好。模型预测正确率为 89.7%，具有一定的统计学意义。

3.结果分析

（1）专业经营大户对平原地区农地转入需求意愿相对较高。在以山区、丘陵地貌为参照的条件下，平原地貌条件下专业经营大户转入农地需求的发生概率明显偏高，发生比是山区、丘陵地貌的8.42倍。这样的结果与样本中专业经营农户经营作物类型有关，由于样本中专业经营大户以粮食生产为主，山区、丘陵地貌不利于使用大型机械工具，增加人工劳动成本，导致其转入农地需求意愿相对较低。

（2）转入农地的分散性会降低专业经营大户转入农地意愿。转入农地的片区数量增加明显降低了专业经营大户需求意愿，以农地一个片区为参照，三个片区以上专业经营农户转入农地的发生比大幅下降。转入农地越分散越会导致专业经营大户投入成本增加，会增加基础设施投入成本、农产品运输成本、管理成本等。农地分散往往是因为农户转出农地供给不统一导致的,与分散的农户打交道也会增加交易成本。

(3)较高的单位农地净收益会增加专业经营大户转入农地需求意愿。以亩均农地净收益1 000元以下为参照组,亩均农地净收益1 000～2 000元和2 000元以上专业经营农户转入农地的发生比分别是其4.7和7.2倍。在同样的亩均农地资本投入下,亩均农地净收益越高,资本投入回报率也高,这也验证了农业资本收益率是专业经营大户转入农地需要考虑的主要因素。

(4)农业基础设施越薄弱就越会限制专业经营大户转入农地需求意愿。在农业基础设施投资方面,与完全不需要自己投资或小部分需要自己投资相比,完全或大部分需要自己投资情况下专业经营大户转入农地需求概率下降88%。这说明当地农业基础设施完备程度直接影响外部资本进入农地流转市场,完善的农业基础设施才能吸引外部资本流入。

(5)专业经营大户更喜欢与中介组织交易,与分散农户交易会降低其转入农地需求意愿。与分散农户交易相比,经营大户选择与中介组织交易时转入农地意愿发生比是其9.7倍。专业经营大户与中介组织交易可以避免与分散农户交易时"道德风险"问题,并降低交易成本。

(6)专业经营大户转入农地需求也与其对当地农业经营风险的判断和风险好恶程度有关。专业经营大户认为农业经营风险不重要时转入农地需求发生概率相对偏高,发生比是其看重农业经营风险时的3.9倍。不同区域、不同作物类型条件下农业经营风险存在差异,如何降低农业经营风险将成为增加专业经营大户转入农地需求的关键因素之一。

本章小结

从前面分析可知,理论角度上农村劳动力转移非农就业与转出农地的影响因素存在差异,各自的动力并不完全相同,劳动力在两种行为的选择上并不一致,将可能呈现劳动力非农转移后供给农地不足,这是农地流转滞后农村劳动力转移的原因之一。当然也有可能会有另外一种状况,农地流转需求不足。劳动力非农转移与转出农地选择行为一致时,即劳动力非农转移后愿意转出农地,这将满足农地流转市场中存在有效供给的条件。如果农地流转市场中缺乏转入需求,将出现农地流转市场供求失衡状态。农地流转需求不足时是农地流转滞后劳动力转移的另外一个原因。

所以,探寻农地流转滞后农村劳动力转移的原因,需要从两个角度分析,一是从农地流转供给角度分析劳动力非农转移与转出农地选择不一致的原因;二是从农地流转市场需求角度分析转入农地需求不足原因。本章重点对农地流转供给与需求的影响因素进行了分析,试图寻求农地流转市场中供求不足和需求不足的原因。

农村劳动力转移非农就业与转出农地具有相同和不同的影响因素,即便是同种影响因素的作用也存在差异。影响因素及其作用的差异是劳动力转移后供给农地不足的原因。非农收入比重对二者均有影响,其影响方向相同;农业劳动力效率对二者也均有影响,但影响方向相反;城乡二元制度不限制劳动力转移非农就业,但限制劳动力转出农地的主动性。劳动力转出农地除了以上影响因素外还受地租水平影响。城乡收入差距可以拉动劳动力转移,但高城市生活成本排斥劳动力在城市稳定就业与生活,间接固化其留守乡土思想。农村劳动力转移非农就业后农地流转供给不足的影响因素主要是家庭分散经营农地模式、个体差异的非农就业收入、较低的地租、城乡二元制度和高城市生活成本等。这些因素限制了劳动力转出农地的主动,导致农地流转市场供给不足。

实际中,农地流转滞后不仅仅是劳动力转移非农就业后农地流转供给不足造成的,还有可能是由于农地流转市场中需求不足的结果。当农地流转市场需求不足时或存在供求交易障碍时,也形不成均衡的农地流转市场,会导致农地流转滞后。本章还需要分析农地流转市场中需求不足的影响因素,试图寻求农地流转需求不足的原因。

在不改变农地用途的前提下,农地流转市场中需求方分为普通农户和专业经营大户,本章对两种需求方的需求影响因素进行了分析,根据这些影响因素将农地流转市场需求不足的原因总结如下。

(1)普通农户转入农地需求不足的原因。普通农户转入农地需求与否取决于转入农地后经营获得的净收益与其机会成本的比较,其机会成本一般指农户因经营农地所放弃的非农收入。普通农户转入农地需求不足主要是因为家庭有限劳动力经营农地带来的收入相对较低;或家庭劳动力预期非农收入较高;或家庭闲置劳动力有限。结合前面分析的农地流转供求状况可知,经营山区、丘陵地区单位农地需要较多的劳动力数量和时间,在单位农地收入和家庭劳动力数量一定条件下,农户转入农地后经营收入偏低,劳动力宁愿选择外出非农就业。结合相同区域不同作物类型的农地供求状况可知,粮田转入需求相对较低的原因是粮食带给农户的收益相对于其他作物较低。所以,普通农户转入农地需求不足的原因是在家庭劳动力有限条件下经营农地的收入低于转移非农就业收入。

(2)专业经营大户转入农地需求不足的原因。专业经营大户转入农地需求的影响因素有单位农地收益、农地地貌特征、农业基础设施完善程度、农地分散程度和农业经营风险。这些因素会影响专业经营大户转入农地的经营成本和收益。较低农地收益、不利于机械操作的农地地貌、不完善的农业基础设施、与分散农户交易、不确定的农业经营风险都会降低专业经营大户转入农地的意愿。所以,专业经营大户转入农地需求不足的主要原因是单位农地收益较低、中介组织缺失、农业基础设施不完善和农业经营风险不确定。

根据前面对农地流转供给与需求影响因素的分析可知,农村劳动力转移后供给农地的影响因素主要有家庭分布式农地经营模式、非农收入水平、转出农地收益、城乡二元制度;农地流转需求的影响因素主要有家庭劳动力闲置程度、农业收益水平、非农收入水平、农业基础设施状况、农地集中程度。通过改变这些主要影响因素可以增加农地流转供给与需求,但改变这些因素在我国当前社会环境下是否存在障碍,即便是增加了农地流转供求与需求,是否能够满足农业现代化发展目标? 所以,有必要根据农业现代化目标要求,进一步分析我国社会环境对推动农地流转的限制,找出限制农地流转的症结。

第五章

农地流转滞后约束农业现代化及发展趋势测度

前面分析了我国农地流转滞后于农村劳动力转移,而且农村劳动力转移仅仅是农地流转的非充分条件,也即是我国农村劳动力非农转移并不能自发带动农地流转。本章重点分析农业现代化对推动农地流转的要求,说明通过外力推动农地流转的重要性,并测度劳均利润最大化下农地流转潜在的发展空间。

第一节　农业现代化要求及推动农地流转必要性

一、我国农业现代化的基本要求

我国农业现代化的基本要求随着不同时期政策导向而发生变化,在不同经济发展时期农业现代化处于不同的地位,也具有不同的要求(如表5-1所示)。新中国成立后到20世纪80年代初期这一段时间,我国一直重视农业发展和不断探寻合适的农业发展道路。当时社会体制与生产力发展并不相适应,特别是人民公社体制并未充分利用农业资源,制约了农村劳动生产率提高。但是这一段时期城镇对农村支持和对农业基础建设的重视,形成了我国最基本的农业基础设施,特别是农田水利设施,为以后的农业发展提供了保障。从20世纪80年代初期到20世纪90年代末期,我国农业发展一直立足于家庭承包经营模式,通过提高农业市场化程度和农业科技水平,有效配置农业资源,提高农地、劳动和资源利用效率。从21世纪初期我国农业发展就进入了农业生产和经营方式转变时期,传统农业经营手段向现代化生产手段转变;原有的家庭承包经营方式向多种联合和合作现代经营方式转变。2010年我国"十二五"规划中明确指出农业现代化要与工业化、城镇化同步发展,要求农业适度规模经营和发展农业产业化。

表 5-1　我国农业现代化政策导向与基本要求发展历程①

时间	1953 年	1964 年	1979 年	1993 年	1998 年	2007 年	2010 年
关键词	一化三改	以工扶农	机械化	市场化	科技农业	现代经营	同步发展
政策导向与基本要求	工业化是核心；农业现代化是延伸	工业化是主导；农业现代化是基础	计划性城镇对农村支持	农业专业化、商品化和社会化	提高农地、劳动和资源利用效率	传统农业经营方式向多种现代经营方式转变	农业现代化、工业化城镇化同步发展

　　相对我国传统农业,我国亟须走出一条具有中国特色的农业现代化道路。我国农业现代化发展需要不断提高农地、资本和劳动力等要素利用效率,实现农业增产、农民增收和农村发展的目标②。中国特色的农业现代化需要满足以下几个基本要求,即农业适度规模化、农业生产过程合作化、农业生产方式产业化、农业技术推广化、农业服务社会化③。

　　(1)农业适度规模化。我国人地矛盾和现有的分散式、家庭农地经营方式决定了农业不可能规模化经营,这是我国农业现代化发展的最大障碍。由《中国统计年鉴》数据可知,2013 年我国农户家庭人均经营农地面积为2.34 亩。再加上我国农地家庭分散经营下农地零碎化,推动农地流转已经成为农业适度规模化经营的必然选择。农业适度规模经营要求一方面规范化推动农地流转,另一方面要求不能过度追求农业规模扩张。农业适度规模化要与城镇化进程、农村劳动力非农化程度、农业技术水平和农业产业化程度相适应,同时要符合国家产业发展规划。

　　(2)农业生产过程合作化。家庭分散式经营和大农场规模化经营均可以独立承担经营过程中所需资本、技术和其他农业资源,并不需要相互之间过多的合作和联合。然而,我国现行的农地经营模式规模较小,即便是适度规模经营也不可能像美国那样大规模经营,农业经营过程中必然需要经营主体之间合作和联系。这种合作和联合可以是农户与专业经营大户间,也可以是专业经营大户与经营大户之间,或者是合作社与合作社之间,通过共享农业资源和技术、合作经营和联合销售等方式,打破农地零碎的限制,实

　　①　毛飞、孔祥智:《中国农业现代化总体态势和未来取向》,《改革》2012 年版第 10 期。

　　②　陈锡文:《中国特色农业现代化的几个主要问题》,《改革》2012 年版第 10 期。

　　③　张海鹏、曲婷婷:《农业现代化与农业家庭经营模式创新》,《经济学家》2014 年版第 8 期。

现农业适度规模化经营。

（3）农业生产方式产业化和服务社会化。农业适度规模经营要遵循市场机制，充分利用农业资源，提高农业比较利益。这需要农业经营与市场需求衔接，农产品能够适应市场需求，同时增加农产品附加值。农业生产方式产业化是农业生产经营过程的社会化和市场化过程，形成一个完整的现代化产业链，农业服务体系贯穿生产、加工和销售等环节，拥有现代化管理和信息化服务。

（4）农业技术推广化。农业产业化和农业服务社会化需要以农业技术推广为支撑，农业技术主要包括农业生产技术、加工、储存、运输技术，以及农田改良和农业管理技术等方面。现代化农业技术推广会增加农业经营成本，需要通过农业规模经济抵消增加的这部分成本，所以农地规模化经营是现代化农业技术推广的前提。同时，农业技术推广化需要匹配相适应的人才质量和数量，也需要以资本要素流入农业为基础。农业适度规模化经营提高农业比较利益，才能吸引人才和资本等要素去流入，所以农业技术推广也要以农业适度规模化经营为基础。

二、农业适度规模经营是新型城镇化发展的基本动力

（1）农业适度规模经营提高了新型城镇化过程劳动力利用效率。新型城镇化战略虽是政府主导型的城镇发展模式，但"以人为本"的核心理念就规定了参与建设的主体一定是广大农民。农民参与不仅体现在要进城居住，更多的还要直接参与建设，尤其是在新型城镇化强调以自下而上的"市场化推动"为主，政府行政调整为辅，注重引进市场机制，形成政府与市场共同建城的思路。要形成这种上下良性互动的机制，就必须突出农民参与城镇建设的重要性，就必须要调动农民参与城镇建设的积极性。新型城镇化战略将是改变中国农村面貌的一项重大系统工程，推进该工程不仅涉及亿万民众利益，更需要庞大的建设队伍，如何从土地上解放出更多劳动力资源来参与新型城镇化建设，就成为推进新型城镇化建设的又一关键性问题。而农业适度规模经营通过优化各种资源的配置，将大大提高农业的生产率，从而使土地无法承受现有的农村劳动力而产生剩余劳动力，为新型城镇化建设提供充足的人力资源保障。

（2）农业适度规模经营提高了农业效率和农业剩余。城镇的扩展与增多，在某种意义上，就是城市人口数量的增加，庞大的城镇人口不仅需要广阔的公共空间，更需要维持日常的众多生活资料。同时农村分散的农业经营方式，人多地少的现状，基于提高农业效率和减少农业收益分配基数。而农业适度规模经营将为解决这些难题提供支持与思路。

首先,农业适度规模经营从根本上解决了农村人多地少的困境。适度规模经营需要以农地流转和农村劳动力非农就业为前提,可以促使农村劳动力向市民和职业农民分化。农业适度规模经营有效地解决农业收入分配基数大和城镇化发展中劳动力不足问题。

其次,农业适度规模经营有利于人口向城镇转移和提高农业生产效率。农业适度规模经营改变了生产单位小、高度分散的家庭经营模式,在当前的条件下,可以提高农业的生产效率,在节约相应成本的情况下,扩大产出,为实现产品的多样化创造了条件,奠定了基础。

再次,农业适度规模经营提供了更丰富的农业剩余。农业适度规模经营的实现,不仅体现在土地的集中上,还体现在多种途径的专业合作上,例如通过专业化方式,生产粮棉蔬菜;通过合作化方式,发展畜牧、水产特色养殖等,都属于农业规模化生产的范畴。这些多途径、多形式的农业适度规模经营为城镇提供了丰富、价廉、优质的农产品。

(3)农业适度规模经营有效缓解了城镇化发展用地不足。新型城镇化建设的推进,必定需要占用一定数量的土地,这是完成新型城镇化建设的必要条件,在城镇化建设的实践中,用地难目前已成为制约新型城镇化发展的重要因素。以河南省为例,该省人口基数大、区域面积小、人均占地比例低,而先前的城镇化建设与农村建设又缺乏科学规划与系统设计,盲目无序的建设造成了一定量的土地资源浪费,加之又是农业大省,产粮主区,耕地底线必须坚守。多种因素综合,就使得土地需求与土地供给的矛盾非常突出,土地供应不足大大限制了新型城镇化建设的区域范围,已成阻碍新型城镇化建设的重要障碍。要解决这一矛盾,除对新型城镇化建设进行科学合理规划,尽量减少浪费之外,就是通过实现农业现代化,尽可能在合理范围内为新型城镇化建设腾挪土地。实践证明,发展农业适度规模经营是一条不错的选择路径。

从上面的分析可以看出,农业适度规模经营是新型城镇化发展的必然选择,但必须以农村劳动力非农转移和农地流转为前提。现实中农业适度规模经营的困境是农村劳动力转移和农地流转并未协同发展,呈现不一致的状态。

三、推动农地流转是我国农业现代化发展的必然选择

由前面分析可知,我国农业现代化发展要求以农业适度规模化经营为前提,满足这个要求需要基于农村劳动力非农化转移和农地流转两个条件。由前面章节分析可知,我国农地流转滞后于农村劳动力转移,而且农村劳动力非农化转移并不是农地流转的充分条件,所以需要外力推动农地流转。

农地流转滞后现状不利于农业发展,约束了农业现代化发展。我国农业家庭分散式经营模式和农地流转滞后现状决定了只有推动农地流转,才能实现农业适度规模经营,是农业现代化发展的必然选择。

(一)推动农地流转有利于提高农村劳动力资源配置效率

农业现代化发展要求农业资源能够充分有效地配置,其中能够提高农村劳动力利用效率和生产效率。目前,我国农村劳动力非农转移后大部分并未脱离农地,农村非农劳动力处于"候鸟式"流动状态,非农务工同时兼顾农地。在家庭分布式经营农地模式下,农村非农劳动力兼营农地并未形成经济学意义上的帕累托最优状态,反而导致农村劳动力资源未充分利用和劳动生产率低下。

Rains and Fei(1961)提出了二元经济发展的三阶段理论,认为经济发展到第二个阶段农业劳动力边际产出大于零,但低于工业部门边际产出水平,如果这个阶段农业生产效率不变,农村劳动力非农转移势必会对农业生产产生负面影响。上面的结论是在市场充分竞争的条件下得出的,如果农村劳动力流动存在一定的制度性障碍,比如我国农地制度以及城乡二元制度对农村劳动力转移的限制,必然导致农村劳动力非农转移不充分,劳动力资源无法得到充分利用。又由于我国农地经营是以户为单位的分散模式,农村非农劳动力为了保证农业生产总量不下降,各个农户均要投入农业劳动力,从整体上降低了农业劳动力生产效率。所以,在我国农户分散经营农地模式下,农地流转滞后不仅限制了农村劳动力非农转移,也阻碍了农业生产效率提高。

鉴于此,我国农村劳动力资源配置存在帕累托改进,推动农地流转可以实现农村劳动力利用效率提高和农业劳动生产效率提高。在不改变农地承包制度和保障农户农地承包权条件下,推动农地流转可以促使人力资本水平较高的农业劳动力非农就业,获得较高非农边际产出;人力资本水平较低的农村劳动力可以经营较多农地,提高农业劳动生产率。

(二)推动农地流转有利于农业产业化和农业技术推广

农业现代化发展要求农业产业化经营,并推广现代农业技术。农业产业化和现代农业技术推广应用要以农地适度规模经营为基础,只有推动农地流转才能实现农地适度规模经营。

农业产业化最显著的特点就是农业生产、服务、加工、流通等环节形成利益共同体,特别是农业生产环节要形成统一的标准,需要以农地规模化为基础①。目前,我国农业经营处于分散化和零乱化,农户各自分散经营,无法形成统一经营标准,也形不成农业产业化所要求的农产品供应基地。随着我国城镇化和工业化快速发展阶段,农村劳动力非农转移后兼营农地也进入了第二阶段,即是农户家庭中劳动力以非农劳动为主,农业为辅。在以非农劳动力为主的兼营农地阶段,农户分散式经营容易造成农地粗放式经营,部分地区甚至出现抛荒现象。推动农地流转可以促使农地趋于集中,获得农地经营规模效益,吸引资本、技术、人才等要素流向农村,这是农业产业化经营的基础。推动农地流转可以将农地转向以农业经营为主的普通农户或专业经营大户(企业),有利于农地集约化经营,为了实现经济利润最大化,经营者将依据市场需求最大限度地利用农地资源和提高劳动生产效率。通过农地适度规模经营,专业人才经营农地和资本化经营农地,引导农业经营市场化和管理现代化。

现代农业技术推广应用是农业现代化的核心之一。我国农业技术的推广与应用最大的障碍就是家庭承包经营农地模式和农地零碎分散化,农户在自己农地界限范围内各自经营,限制了大型农业机械的使用,也增加了大型农业机械应用的成本,比如农地零碎化条件下大型农业收割机械半负荷运作情况;农户农地零碎分散化和决策不一致决定了农业技术不可能大规模使用,农户经营农地在经营内容、时间、方法等方面存在差异,比如农田灌溉、收割、除草、喷洒农药、施肥等均不可能采用大规模的现代技术和方法。推动农地流转促使农地适度规模化经营,农地适度集中后经营者可以对大规模农地做出统一决策,使用现代农业技术能够实现规模经济,通过农地规模效益降低农地经营成本,提高农业比较收益,能够充分利用农业资源和提高资源利用效率。

第二节　农地流转滞后约束农业发展的实证分析

农村劳动力转移非农就业后不流转农地,整体上会形成农地流转滞后于劳动力转移的状况。特别是在农村劳动力以非农就业为主情况下,农地资源使用效率低下,甚至出现撂荒现象,会影响农地资源有效配置和农业现代化水平。农地流转滞后也影响农村劳动力转移就业数量和质量,弱化了农业发展释放劳动力的能力和强化了劳动力在城乡间往返。劳动力转移就

---

① 薛亮:《从农业规模经营看中国特色农业现代化道路》,《农业经济问题》2008 年版第 6 期。

业过程中的往返流动和回流会影响劳动效率,进一步影响农业现代化、工业化和城镇化发展水平。农地流转滞后意味着全职从事农业生产的劳动力并不能经营充足的农地,这不仅会影响这部分人的劳动力效率,也会影响劳均农业收入水平。本节重点讨论农地流转滞后对农地、劳动力等资源配置效率的影响,以及对农业现代化发展的影响。

一、农地流转滞后与农业资源配置效率

(一)模型建立与研究假设

农地流转对农地和劳动力资源配置效率的影响主要体现在其对农地使用效率和农业劳动生产率方面。利用单位农地产出水平和劳均产出水平分别代表农地和劳动力在农业生产中的配置效率。引入柯布–道格拉斯函数可知,单位农地产出水平与单位农地资本投入和单位劳动投入有关;劳均农业产出水平与劳均资本投入和劳均土地数量有关。用 Q 代表农业产出水平,L 代表从事农业劳动数量,K 代表农业资本投入量,N 代表农地面积,在既定技术水平条件下可建立下面两个模型。

$$\frac{Q}{L} = A\left(\frac{K}{L}\right)^{\alpha} \tag{1}$$

$$\frac{Q}{N} = B\left(\frac{K}{N}\right)^{\gamma} \tag{2}$$

A 和 B 分别代表效率系数,α、β、γ 代表参数,对(1)和(2)式两边取自然对数,可以都得到下面式子。

$$\ln\left(\frac{Q}{L}\right) = \ln A + \alpha \ln\left(\frac{K}{L}\right) + \beta\left(\frac{N}{L}\right)$$

$$\ln\left(\frac{Q}{N}\right) = \ln B + \gamma \ln\left(\frac{K}{N}\right) + \delta\left(\frac{L}{N}\right)$$

上面两个模型可以表示单位劳动和单位农地下的农业产出函数,通过查找我国 1986~2012 年相关数据,估计解释变量与被解释变量之间的弹性关系,进一步分析农地流转对劳动力、农地配置效率的影响。由我国农地流转与劳动力转移历史发展进程,并观察单位农地、单位劳动农业产出变化(见图 5–1)可知,农地流转对单位农业产出变化影响在不同时期具有差异性。具体可以将其分为 1986~1992 年、1993~2002 年和 2003 年以后三个时期。所以,在上面两个模型估计时需要加引入两个虚拟变量 M 和 P:

$$M = \begin{cases} 1, 2003 \leqslant t \leqslant 2012 \\ 0, 其他 \end{cases} \qquad P = \begin{cases} 1, 1993 \leqslant t \leqslant 2002 \\ 0, 其他 \end{cases}$$

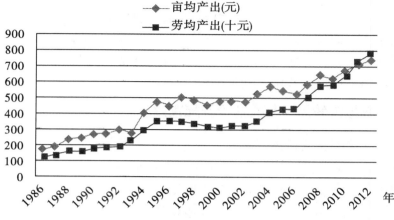

图 5-1 单位农地与单位劳动产出水平

注:数据来源于《全国农村固定观察点数据》(1986~1999 年)和《中国统计年鉴》(1987~2013 年)计算结果。

为了验证农地流转对劳动力、农地资源配置效率的影响,提出以下两点假设:

假设一:农地流转可以提高农业生产中劳动生产效率和农地利用效率。农地流转可以将农地集中到较少数农业劳动力手中,通过规模化经营可以提高单位农地产出水平和单位劳动农业产出水平。

假设二:不同时期的农地流转对资源配置效率影响存在差异。农地经营是以家庭为单位,在不同时期农村家庭经营状况分全职农业、以农业为主兼业和以非农为主兼业。在以全职农业为主的时期,经营方式陈旧,劳动力倾向于精耕细作,农地流转增加家庭土地并不一定能够提高资源配置效率。农户兼业经营时期,随着机械化程度提高,农地流转增加家庭土地后能够有效提高资源配置效率。但以农业为主兼业经营和以非农就业为主兼业经营两个时期,农地流转对资源配置效率影响也不相同,以非农就业为主兼业时期影响应该更大一些。

(二)实证检验过程

1. 数据来源及整理

根据我国农地流转与劳动力转移发展历程,选取从 1986~2012 年的全国数据,具体变量有农业产出、农业资本投入、农业劳动力数量和农地经营面积。农业产出用农林牧渔总产值表示,农业资本投入用农村年末农业生产固定资产原值衡量,这两个变量相关数据通过以 1986 年为基期调整为实际值。农业劳动力数量用从事农林牧渔劳动力数量代表,农地经营面积用农村家庭耕地、山地、园地和养殖水面面积加总表达。单位农地和单位劳动平均值分别用相关数据除以农地经营面积和农业劳动力数量。单位劳动农地面积大小可以近似表达农地整体流转水平。具体数据如表5-2所示。

表5-2　1986-2012年农业产出水平与相关要素投入数量

年份	农业产出（亿元）	资本（亿元）	劳动投入（万人）	农地面积（万亩）	年份	农业产出（亿元）	资本（亿元）	劳动投入（万人）	农地面积（万亩）
1986	4 013.01	1 194.79	30 467.9	221 868.79	2000	10 606.87	3 293.15	32 797.5	218 126.39
1987	4 411.04	1 278.44	30 870.00	226 282.58	2001	10 695.70	3 540.76	32 451.01	220 383.60
1988	5 325.58	1 467.88	31 455.70	224 618.79	2002	10 667.77	3 750.97	31 990.58	222 536.07
1989	5 755.03	1 516.04	32 440.50	226 603.98	2003	11 119.19	4 111.28	31 259.63	210 001.39
1990	6 271.26	1 661.37	33 336.40	227 559.36	2004	12 624.21	4 208.67	30 596	216 783.42
1991	6 438.15	1 695.65	34 186.30	229 028.50	2005	13 001.99	4 862.14	29 975.54	238 217.70
1992	6 739.04	1 706.47	34 037.00	219 682.10	2006	12 761.09	5 051.69	29 418.41	241 773.94
1993	7 566.32	1 711.75	33 258.20	269 434.42	2007	14 714.44	5 391.41	28 640.68	249 148.17
1994	9 980.04	1 911.54	32 690.30	240 714.43	2008	16 514.52	5 437.38	28 363.60	253 286.02
1995	11 621.88	2 223.13	32 334.50	241 104.72	2009	16 430.35	6 030.49	28 065.26	263 342.77
1996	11 674.54	2 483.35	32 260.40	255 595.70	2010	18 073.69	6 295.18	27 694.77	268 600.65
1997	11 643.67	2 506.12	32 677.89	230 641.99	2011	20 285.46	8 616.01	27 355.42	284 617.23
1998	11 332.53	2 789.55	32 626.40	230 819.80	2012	21 276.15	8 921.85	27 056.00	286 252.72
1999	10 813.76	2 881.34	32 911.76	236 073.60					

数据来源：《全国农村固定观察点数据》(1986~1999年)和《中国统计年鉴》(1987~2013年)，1986~1999年农村年末农业生产固定资产原值用农村固定观察点数据中生产性固定原值减去工业机械和运输机械原值得到。

2. 实证结果

将前面的模型加入m和p两个虚拟变量后，利用整理后的数据进行最小二乘法估计。单位农地产出函数估计结果如下：

$$\ln\left(\frac{Q}{N}\right) = 4.21 + 0.95\ln\left(\frac{K}{N}\right) + 1.39\ln\left(\frac{L}{N}\right) - 0.54m \times \ln\left(\frac{K}{N}\right) - 1.36m \times \ln\left(\frac{L}{N}\right)$$

$$t = (3.73)\,(4.98)\,(2.92)\,(-3.13)\,(-3.68)$$

$$-0.73p \times \ln\left(\frac{K}{N}\right) - 1.85p \times \ln\left(\frac{L}{N}\right)$$

$$(-2.68)\quad(-1.85)$$

$$R^2 = 0.98 \quad Prob = 0.00 \quad DW = 1.64 \qquad F = 85.5$$

回归结果显示整体拟合度较优,不存在自相关,各变量系数均在5%水平下显著,表明各变量对被解释变量具有一定的解释意义。根据两个虚拟变量设定情况,可以将模型改写为三个时期的模型。

1986～1992年(第一阶段)$\ln\left(\dfrac{Q}{N}\right)=4.21+0.95\ln\left(\dfrac{K}{N}\right)+1.39\ln\left(\dfrac{L}{N}\right)$

1993～2002年(第二阶段)$\ln\left(\dfrac{Q}{N}\right)=4.21+0.41\ln\left(\dfrac{K}{N}\right)-2.29\ln\left(\dfrac{L}{N}\right)$

2003～2012年(第三阶段)$\ln\left(\dfrac{Q}{N}\right)=4.21+0.22\ln\left(\dfrac{K}{N}\right)+0.46\ln\left(\dfrac{L}{N}\right)$

同样利用最小二乘法,对单位劳动力农业产出函数估计结果如下:

$$\ln\left(\frac{Q}{L}\right)=4.21+0.95\ln\left(\frac{K}{L}\right)-1.34\ln\left(\frac{N}{L}\right)-0.54m\times\ln\left(\frac{K}{L}\right)+1.89m\times\ln\left(\frac{N}{L}\right)$$

$$t=(3.73)\quad(4.98)\qquad(-2.49)\qquad\qquad(-3.13)\qquad\qquad(3.51)$$

$$-0.72p\times\ln\left(\frac{K}{L}\right)+2.57p\times\ln\left(\frac{N}{L}\right)$$

$$(-2.68)\qquad\qquad(2.59)$$

$$R^2=0.98\quad Prob=0.00\quad DW=1.44\quad F=131.99$$

回归结果显示整体拟合度较优,不存在自相关,各变量系数均在5%水平下显著,表明各变量对被解释变量具有一定的解释意义。根据两个虚拟变量设定情况,可以将模型改写为三个时期的模型。

1986～1992年(第一阶段)$\ln\left(\dfrac{Q}{L}\right)=4.21+0.95\ln\left(\dfrac{K}{L}\right)+1.34\left(\dfrac{N}{L}\right)$

1993～2002年(第二阶段)$\ln\left(\dfrac{Q}{L}\right)=4.21+0.44\ln\left(\dfrac{K}{L}\right)+0.55\left(\dfrac{N}{L}\right)$

2003～2012年(第三阶段)$\ln\left(\dfrac{Q}{L}\right)=4.21+0.23\ln\left(\dfrac{K}{L}\right)+1.23\left(\dfrac{N}{L}\right)$

(三)结果分析

(1)单位农地和单位劳动上资本投入对农业产出具有正的影响,但三个时期资本贡献作用依次递减。由三个时期的单位农地产出函数回归结果可知,单位农地上资本投入对农业产出影响的弹性系数依次减小,但均为正值。这说明单位农地上增加资本投入可以提高农业产出水平,但存在资本边际报酬递减。这种资本边际报酬明显递减现象也说明了我国农业经营方式的陈旧,仍然是以家庭分布式经营为主。改变这种分布式经营方式可以在一定程度上提高资本投入对农业产出的贡献作用。

(2)单位农地上劳动投入对农业产出的影响在三个阶段存在差异。由回归结果可知,1986～1992年期间亩均农地投入劳动增加可以提高亩均产出水平,因为这一时期绝大部分农业劳动力仍全职经营农业,农业经营以精耕细作为主,单位农地劳动力投入较充足的亩均农业产出水平较高,这也符合这一阶段的农业经营特征。1993～2012 年期间单位农地劳动投入与亩均农业产出水平呈反向变化,现实中这一阶段的农地流转导致亩均农地投入劳动力减少,资本和技术等要素流入增加了亩均农业产出,说明了农地流转对亩均农业产出水平提高有正的影响。但这种影响作用第二阶段比第三个阶段要强,因为第二阶段农村劳动力大部分仍以农业经营为主,第三个阶段农村劳动力大部分以非农就业为主。

（3）单位劳动经营农地数量对劳均农业产出的影响在三个阶段也存在差异。农地流转后劳均农地面积增加,第一阶段农业经营以精耕细作为主,反而不利于劳均产出水平提高,可能是当时农业经营条件限制了劳均经营农地面积,单位劳动经营较多农地会降低亩均产出水平。但在第二、三阶段,农地流转增加劳均农地面积有利于提高劳均产出水平,也即是可以提高劳动效率。第三阶段与第二阶段相比农地流转对劳动效率提高作用更加明显,所以现阶段推动农地流转可以提高劳动效率。

从前面分析可知,现阶段推动农地流转不仅可以提高农地利用效率,也可以提高劳动生产效率;资本边际报酬递减明显说明我国家庭分散经营农地方式过于陈旧,需要改变这种经营方式。所以,推动农地流转有利于提高资源配置效率,推动农地流转的同时需要改变农地经营方式,尽可能推动农地集中和规模化经营,增加资本投入对农业产出的贡献作用。

二、农地流转滞后与农业现代化

(一)理论分析与研究假说

农地流转的适宜性指其流转的时机和规模,在农户自愿选择的前提下,这取决于农村劳动力选择流转农地的个体效益与社会效益。在保障农户土地承包权不变的前提下,农村劳动力对农地流转与劳动力转移的选择取决于其对个体效益(收入)最大化的追求,通过分析农地流转供求双方个体效益状况可以寻求农地流转滞后的个体主动性原因。农地流转滞后农村劳动力转移的社会效益指其对农业现代化、工业化与城镇化的影响,社会效益状况直接决定了推行农地流转的时机选择与规模。

农地流转滞后农村劳动力转移不仅会造成个体经济效应的福利损失,也成了农业现代化、工业化和城镇化发展的瓶颈。发展经济学中的 W. A. Lewis 的"二元经济结构"理论,C. H. Fei 和 G. Rains 的劳动力转移论,D. W. Jogenson 的工业与农业发展理论,Harrist & Todaro 的劳动力流动理论等均认为农地流转、农村劳动力转移与"三化"发展相关。虽然农地流转能否提高土地效率存在争论,但农地流转有利于农业规模经营、提高机械化程度和劳动效率,农地流转是农业现代化的前提[①]。农地流转释放劳动力,通过劳动力非农转移影响农业现代化、工业化和城镇化,促进区域经济发展[②]。那么当前的农地流转滞后劳动力转移现状无疑是农业规模经营、提高机械化水平和劳动效率的瓶颈,阻碍农业现代化发展;也造成了农村剩余劳动力释放不完全和劳动力回流现象[③],工业化发展遭遇劳动力瓶颈和"民工荒"现实,出现"伪城市化"现象。

基于上面的综合分析,提出以下假设:

假定 1:农地流转滞后农村劳动力转移造成个体福利损失;

假定 2:农地流转滞后农村劳动力转移通过影响农业现代化、工业化和城镇化阻碍经济增长;

(二)实证分析

1.模型设定

为验证农地流转滞后于农村劳动力转移的个体与社会经济效应,采用劳均农业收入近似代替农地转入户收入;劳均非农收入近似代替农地转出户收入;社会效应大小利用区域经济增长代替。基于前面理论分析,农地转入和转出户效用水平近似用其收入水平代替。农地转入户收入与农地面积和农地投入有关;农地转出户收入与教育水平、技能培训程度、工业化程度(就业状况)等有关。区域经济增长用 GDP 水平代替,与农业现代化、工业化和城镇化水平相关。本书以农地转入户收入、农地转出户收入和 GDP 为被解释变量,验证劳动力转移与土地流转对其的影响,设定以下三个模型:

$$Y_1 = c_1 + a_2 LN + a_2 LB + a_3 LB * LN + \varepsilon_2$$

$$Y_2 = c_2 + b_2 LB + b_2 LN + b_3 LB * LN + b_4 IM + b_5 AM + \varepsilon_2$$

$$GDP = c_3 + AM + IM + CZ + LN + LB + LN * AM + LN * IM + LN * CZ + LN * LB + \varepsilon_3$$

其中 Y_1、Y_2 和 GDP 分别为被解释变量农地转入户收入、农地转出户收入和区域经济水平,LN 和 LB 分别表示农地流转比率和劳动力转移比率,AM、IM 和 CZ 分别代表农业现代化、工业化和城镇化水平。

2.数据选择与变量描述

本书利用《农村固定观察点数据》(1986～2009 年)和《中国统计年鉴》

---

① 谭淑豪等:《土地细碎化对中国东南部水稻小农户技术效率的影响》,《中国农业科学》2006 年版第 12 期。

② 夏玉莲、曾福生:《农地流转的经济效应及其空间溢出——基于三化发展的视角》,《技术经济》2012 年版第 11 期。

③ 郭力等:《产业转移与劳动力回流背景下农民工跨省流动意愿的影响因素分析——基于中部地区 6 省的农户调查》,《中国农村经济》2011 年版第 6 期。

(1986~2013年)数据及相关数据计算结果进行分析,鉴于数据具有可比较性的目的,将个变量数据尽量转化为均值和比率的形式。

具体标量描述如下:(1)农地转入户收入(Y₁)为劳均农业收入,用农村家庭经营收入除以农村农业劳动力数量后的实际值衡量,农业劳动力数量等于农村劳动力数量减去非农劳动力数量;(2)农地转出户收入(Y₂)为劳均非农收入,用农村非农收入除于非农劳动力数量后的实际值衡量;(3)经济发展水平(GDP),是以1986年为基数的全国实际人均国内生产总值;(4)农业现代化水平(AM),用非农劳动力平均的机械总动力和劳动生产率(劳均农业产值)之积的平方根衡量;(5)工业化水平(IM),用非农产业产值占GDP的比重衡量;(6)城镇化水平(CZ),用城镇人口数量占总人口数量的比重衡量;(7)劳动力转移比率(LB)和土地流转比率(LN)分别利用全国农村固定观察点数据中非农劳动力数量占农村劳动力数量比重和土地流转面积占总土地面积比重衡量。变量统计性描述与平稳性检验如表5-3所示。

表5-3 变量描述性统计

变量	定义	最大值	最小值	平均值	标准差
Y₁	劳均农业收入(百元/人)	55.32	13.23	25.41	11.53
Y₂	劳均非农收入(百元/人)	50.58	14.71	24.53	9.02
GDP	人均国内生产总值(百元)	92.85	9.63	33.55	25.30
AM	农业现代化水平	1.44	0.14	0.58	0.38
IM	工业化水平	0.83	0.66	0.76	0.06
CZ	城镇化率	0.53	0.27	0.39	0.08
LB	劳动力转移比率	0.33	0.10	0.22	0.07
LN	土地流转比率	0.17	0.03	0.10	0.05

注:各变量一阶差分序列均为1%显著水平下平稳序列。

3. 实证结果与分析

由于缺失农户劳动力转移与土地流转相关面板数据,本书采用时间序列数据,协整分析各变量对被解释变量的影响。由于各变量的时间序列均为一阶单整序列,可以进行协整检验。分别利用OSL法估计,然后对三个方程回归残差进行ADF检验平稳性,实证结果如表5-4所示。回归结果显示三个模型均不存在序列相关,且方程拟合度较好,观测其残差图显示不存在异方差。再对各解释变量和被解释变量进行格兰杰因果关系检验,结果显示三个模型的解释变量均为其被解释变量的格兰杰因果关系,也即是可以利用这些影响因素对被解释变量进行解释。根据协整分析回归结果可知：

表 5-4　协整分析回归结果

解释变量	被解释变量 Y_1	被解释变量 Y_2	被解释变量 GDP
C	2.88△(23.9)	1.11*(2.02)	−23.7△(−3.15)
LN	−0.09△(−3.07)	—	—
LB	0.019*(2.46)	−0.04△(−3.72)	—
LN×LB	0.003△(4.10)	0.002#(2.26)	—
AM	—	0.57△(3.17)	16.57△(2.78)
IM	—	3.26△(2.97)	58.24△(3.99)
CZ	—	—	—
LN×AM	—	—	1.47△(2.12)
LN×IM	—	—	−8.9△(−3.67)
LN×CZ	—	—	15.33△(2.98)
R−squared	0.93	0.96	0.998
Prob	0.00	0.00	0.000
残差 ADF 检验	−3.78[−1.56]	−4.27[−2.65]	−3.27[−1.48]

　　注：小括号内和中括号内数字分别为 t 值和临界值；*、#、△ 分别表示在 1%、5%、10% 水平上显著。

　　（1）农地流转滞后劳动力转移不利于劳均农业收入提高，二者统筹发展可以提高农地转入户收入水平。被解释变量劳均农业收入 Y_1 是假设只有纯农业劳动力分享农业收入，也即是劳动力非农转移后不再分享农业收入，相当于劳动力转移与土地流转同步进行。劳均农业收入的影响因素中劳动力转移呈现正效应，农地流转为负效应，农地流转可以强化劳动力转移的效应。所以，农村劳动力转移与土地流转统筹发展可以使较少农业劳动力分享农业收入，有利于农地转入户收入提高，但现实中的农地流转滞后成了农业劳动者收入提高的瓶颈。

　　（2）农地流转对劳均非农收入并无直接影响，劳动力转移总体上弱化了劳均非农收入提高，土地流转加剧了劳动力转移对非农收入提高的负效应，工业化水平提高有利于非农收入提高。被解释变量劳均非农收入 Y_2 是基于所有非农劳动力分享非农收入，由于现实中劳动力的异质性和转移不完全性，劳动力转移比例增加并不能提高劳均非农收入，比如不稳定就业和低工资率的非农劳动力数量越多，劳均非农收入反而越低。非农收入水平是农地流转的决定因素之一，强行推动土地流转将进一步加剧劳均非农收入的降低,工业化发展是非农收入增长的关键。所以,农地流转滞后劳动力转移的现状不利于劳均非农收入提高,当前部分农户并不愿意转出自己的土地,农地流转与劳动力转移统筹发展应该考虑劳动力异质性和与工业化发展水平相适应。

（3）农地流转强化了农业现代化和城镇化对经济增长的影响,但弱化了工业现代化对经济增长的影响。农地流转有利于农业现代化水平提高和城镇化水平的提高,进而推动区域经济增长,这说明加快农地流转具有较强的社会效应。但农地流转却弱化了工业现代化对经济增长的影响,这说明土地流转并未推动工业化发展,主要原因是当前土地流转特征以细碎化和小规模为主,未能充分释放农村劳动力;同时农地流转滞后导致的劳动力不完全转移也是限制工业化发展的因素之一。

第三节　劳均利润最大化下农地流转发展趋势测度

一、分析思路与测度模型建立

农村劳动力转移非农就业后不流转农地限制了农村劳动力进一部分释放,对农地使用效率和劳动生产效率提高造成了一定的影响。那么,有必要分析农地流转是否具有流转余地,是否还能释放更多农村劳动力。本节基于农户间农地流转和农户追求劳均利润最大化的条件下,测度二者发展趋势。首先,分省份测算出单位劳动力追求利润最大化条件下需要的潜在劳均农地面积[①];然后,比较潜在劳均农地面积与实际劳均农地面积差异,说明各省份农地流转的发展趋势;最后根据实际劳均农地面积与潜在劳均农地面积差额计算可以转移的劳动力数量。

假定技术水平不变,单位农业劳动产出水平与单位劳动资本投入和单位劳动经营农地面积有关,生产函数可以表达为 $y=f(k,n)$,y 为单位农业劳动产出（劳均产出）水平,k 为劳均资本投入量,n 为劳均农地面积。采用 C—D 生产函数形式,即 $y=Ak^{\alpha}n^{\beta}$,（α、β 均为大于零的常数）。

假定单位农业劳动力从事生产,并不雇佣其他劳动力,所经营农地均需支付地租,且追求利润对大化,那么其利润函数可以写为:

$$\pi=p\times y+t_r\times n-(1+r)\times k-R\times n-w$$

其中,$p\times y$ 为当年劳均农业收益;t_r 为单位农地国家补贴,$t_r\times n$ 为单位农

---

① 注:这里的"潜在劳均农地面积"指不超过单位劳动力经营能力实现最大利润所需要的农地面积。

业劳动力得到的总补贴;r 为利息率,(1+r)×k 为单位农业劳动(劳均)资本投入成本;R 为地租,R×n 为单位劳动经营农地所承担的地租成本;w 为单位农业劳动力机会成本。根据多元函数极值条件,可得:

$$\frac{\partial \pi}{\partial k} = A\alpha k^{\alpha-1} n^{\beta} - (1+r) = 0 ; \frac{\partial \pi}{\partial n} = A\beta k^{\alpha} n^{\beta-1} + t_r - R = 0$$

那么,单位农业劳动力在利润最大化条件下需要的农地面积为:

$$n = \frac{\beta k(1+r)}{\alpha(R-t_r)} \tag{1}$$

对生产函数两边去自然对数可得:$\ln y = \ln A + \alpha \ln k + \beta \ln n$。利用全国面板数据对生产函数进行估算,得出 α 和 β 值;再查找出(1)式中相关数据,计算出单位农业劳动力利润最大化条件下所需要的潜在农地面积;最后估算出农地流转和劳动力转移潜在发展空间。

二、数据来源及实证结果分析

(一)数据来源与变量选择

在利润最大化条件下估算单位农业劳动所需农地面积,相关数据主要来源于《中国统计年鉴》(2002~2012 年)。为了估算(1)式中 α 和 β 值,需要选择劳均产出、劳均资本和劳均农地三个变量,其中用农业从业人员数量代替农业劳动力数量,产出为粮食产量,资本投入用家庭生产性费用用现金支出代替,农地面积用粮食种植面积代替,然后分别算出劳均产出、劳均资本和劳均农地。由于主要选取 13 个产粮大省[①]的数据,产粮大省中大部分农地用于粮食生产,估算中用粮食产量代表农业产出,以及用粮食种植面积代替农地面积,所以变量选取与数据选择具有一定代表意义,可以达到本节分析的目的。

(二)实证结果与分析

估算 α|β 值选取 2001~2011 年 13 个产粮大省的劳均产出、劳均资本和劳均农地的面板数据,利用 Eviews 6.0 对面板数据进行处理,F 检验后选择固定效应变截距模型进行回归分析,回归结果如下。

$\ln y = 3.85 + 0.28 \ln k + 0.87 \ln n$

t = (23.53) (8.49) (11.52)

Prob = 0.00 R^2 = 0.98   DW = 1.59   F = 531.15

回归结果显示模型拟合度较优,不存在自相关,各变量均在 5% 水平下

---

① 13 个产粮大省:河南、黑龙江、安徽、山东、内蒙古、辽宁、吉林、河北、湖北、江西、四川、湖南和江苏。

显著。α 和 β 的值的估算结果分别为 0.28 和 0.87。然后查找 2011 年各省份劳均资本投入 k 的值,单位农地流转租金(亩均地租)取全国平均水平为 600 元,资本利息率取 6%,单位农地粮食国家补贴取 100 元。根据公式(1)计算达到劳均利润最大化下的劳均土地面积,及潜在的土地流转和劳动力转移数量。(如表 5-5 所示)

表 5-5　2011 年全国产粮大省农地流转与劳动力转移发展趋势测度

	辽宁	河北	山东	吉林	内蒙古	江西	湖南	四川	河南	湖北	江苏	安徽	黑龙江
k(元)	5 710	3 630	1 710	6 438	4 060	2 876	1 982	2 206	2 119	3 727	4 750	2 163	7 423
n(亩)	6.73	6.48	5.32	12.8	14.3	6.43	3.92	4.54	5.56	7.26	9.17	6.63	22.50
n_{max}亩	37.1	23.6	11.1	41.8	26.4	18.7	12.9	14.3	13.8	24.2	30.9	14.1	48.2
L(万人)	578	1056	1050	370	268	559	1299	1452	1585	596	611	791	411

注:劳均资本 k 是以 2001 年为基期的实际值,数据来源于《中国统计年鉴(2012)》;n 为各省实际劳均农地面积;n_{max} 为各省单位劳动力达到利润最大化时需要的农地面积;L 为达到劳均利润最大化时农村还可以转出的劳动力数量,等于各省农业劳动力数量−各省耕地面积/n_{max}得到;这里各省份潜在劳动力转移数量包含目前已经转移非农就业但兼业农地的劳动力数量。

　　由上表计算结果可以看出,在各省份既定劳均农业投资水平下,劳均农地面积均未达到劳均利润最大化水平下需求的土地面积。其中只有内蒙古劳均农地面积超过了劳均利润最大化水平下所需农地面积的 1/2;山东、河南、安徽和黑龙江劳均农地面积接近但均未达到劳均利润最大化水平所需农地面积的 1/2;吉林、河北、江西、湖南、四川、湖北和江苏劳均农地面积均未达到劳均利润最大化水平所需农地面积的 1/3;辽宁劳均农地面积未达到劳均利润最大化水平所需农地面积的 1/5。假如各省份农地经营均按照劳均达到理论最大化的标准进行,则各省均存在不同程度的潜在劳动力转移数量,其中河南、四川、山东、河北和安徽潜在的劳动力转移数量较多,各省份潜在劳动力转移数量包含目前已经转移非农就业但兼业农地的劳动力数量。这说明农村农地存在流转的可能性,农村劳动力也存在潜在富余劳动力可以转移。

本章小结

　　本章重点分析了农业现代化目标要求与农地流转滞后的矛盾,并通过实证检验了农地流转滞后对农业发展的约束和农地流转潜在发展空间。农业现代化目标要求提高农地、劳动力和资本等要素利用效率,推广和应用现代农业技术,走农业适度规模化和农业产业经营道路。目前农地流转滞后状况无法改变我国农户分布式经营农地的方式,约束了农业资源利用效率提高,阻碍了农业现代化发展。推动农地流转成了农业现代化发展的必然选择。通过对全国 13 个主要粮食生产省份数据分析,测算了这些省份达到劳均经营农地利润最大化所需农地面积,与现实中各省份实际劳均农地面积比较,发现各省份均未达到劳均利润最大化所需农地面积。这意味着农村农地存在流转的可能性,也意味着能够释放出更多农村剩余劳动力,同时从劳均农地面积角度说明推动农地流转是可行的。

　　为什么农地流转滞后了农村劳动力转移,导致不能释放更多农村剩余劳动力?究其原因在于农村劳动力实现劳均经营农地无法达到利润最大化,可能是农地经营条件(制度、农地特征和城市相对收入等)限制了劳动力对农地经营利润的追求,农地流转市场缺乏需求者;也可能是其他原因(收入、制度、农户禀赋等)限制了农地流转供给者转出农地。农地流转和劳动力转移存在潜在的发展空间,农地流转滞后约束了农业发展,要实现农业现代化发展目标必须推动农地流转。所以,确定了农地流转滞后约束农业发展和需要外力推动农地流转后,研究如何推动农地流转并满足农业现代化目标成了本书研究的重点。

第六章

农业现代化目标下推动农地流转的障碍分析

由前面分析可知,农地流转滞后是由于农地流转市场中供给不足或需求不足导致的,造成农地流转供求不足的原因主要是保障性制度缺失、非农就业收入低及不稳定、家庭分散式农地经营模式、农业比较效益低下、农业中介服务组织缺失等。农业现代化发展目标要求保障农民利益、农地适度规模化、农业产业化经营和农业持续发展。推动农地流转并实现农业现代化目标既要解决农地流转市场供给或需求不足的问题,又要解决农业规模化和产业化经营问题,但我国在特定环境下解决这些问题存在一定的障碍。

第一节　农民权益保障缺失与农地保障功能的困境

推动农地流转过程中保障农民权益是农业现代化目标要求之一,但是在农地流转过程中由于相关制度缺失并不能确保农民权益不受损失。农地流转过程中农民权益保障是指农民将农地转出后应该获得的经济利益和社会保障权益[1],主要包括农地流转后收益分配的知情权、农地经营的参与权与监督权、获得社会保障的权益等。在各种农地流转模式下,农民权益保障的缺失均会增强农民农地保障心理,会加剧农地流转的反复性和不稳定性,不仅仅损害农民利益,也会阻碍农业持续发展,这不符合农业现代化发展目标。

---

[1]　兰世惠:《农村集体土地流转中农民权益保护探析》,《农业经济》2012 年版第 8 期。

一、农地流转过程中农民权益保障缺失

(一)农地流转过程中农民经济利益保障缺失

农地流转过程中经常发生强制农户意愿,农地经济利益分配信息不透明和不合理,农地经营缺乏监督机制导致农民权益受损的状况。农地在普通农户间自由流转情况下,转出农地农户还能辨别自己承包农地的界线,能够按照自己的意愿流转和监督农地使用状况。在中介组织参与的农地流转模式下,农户将农地交予中介组织(一般为集体)后,无法了解农地经济利益分配信息,不能监督与参与农地经营。将来经营者重新规划和整理农地后,原农户无法辨识其所承包农地界线,当转出农地失去原有功能时,农户长远收益得不到保障。中介组织参与农地流转模式下,农户转出农地获得经济利益的方式分为两种情况,一是农户获得农地租金;二是农户获得农地经营利润的分红。这两种情况均存在造成农民转出农地后经济利益保障缺失的可能。

农户以收取租金方式将农地转给集体或中介组织后,无法参与农地经营与监督,又无能力鉴别农地转入方经营能力。由于农户经济利益受农地转入方经营状况影响,农民利益会因承租方经营不善遭受损失。河南省某县某镇某村集体将农户300多亩农地集中转租给某企业,租限为10年,农户按照农地面积获得租金,农地流转后以种植中药材为主。种植企业在该片农地上种植药材后,由于经营不善,其后5年间农地一直处于半荒废状态,药材几乎没有收获。最终该企业破产不再支付农地租金,农户只能重新接收农地,此时农地已经接近于荒地,农地已不适宜种植粮食作物,需要农户自行投资改善农地质量。这种农地流转状况虽然没有强迫农户流转农地,在高地租吸引下农户转出了农地,短期内获得一定的经济利益,但农地经营风险会造成农民长期权益损害更大。在这种模式下还存在着政府、集体分享农户租金收益的情况,苏南某市规定农地转出收益按照年租制,政府、集体和农户按照"2∶4∶4"比例分享地租[1]。

农户以获得分红方式转出农地,农地由集体或者第三方经营,在这种模式下农户虽然可以参与监督农地经营,但农地经营决策、利润分配过程呈现不透明状态,农民经济利益并不能得到有效保障。在农村劳动力非农转移背景下,有较大比例的农村劳动力愿意将农地交与集体经营,但是他们担心农地经营过程中利益分配不透明和不公平,同时担忧自己失去对农地经营

---

[1] 徐元明:《土地流转与农民权益保障机制的创新》,《现代经济探讨》2008年版第1期。

的参与权和监督权①。现实中村集体一般通过自行注册公司或者与第三方合作经营农户转出的农地,在农地经营过程中存在非契约化流转、操作程序不规范、经营决策不民主、利益分配不透明等现象②,甚至会出现农地非农化现象,造成农地可耕性降低,一旦出现经营风险会损害农民长远利益③。

从以上可以看出,农地流转与经营过程中造成农民经济利益受损的环节主要有农地转租环节、经营决策环节、监督环节和利益分配环节。造成农民经济利益受损主要体现为显性的利益分配不公平与不透明,以及农地经营风险带来的隐形长期利益损失。在现有的农地流转模式及相关制度下,农民经济利益无法达到有效的保障,这会固化农民的农地保障心理,不仅仅会造成农地市场中供给不足,也会造成现有农地流转趋势的逆转,不利于农地流转市场的正常发育与农业持续发展。

(二)农地流转过程中非农劳动力社会保障缺失

由前面分析可知,城乡二元社会保障制度一定程度上制约了农户转出农地供给。农村社会保障体系不健全与非农化劳动力参与社会保障比例偏低不仅会制约农地流转供给,也会固化已转出农地农户的农地保障心理,加剧农地流转市场不稳定与不可持续性。

即使农村劳动力非农转移后选择转出农地,但农村社会保障体系不完善与城乡二元社会保障制度也会导致转出农地农民的社会保障权益受损。较低的农村社会保障水平无法满足农户对社会保障的真正需求;较高门槛的城镇社会保障制度限制了部分农户参与积极性。农户选择转出农地后若不能获得相应的社会保障,随着人口年龄结构变迁,将来势必会加重农户的农地保障心理,导致农地流转具有不稳定性和不持续性,不利于农业持续发展,与农业现代化发展目标不相符。

在我国现有已发生的农地流转中除了在城市近郊推行"嘉兴模式""无锡模式""天津模式"等涉及农户社会保障问题,其他相对偏远区域农户转出农地后并不能得到相应的社会保障补偿,特别是在中介组织参与的农地流转模式下农户会陷于"种田无地、收入不稳和社保无份"的境地。目前我国农村社会保障体系具有不完善性和保障力度较小的缺陷,特别是养老保险

---

①　陈浩、陈中伟:《农村劳动力迁移与土地流转动态不一致分析——基于河南省进城务工农村劳动力的调查》,《西北人口》2013 年版第 5 期。

②　衡霞、程世云:《农地流转中的农民权益保障研究——以土地托管组织为例》,《农村经济》2014 年版第 2 期。

③　覃建芹:《土地承包经营权流转中的农民权益保护研究》,《农村经济》2010 年版第 6 期。

在农村覆盖和保障水平均较低①;城镇社会保障参加门槛较高,自行承担社保缴费也相对较高,农村外出劳动力参加社会保障的比例也相对较低(如表6-1所示)。

表6-1　外出农民工参加社会保障比例　　　　　　　%

	2008	2009	2010	2011	2012	2013
养老保险	9.8	7.6	9.5	13.9	14.3	15.7
工伤保险	24.1	21.8	24.1	23.6	24.0	28.5
医疗保险	13.1	12.2	14.3	16.7	16.9	17.6
失业保险	3.7	3.9	4.9	8.0	8.4	9.1
生育保险	2.0	2.4	2.9	5.6	6.1	6.6

数据来源:《2013年全国农民工监测报告》

由农地流转供给的影响因素可知,社会保障是农地流转供给的影响因素之一,但并不是最重要的,农户选择转出农地时往往考虑的是自营农地的收入与其机会成本。当农地流转的租金或分红超过自营农地收入时,且农户非农收入相对较高时,农户会选择转出农地,此时农户并未过多考虑社会保障问题。如果长期不能解决非农劳动力及其家人的社会保障问题,当农户非农收入不稳定或变低时,农户会意识到农地社保功能的重要性,会加剧农地流转的不稳定和不持续性。

二、农民权益保障缺失固化农地保障功能及其制度根源

(一)农地流转过程中农民权益保障缺失固化农地保障功能

从经济学角度看,农地是农业生产要素,农民作为生产者享有将农地这一生产要素投入生产带来经济利益的权利。但是农民不仅将农地作为生产要素,更是将农地作为自己的资产,视其为财产和生活保障②。这种将农地作为自己资产的思想衍生出了农地保障功能,农民认为农地可以为其提供稳定的收入、农民身份和生活保障。农地保障功能只是农民的一种心理,是指农地能带给农民经济利益与生活保障。农民从农地流转中和非农领域获

①　闫小欢、霍学喜:《农民就业、农村社会保障和土地流转——基于河南省479个农户调查的分析》,《农业技术经济》2013年版第7期。
②　陈剑波:《农地制度:所有权问题还是委托-代理问题?》,《经济研究》2006年版第7期。

得的经济利益和生活保障是农地保障的替代品,农民得到的该替代品越多,其农地保障心理越弱,即农地保障功能越弱化。

本书对河南省 328 位农村劳动力的调查结果显示,有 307 位(93.6%)农村劳动力认为农地是自有资产;样本中 100% 农村劳动力认为农地功能是带给他们经济利益;样本中 279 位(85.1%)还认为农地是他们将来生活的保障。在农地规模化流转的前提下,农村劳动力担心农地流转后经济利益分配的公平性和收益权永久性问题。所以,农民将农地作为资产进行使用,看重的是农地带来的经济利益与收益权的永久性,农民越看重这些说明其农地保障心理越严重。

若农户家庭非农收入比重越低,且农地流转过程中农民经济利益损害越严重,农民就越看重农地经济收益,会增加其农地保障心理。随着农户家庭非农收入比重增加,农民对农地经济利益重视力度会减弱,但永久占有农地收益权的心理依然存在,现实中部分农户任由农地抛荒而不放弃农地承包权证实了农民的这种心理。农村社会保障体系不健全和非农劳动力参与城镇社会保障比例较低,进一步加剧了农民拥有农地永久收益权的保障心理。如果社会保障能够覆盖所有农户,并能够给农户带来满意的生活保障,在其自营农地收益偏低条件下,农户转出农地的概率将会提高。

由以上分析可知,农地保障功能是指农民认为农地能够带来经济利益和未来生活保障。在农地流转过程中农民经济利益受损、农村社会保障不完善和非农劳动力参与城镇社会保障比例较低条件下,将会固化农地保障功能。若要弱化农地保障功能,需要保护农地流转过程中农民经济利益和完善其社会保障,即保障农地流转过程中农民权益;或者增加其替代品,弱化农民对农地经济利益和永久收益权的依赖程度。

(二)农地流转过程中农地保障功能固化的制度根源

从制度角度看,农地流转过程中农地保障功能固化的原因是现有制度强化了农民对农地经济利益与生活保障的需求,根源在于农地产权不清晰、农地流转规范性制度缺失和城乡二元社会保障制度。

我国农地产权不清晰体现在所有权不清晰、使用权不稳定和财产权不完整等方面。我国《土地管理法》和《土地承包法》明确规定了农地所有权归集体所有,集体具有农地"发包权",承包方权益在承保合约内受法律保护[①]。实际中农地所有权归集体,这里的集体可以是乡镇集体、村集体和村小组集体,界限并不明晰,在农地发包后集体对农地的占有和处置权利弱化。同时

---

① 郑和平、段龙龙:《中国农村土地产权权能弱化论析》,《四川大学学报(哲学社会科学版)》2013 年版第 6 期。

农户实际拥有农地并独立经营和长期占有,形成了农户的"准私有化"思想,在农户思想上农地已经成为其私有财产。这种在农地产权界限不清晰状况下导致了各级"集体"与农户之间互相争夺农地所有权下的占有权与处置权,在农地流转中产生的经济利益驱使下,强势的各级"集体"在分配经济利益时损害农民利益,造成农民权益损失。这主要体现在集体通过行政力量强行回收农地、不透明转包和不公平分配利益等方面。

2005 年我国出台并实施的《农村土地承包经营权流转管理办法》明确了农地流转要遵循农户意愿,不得改变农地农业用途,确定了农户承包经营权和收益权。2012 年 12 月中央农村工作会议强调了"不能限制或者强制农民流转承包土地";2013 年 12 月中央农村工作会议指出"集体土地承包权归农民是土地流转的前提"。虽然农民的农地承包权相对稳定,但农户使用农地期限依然不确定,阶段性政策导向并不足以稳定农户长期使用农地的信心,导致农户担忧农地使用权的变化。农地承包权期限的不确定导致农户拥有农地使用权的不稳定心理,也会影响农地流转的契约期限。这种使用期限的不确定衍生出了农地财产权的不完整性,农户不具有所有权但具有承包权的农地无法进行抵押、转让和买卖,即无法转化为财产凭证。2013 年《中共中央国务院关于加快发展现代农业进一步增强农村发展活力的若干意见》公布,明确再用 5 年时间基本完成农村农地承包经营权确权登记,向农户颁发承包经营权证。

农地承包经营权确权登记制度实行可以稳定农户对农地的使用权,但缺乏相关法律和制度规范农地流转过程中的农地作为财产进行抵押、转让和买卖。农户有了农地承包经营权证,却无法抵押、转让和买卖,财产凭证无法获得财产收益,这势必在一定程度上限制了农地流转的多样性,不利于农民稳定获得农地经济利益和农地流转持续发展。即便是将来农地作为财产凭证流转也不足以保护农民权益和保障农地流转持续发展,因为目前缺乏规范农地流转过程的制度和机构。目前我国农地流转过程中缺乏农地鉴定评价制度、农地使用监督制度和利益分配制度,同时缺乏对应的相关机构。这会导致农地流转过程中在农地定价、监督管理和利益分配处于混乱状态,损害农户参与农地流转的积极性和转出农地后农民权益。

城乡二元社会保障制度下农民获得社会保障机会和水平均较低,农地成了农民最后的生活保障,凸显了农地保障功能。农地流转带给农户的财产性收入有限,特别是在当前地租水平较低的条件下,并不足以给农户带来满意的生活保障。农地流转能够使农户获得经济利益,却无法满足教育、医疗、养老等方面的保障,所以农户依然存在生活保障方面依赖农地的心理。完善农村社会保障体系和增加非农劳动力参与城镇社会保障比例可以减弱农民的农地保障心理,弱化农地保障功能,有助于提高农户参与农地流转积极性。

除了完善社会保障制度可以减弱农户对农地的依赖心理,增加农户非农收入也能够弱化农地保障功能。农户追求的经济利益与生活保障可以从非农收入提高中得到满足,这种替代品增加会减少农户追求农地保障功能的需求。同时农户非农收入提高是农地流转的前提,是农户转出农地供给的必要条件,然而现实中农村劳动力非农就业收入较低和不稳定,造成了推动农地流转的困境。所以厘清农村劳动力非农就业收入较低和不稳定的原因至关重要。

三、案例分析:农地流转中农民权益损害风险

(一)案例

河南封丘县陈桥镇三合村的一起土地流转纠纷,让该村四组 60 余户村民很闹心。作为承包方的封丘县城关镇居民卢天明,同样也很闹心。

2007 年 3 月 10 日,卢天明承包了陈桥镇三合村四组 60 余户的土地,共计 65 亩,土地性质属于耕地,承包期为 23 年,承包费为每年每亩 100 元。该合同是经时任三合村四组组长杨有与卢天明签订的,当时并未召开村民小组会议,只有四组的两名村民代表杨文清、杨文明在合同书上签字。该合同于 2007 年 3 月 7 日在封丘县公证处公证。承包合同约定每三年缴纳一次承包费。卢天明于 2007 年、2010 年两次分别将 19 500 元的承包费交给时任三合村四组组长杨有,但杨有并没有把承包费及时发给村民,而用于了四组挖井和其他开支。2007 年,三合村四组村民在卢天明施工过程中,曾前去阻挠,直至 2012 年 5 月,村民杨树有等人向法院提起诉讼。卢天明在这块土地上先后栽种一万余棵树木,开挖 11 个鱼塘,建房 7 间。

此起土地承包纠纷案在法院从初审到终审几经周折,2014 年 6 月 27 日新乡市中级人民法院做出终审判决,判令卢天明于判决生效后 30 日内将涉案土地恢复原状,并返还给杨树有等人。

但直至今日,该生效判决仍未得到切实执行。2015 年 3 月 12 日,记者在三合村采访时,村民们仍在为索回土地承包经营权而奔走呼告。2015 年 3 月 20 日,封丘县人民法院执行局局长赵进勇向记者介绍了该案的执行情况。

赵进勇说,封丘县人民法院受理杨树有等 62 人强制执行申请后,对卢天明进行了询问。卢天明于 2014 年 10 月 12 日向法院递交了由封丘县林业局出具的该地块树木不符合采伐更新条件的证明材料,以及由新乡国家自然保护区管理处封丘县管理站出具的涉案土地在国家级自然保护区内禁止砍伐的证明材料。

因被执行人卢天明不配合法院的执行,不履行判决义务,封丘县人民法院于2014年11月4日决定对卢天明处以20 000元罚款。后新乡市7名人大代表联名就此案向新乡市中级人民法院提出申诉,现新乡市中级人民法院正在审查中,故该处罚决定尚未执行。

三合村四组村民杨文成说,在这起纠纷中,最关键的问题是,当初的那个承包合同就是无效的。当时的村民组长并未召开村民会议,没有与各户村民分别签订合同,卢天明仅凭与村民组长签订的合同就承包土地,实际上是侵犯了广大村民的权益。

三合村土地流转纠纷案的教训是:土地流转的操作过程不规范,没有充分尊重农民意愿,法律手续不完善,由此导致后来的一系列矛盾,既侵犯了农民的权益,同时也给承包人造成了损失,使原本可以"双赢"的土地流转变成了让人闹心的"烫手山芋"。

记者调查发现,类似现象在广大农村并非个例。

3月13日,记者在原阳县太平镇黄庄村采访。一位李姓村民告诉记者,当地有一部分村民将土地承包出去了,很多都没有签订合同,大多数只是口头协议。

河南省人大常委会调研组在网上公布的对全省40个县(市、区)的600个农户进行的抽样调查显示:379个土地流转农户中,有37.2%的农户之间土地流转是自发、无序、随意和不规范的,他们一般是在亲戚、朋友或邻里之间进行的土地流转。这种"随意性"一般只有口头协议或找中间人担保,没有签订书面合同,有的即使签订了合同,其内容也过于简单,对双方权利义务及违约责任、承租土地上附着物处置、有关赔偿条款等缺乏明确的规定,更没有通过管理机构的审查或公证机关公证,当事双方一旦出现纠纷,一般难以解决。

资料来源:大河网-河南日报农村版,2015年3月25日。

(二)案例分析

从这个案例中可以看出农地流转存在不规范、不遵循农民意愿、不具备法律效力等问题,从而损害了农民权益。农地流转能够给农民带来收益和更多非农就业的机会,但也存在较多的风险和遭受潜在的损失。

1. 失地风险

虽然本案例中农户并没有失去自己的承包土地,但以集体名义进行"以租代征"和"土地入股"的土地流转往往造成农民失地。以租代征尽管违法,但在农地流转中是颇为常见的形式。一般是经营主体通过政府或村集体租用农户农地一定年限,每年支付租金,农民对土地的使用和经营无权干涉。在实际经营中土地一旦非粮化经营,若干年后农民很难收回土地使用权,或者收回土地使用权后失去农地功能,造成实质农民失去土地。土地入股是农地流转的一种方式,一般是农民以土地承包权入股集体企业或者合作社,成为股东。土地入股确实增加了农民收入,提高农地资源利用效率,但长期收入如何,仍需实践检验。由于农地规模经营存在风险,也存在经营亏损的可能,那么农民也有可能失去以股份形态存在的农地。由于股份只能转让不能退出,一旦公司运营亏损,就有以土地清偿债务的可能。按照《破产法》的规定,一旦企业破产,农民的入股农地就会清偿债务,农民就有可能永久失去农地。

2. 农地收益损失风险

长期以来,农地是农民稳定收入的保障,同时也是农民医疗和养老等保障的最后屏障。随着农地流转的发展,农民只保留了农地的承包权,而承包农地的位置边界逐渐消失。农地承包权仅仅作为农民获得收益的虚拟形态存在,农民逐渐失去对农地使用权的控制。农民获得农地收益要取决于经营主体的经营状况、分配制度和信用。当然农民也会遭遇农地收益损失风险。首先,农民不能如期获得农地流转收益费用。即使农地流转过程签订了合法合同,但农地流转后农地经营存在风险,农地经营主体在主观和客观角度均存在无法按期向农户支付农地收益的可能。其次,农地收益分配制度不合理,农民获得收益过低。特别是"土地入股"的农地流转形式,集体或企业经营收益分配不均衡或不公平,导致农民获得农地收益较低。在外部资本参与农地股份制经营中,容易出现较多的农地收益被外部资本所有人获得,也出现过集体管理团队贪污腐败的现象。

总之,农地流转尽管能够给农民带来增收,并提供较多的非农就业机会,但也存在诸多风险。正视这些风险是防范风险的前提,唯有清楚地了解农民流转农地后可能遭遇的风险,才能及时预测、防范和化解。

第二节　城乡人力资本投资失衡与非农就业收入较低困境

由前面章节分析可知,农村劳动力非农就业收入水平及其稳定性是影响农户转出农地意愿的主要因素。提高非农就业收入水平可以有效增加农户转出农地供给,这是推动农地流转的前提。实际中农村劳动力非农就业收入水平相对较低且不稳定,同时城乡人力资本投资失衡导致了农村劳动力人力资本水平偏低,这一状况成了制约农地流转的因素之一。

一、农村劳动力非农就业收入与人力资本

(一)农村劳动力非农就业收入和受教育培训水平均较低

国家统计局抽样调查显示,2013 年我国农民工数量达到 2.7 亿人,其中外出农民工数量达到 1.66 亿人,从事非农工作比重为 99.4%。所以,本书利用农民工就业的相关数据近似分析我国农村劳动力非农就业与收入状况。根据表 6-2 中 2008~2013 年相关数据分析可知,外出农民工平均收入低于同年城镇单位就业人员平均工资,外出农民工平均收入还不到城镇单位就业人员平均工资的 1/2,这足以说明我国农村劳动力非农就业收入相对较低。农民工从事行业多集中于制造业和建筑业,从事这两个行业的农民工比重呈现逐年增加趋势,2013 年达到 61.4%;农民工单独租赁和购房比例偏低,最近几年均低于 20%;没有接受过任何技能培训的农民工比重偏高,从总体上显示了农民工人力资本水平相对偏低,而且没有呈现逐年改善的迹象。农民工从事的行业与培训经历状况说明农村非农劳动力的工作仍然是以体力劳动为主;从行业性质和居住状况可以看出农村劳动力非农就业呈现流动性和不稳定特征。

表 6-2   2008~2013 年农民工非农就业与收入状况

年份	未受任何技能培训比例(%)	从事制造业与建筑业比例(%)	城镇单位就业人员平均工资(元)	外出农民工平均收入(元)	单独租赁或购房比例(%)
2013	67.3	61.4	51 474	25 829	19.1
2012	69.2	54.1	46 769	22 671	14.1
2011	69.2	53.7	41 799	20 080	15.0
2009	52.4	52.8	36 539	16 731	16.9
2008	64.8	51.3	32 244	14 028	17.9

数据来源:由《2008~2013 年全国农民工监测报告》及《国家统计年鉴》(2013)相关数据整理与计算得出。

由 2013 年《全国农民工监测报告》数据可知,1980 年以后出生的农民工数量约 1.26 亿人,占农民工总量的 46.6%。新生代农民工文化程度虽然比老一代农民工文化程度高,但整体学历并不算高,高中以上文化程度比例也仅有 33.3%,比老一代农民工高 19.2%。与老一代农民工比较,新生代农民工从事制造业比重较高,从事建筑业比重较低,整体上仍然以从事制造业和

建筑业为主。新生代农民工初次外出务工平均年龄比老一代农民工初次外出务工平均年龄要低 14.2 岁,近 87.3% 的新生代农民工几乎没有从事过农业劳动。新生代农民工月均生活消费支出高于老一代农民工月均生活消费 19.3%,追求更好的居住环境和生活环境,往老家寄回现金要比老一代农民工少近 30%。

从上面数据可以看出,新生代农民工追求城市较好的工作和居住环境,几乎不再从事农业生产劳动,月均消费明显增加,整体学历水平有所增加,这似乎说明新生代农民工更加愿意转出农地从事非农就业。然而,事实并非如此,新生代农民工流转农地意愿依然受非农就业收入水平及稳定性影响。本书以河南省农村进城务工劳动力为调研对象,调研结果显示新生代农民工收入状况并不比老一代农民工高,甚至略低于老一代农民工工资,这可能与非农就业经验相关;新生代农民工中近三年更换工作次数 3 次以上的比例为 85.6%,工作职位并不稳定。虽然农民工监测报告数据显示新生代农民工整体并不向往农业生产劳动,也即是不管他们非农收入高低都不会经营农地。但本书对河南省调研结果显示新生代农民工中具有农地流转决定权的均是已婚者,大多未婚新生代农民工并不具有家庭农地流转决定权。实际中不管是老一代民工还是新生代农民工(具有农地流转决定权)转移农地的意愿均受其非农预期收入影响①。

所以,不具有农地流转决定权的新生代农民工并不是本书研究的对象,其他具有农地流转决定权的农民工整体上呈现非农收入水平较低和就业不稳定特征。同时也可以看出农民工整体教育程度偏低和缺乏培训经历。那么农村劳动力非农收入较低是否与较低人力资本有关呢? 需要验证人力资本对农村劳动力非农收入的影响。

(二)人力资本决定农村劳动力非农就业收入

1.模型建立与数据来源

人力资本通常被定义为人类所拥有的知识以及使用这些知识的能力,主要包括一个人的体能水平和技能水平,人力资本形成与提升途径可以归纳为营养健康和教育培训两个方面②。基于本书研究目的与研究对象,农村非农劳动力人力资本水平用其接受的教育培训水平来代替。

人力资本对农村劳动力非农就业收入影响的研究较多,一般是基于Mincer 对人力资本回报的研究模型,影响因素主要包括教育程度、培训与工

---

①　何军、李庆:《代际差异视角下的农民工土地流转行为研究》,《农业技术经济》2014 年版第 1 期。

②　张培刚:《发展经济学教程》,经济科学出版社 2001 年版,第 351 页。

作经验。本书建立验证模型如下：

$$\ln(y) = c + \alpha \times edu + \beta \times train + \gamma \times experience + e$$

其中 y 代表农村劳动力非农就业收入；edu 代表教育程度；train 代表培训经历；experience 代表工作年限；e 为残差值。α、β 和 γ 分别为农村劳动力非农就业收入的教育、培训和工作经验的回报率。

数据来源于国家社会科学基金项目资助之"中国综合社会调查（CGSS）"2008 年的数据。本书提取农村出身的样本数据，并按照初中以下（含中专）和高中及以上分两类样本数据进行分析人力资本对农村劳动力非农收入的影响。其中初中以下样本中有 1397 观测值；高中以上样本中有 413 个观测值。

2. 实证检验与结果分析

利用 eviews 6.0 进行回归分析，结果如表 6-3 所示，两个方程均通过 F 检验，同时进入各个方程的每个解释变量均具有显著性，说明回归结果可以解释人力资本对农村劳动力非农收入的影响。

表 6-3 农村劳动力非农收入的人力资本回报的回归结果

	初中及以下学历样本	高中及以上学历样本
常数	8.620△	8.500△
教育程度	0.090△	0.079△
培训经历	0.199*	——
工作年限	0.004#	0.028#
调整后 R^2	0.880	0.890
F 值	45.970	14.400
观测值	1 397	413

注："△"、"#"和"*"分别表示在 1%、5%和 10%水平下显著。

由回归结果可以看出，在初中及以下学历样本中农村劳动力非农收入的教育程度、培训经历和工作经验的回报均显著，培训经历的回报率较高；高中及以上学历样本中教育程度与工作经营回报显著，培训经历回报并不显著。有 CGSS（2008）数据可知，由于农村非农就业劳动力中近 71.3%的教育程度在初中学历以下。据 2013 年农民工监测报告，新生代农民工中初中及以下学历的比例为 66.7%；老一代农民工中初中及以下学历的比例为 85.9%。所以，初中及以下样本回归结果更能够解释人力资本对农村劳动力非农就业收入的影响，非农就业收入的教育回报率为 9%；培训回报率为

19.9%。这说明,提高农村非农就业劳动力教育程度和增加其培训经历可以有效增加其非农就业收入。高中及以上样本回归结果显示,非农就业收入的教育回报率为7.9%,也即是提高教育程度在两个样本群体中均对非农就业收入有正的影响。在两个样本群体中工作年限回报均显著,但初中及以下学历样本中工作年限回报率仅为0.4%,这可能是由于农村劳动力非农就业不稳定造成的。

通过前面章节分析可知,提高农村劳动力非农就业收入可以促进农户转出供给,有利于推动农地流转。人力资本中教育与培训是影响农村劳动力非农就业收入的主要因素,所以提高农村劳动力教育程度和增加培训次数将成为推动农地流转的关键环节之一。然而,现实中城乡人力资本投资并没有向农村倾斜,反而呈现农村人力资本投资低于城镇人力资本投资的城乡失衡状态。

二、城乡人力资本投资失衡状况

非农就业收入较低与就业不稳定在一定程度限制了农地流转,而较低的人力资本是农村劳动力非农就业收入水平较低和就业不稳的主要原因。所以,提升农村劳动力人力资本成了推动农地流转的关键,提升人力资本的主要途径是教育和培训,然而现实中我国却处于城乡人力资本投资失衡困境之中。

(一)城乡教育投资失衡

从表6-4中数据可以看出我国家庭和国家教育投资水平农村均低于城镇,2011年农村家庭人均教育投资为238元,竟然少于1994年城镇家庭人均教育投资的251元;城镇家庭人均教育投资与农村家庭人均教育投资比率从1994年开始至今并未呈现缩小趋势,反而呈现上升趋势,由1994年的3.34上升到2011年的4.67;国家义务教育段平均单个学生预算内支出农村一直低于全国平均水平,而且农村义务教育经费投入与全国平均值的差距呈逐年增加趋势,其中小学阶段差距由1994年37.4元增加到2011年120.8元;初中阶段差距由1994年83元增加到2011年201元。

近些年农民工工资与大学生差别并不大,再加上大学生毕业后并不一定能够找到工作,就业率仅为70%左右(如表6-5所示),农村家庭对较高教育层次投资的预期收益会变小,接受较高层次教育的机会成本会增加,农村家庭选择投资较高层次教育的需求不足。农村家庭对较高层次教育投资选择一般从高中开始,国家对高中教育的投资状况也决定了农村劳动力获得较高层次教育的机会。我国城乡高中教育投资也存在失衡状况,2011年农村高中教育投资占全国高中教育投资的比例仅为13.6%(如表6-5所示)。

表6-4　城乡教育投资失衡

年份	家庭人均教育投资(元)			国家预算内义务教育平均单个学生经费支出(元)						
	农村	城镇	城乡比率	全国(小学	初中)	农村(小学	初中)	差额(小学	初中)	
1994	75.11	250.75	3.34	236.06	450.37	198.69	367.38	37.37	82.99
1995	87.44	267.05	3.05	226.97	420.19	187.28	335.26	39.68	84.93
1996	104.46	295.70	2.83	238.60	433.15	196.18	343.34	42.42	89.81
1997	113.63	343.85	3.03	255.99	453.51	210.94	358.94	45.05	94.57
1998	123.29	386.23	3.13	286.77	472.27	236.37	369.88	50.40	102.40
1999	132.02	444.75	3.37	325.32	501.67	271.19	398.89	54.13	102.78
2000	145.88	490.48	3.36	384.05	531.10	322.63	416.83	61.41	114.27
2001	149.39	535.30	3.58	500.61	633.84	427.43	509.06	73.17	124.78
2002	164.43	705.46	4.29	635.75	750.99	553.86	622.24	81.89	128.75
2003	182.13	722.09	3.96	719.89	812.98	626.02	673.72	93.87	139.27
2004	184.11	767.88	4.17	839.49	926.45	753.75	798.28	85.73	128.17
2005	215.84	801.65	3.71	969.50	1 094.41	880.12	960.29	89.38	134.12
2006	219.52	865.49	3.94	1 175.19	1 364.43	1 083.10	1 235.41	92.09	129.02
2007	209.93	912.88	4.35	1 515.82	1 840.26	1 431.51	1 671.21	84.31	169.05
2008	203.98	880.84	4.32	1 788.28	2 297.83	1 697.53	2 142.13	90.75	155.70
2009	222.44	961.96	4.32	2 237.24	2 964.67	2 113.82	2 787.51	123.42	177.16
2010	231.81	1028.85	4.44	2 590.60	3 423.08	2 450.21	3 199.30	140.39	223.78
2011	237.77	1110.82	4.67	2 979.03	3 924.15	2 858.22	3 723.52	120.81	200.82

数据来源:《中国统计年鉴》和《中国教育经费统计年鉴》。表内数据是以1994年价格为100调整后实际值。

由以上分析可知,我国农村教育投资水平在国家和家庭层面均低于城镇,这种城乡教育失衡状况并没有呈现逐年改善。虽然家庭对教育的投资水平受收入影响,但农村教育财政性投入偏低是客观事实,这势必会影响农村劳动力人力资本提升,不利于提高非农就业收入。

(二)城乡职业培训投资失衡

由表6-4中数据可知,国家教育战略以高等教育为主,对中等职业教育重视不足,2011年高等教育投资是中等职业教育投资的4.15倍,与前几年相比并没有明显的改善。2011年农村职业高中投资占全国职业高中投资比例为12.5%,这说明职业高中教育也呈现农村低于城镇的失衡状态,与前几年相比也无明显改善。2011年国家对技工学校的财政投入占中等职业教育的12.4%,在职业教育投入低于高等教育投入与农村职业教育投入低于城镇职业教育投入条件下,技工类学校得到的财政投入显得更加不足。

在农村家庭和国家财政对农村高中教育投入不足的条件下,势必会导致农村劳动力接受高中以上教育的机会减少,CGSS(2008)数据显示农民工高中以下学历比例为71.3%。由于国家对职业培训投资偏低和城乡职业培训投资失衡,再加上农村劳动力追求高中以上教育的需求和供给均不足,造成农民工以低学历为主,并且陷入得到职业培训机会较少的困境。

表6-5　农民工、大学生工资比较及职业培训投资失衡

年份	外出农民工平均工资（元/月）	大学毕业生平均起薪（元/月）			大学生就业率（%）	农村高中教育投资比率(%)	高等教育投资与中等职业教育投资比值	农村职业高中投资比率(%)
		大专	本科	均值				
2011	2 049	2 142	2 815	2 479	69.1	13.6	4.15	12.5
2010	1 690	1 662	2 331	2 153	70.0	13.7	3.95	12.6
2009	1 417	1 546	2 033	2 007	68.0	13.8	3.92	12.7
2008	1 240	1 380	1 761		68.0	13.3	4.14	12.9
2007	1 375	1 443	1 825		70.0	12.6	4.33	11.5

数据来源:农民工平均工资来源于《中国农民工监测报告》;大学生起薪来源于中国社科院的《大学生薪酬调查报告》;教育投资数据来源于《中国教育经费统计年鉴》。注:"农村高中教育投资比率"指农村高中教育投资占全国高中教育投资的比率;"农村职业高中投资比率"指农村职业高中投资占全国职业高中投资比率。

三、农村低人力资本劳动力限制农地流转与农业现代化经营

(一)农村劳动力人力资本水平较低诱发农地依赖心理

对河南省进城务工人员调查结果显示,高中以上和接受过职业培训的农村劳动力愿意转出农地的比重为84.3%;高中以下和未接受过职业培训的农村劳动力愿意转出农地的比重仅为34.2%。这说明低人力资本劳动力相对于高人力资本劳动力更依赖农地。

从前面相关章节分析可知,我国城乡人力资本投资失衡导致农村劳动力整体人力资本水平偏低,非农就业收入水平和稳定性较差。非农收入水平是农村劳动力流转农地的主要影响因素,较低的非农收入水平是农地流转供给不足的主要原因,而其根本原因是农村人力资本投资不足。非农收入水平较低或就业不稳定,无法坚定农村劳动力完全非农化的决心,农地将成为其收入和生活的最后保障。较低人力资本劳动力无法实现完全非农化,更无法实现真正的市民化,在农村社会保障不健全的背景下,农地依赖

已经成为农户的必然选择。

农村低人力资本劳动力、非农收入低与农地依赖形成了农村人地矛盾的恶性循环的怪圈，特别是在短期收益诱引和人口结构变迁下更加凸显。第一代农民工承载较低的人力资本，早期的非农收入并不是家庭收入主要来源，他们也没有重视和投资人力资本，其目的仅仅是农闲时获得非农收入增加家庭收益。随着经济发展，他们获得非农收入已经成为家庭收入的主要来源，但他们逐渐步入高龄或老龄阶段，已经失去了提升人力资本的机会，农地成了他们唯一的保障和依赖。新生代农民工的人力资本水平整体要比第一代偏高，但针对其人力资本投入是由农村家庭做出的选择，相对于城市家庭而言投入并不高。主要原因是农村家庭的决策者仍是第一代农民工，他们当中大部分人仍然看中的是短期非农收入，为了获得短期收益，他们并不重视对下一代的教育和培训。虽然调研结果显示新生代农民工参与农地经营意愿并不积极，但随着他们年龄增加，一旦无法获得稳定的就业和非农收入，那么他们将会和父辈一样回归农村，依赖农地成为他们的宿命。

农地依赖心理也是农村劳动力提升其人力资本水平不足的原因，特别是在接受教育和培训方面。农村俗话"不好好上学，就回来种地"，看是激励下一代好好学习的语言，其实也是农村家庭依赖农地的心理写照。注重短期收益的农村家庭，面对刚毕业大学生失业或工资较低的社会状况下，他们的选择多是外出务工获得短期收益，而不会选择接受教育和培训获得预期长期收益。

解决第一代农民工农地依赖心理的唯一途径就是完善农村社会保障和农地财产权制度，使其流转农地后能够获得基本社会保障和农地财产收入。针对新生代农民工一定要提升其人力资本水平，避免随着年龄增长无法实现完全非农化而依赖农地。农地依赖心理无疑成为农地流转的主要障碍因素之一。

（二）农村劳动力低人力资本无法实现农地流转后现代化经营

农村劳动力人力资本水平较低不仅影响非农就业收入水平及稳定性，也影响农业现代化经营。在现有的农地流转过程中，较大比例依然是在农户间自由流转，农地并未集中大面积经营，经营方式延续以往的分散式家庭经营为主，无法实现农业现代化要求的专业化和市场化经营。对河南省调查结果显示，调查对象（参与农地流转农户）中有80.2%农户将农地转向了亲戚、邻居或同村其他农户，转入农地经营主体多为人力资本水平偏低的农户。农户间农地流转虽然可以提高劳动生产效率，但不一定能够提高农地资源利用效率，甚至会导致农地粗放式经营，加剧农业面污染和降低农地产出效率。

农户间分散式农地自由流转,转入农地的经营主体多为非农就业机会较少或者无法获得非农就业机会的农户。这些农户大部分仍然采用兼业的方式经营农地。虽然农地流转发生了,劳均经营农地面积增加了,但并没有改变传统农业经营方式,与农业现代化经营方式和目标相悖。这种状况主要发生在农村劳动力完全非农化比例较低的区域,其他农业经营主体无法获得大面积集中的农地,缺乏新型农业经营主体,所以转入农地的需求主体只能是内部其他获得非农就业机会较少的农户。

　　高人力资本农村劳动力转移非农就业,转出农地;低人力资本农村劳动力转入农地,兼业经营。这种农村内部农地流转现象,决定了局部地区农业传统经营方式和农地资源利用效率低下。高人力资本劳动力比重较低导致农地流转比重偏低,是导致这种现象的根本原因。破解这种农户间农地流转后低效率经营困境,唯一的途径就是提升农村劳动力人力资本,培育新型职业农民,采用专业化和市场化经营方式,实现农业现代化目标。

　　提升农村劳动力整体人力资本水平不仅有利于其非农就业,也有利于新型职业农民的培育。从农地流转的角度来说,农村劳动力整体人力资本的提升可以增加农地流转供给,同时也促进转入农地需求主体进行专业化和市场化经营,才能实现农业现代化目标。

第三节　农业比较收益低下与城乡资源配置失衡困境

　　通过前面章节分析可知,农业比较收益高低直接影响农地转入需求,单位土地、劳动和资本等要素的低收益率是阻碍普通农户和专业经营大户(或企业)转入农地需求的主要原因。

一、农业比较收益低下与城乡资源配置失衡

(一)农业比较收益低下

　　农业比较收益是指农业生产与其他行业生产活动相比较相同要素投入下收益差异的状况[①]。本书认为考查农业比较收益就要比较单位要素下农业收益状况,要比较单位农地、单位劳动力和单位资本投入的纯利润率。由于我国农业生产受到农地制度的限制,农户分散式经营农地,单位农业劳动力拥有的农地面积较少,即使单位农地上具有较高的利润率,农户也不能获得较高的农业收入。

---

　　①　唐茂华、黄少安:《农业比较收益低吗?——基于不同成本收益核算框架的比较分析及政策含义》,《中南财经政法大学学报》2011年版第4期。

如图 6-1 所示,我国农业不同作物类型亩均成本纯利润率呈现以下特征:(1)粮食作物亩均成本纯利润率并不算低。三种粮食(稻谷、小麦和玉米)平均成本纯利润率并不算低,2004 年成本纯利润率达到 49.56%,2005～2011 年均保持在 30% 以上,这与其他行业成本纯利润率相比并不算低。(2)粮食作物相对于经济作物亩均成本纯利润率偏低。2001～2012 年期间三种粮食平均成本纯利润率远低于大中城市蔬菜和苹果的成本纯利润率。这说明农业结构中粮食种植的比较收益偏低。(3)农作物亩均成本纯利润率波动较大,特别是粮食成本纯利润率。2002～2003 年粮食亩均成本纯利润率低到 10% 以下,2002 年甚至为负,2004 年提高到 49.56%,这说明农作物成本纯利润率并不稳定,特别是农业中主要作物粮食的成本利润率波动较大,凸显了农业经营的风险不确定性。

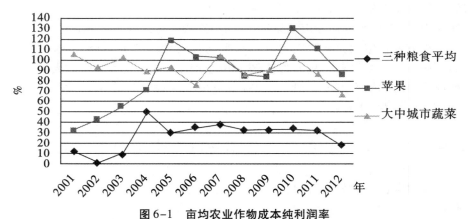

图 6-1　亩均农业作物成本纯利润率

数据来源:由《全国农产品成本收益资料汇编》(2002～2013)数据整理得出。

虽然亩均农地成本纯利润率并不算低,但由于农村单位劳动力经营农地面积有限,在农作物亩均纯利润较低的条件下,农户获得农业纯收入并不高。如图 6-2 所示,2001～2012 年三种粮食平均每亩纯利润均不超过 500元,远低于以蔬菜和苹果为代表的经济作物亩均利润。我国目前农地种植仍然以粮食作物为主,在户均农地较少和亩均利润较低的情况下,农户分散式经营带来的单位劳动农业收入偏低。

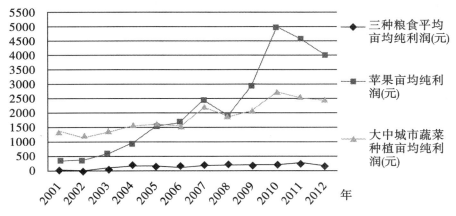

图 6-2　农作物亩均纯利润

数据来源:由《全国农产品成本收益资料汇编》(2002~2013)数据整理得出。

农业资本投入盈利能力与其他行业相比较弱,每单位收入中所带来的利润较低。由图 6-3 可知,2010 年上市行业中农林牧渔平均主营业务利润率是最低的,仅为 14.04%,这反映了以农林牧渔为代表的农业单位收入带来的利润较低,也说明了农业资本投入盈利能力较弱。

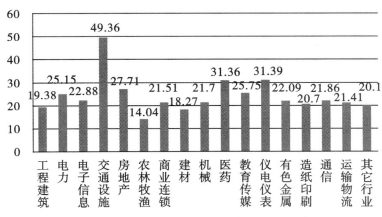

图 6-3　2010 年上市行业平均主营业务利润率

数据来源:张赟、苏屹[①]由大智慧软件数据整理得出。

(二)城乡资源配置失衡

1.农村高人力资本劳动力流失

在农村劳动力非农就业背景下,特别是家庭非农收入占主要比例的情

---

　　① 张赟、苏屹:《知识资本与行业利润关系研究——来自 2010 年 28 个行业上市公司的证据》,《科技进步与决策》2012 年版第 4 期。

况下,农村高人力资本劳动力向非农转移,留守农业的劳动力主要是老弱和妇女群体。由于非农就业门槛相对较高,非农转移劳动力一般具有年轻化、男性化和高学历等特征,农村劳动力中未转移的多为老人、低学历者和女性[①]。这种农村劳动力选择性流动是农村劳动力异质造成的,劳动力要素在农业领域价格远远低于非农领域的价格,这种劳动力要素市场价格扭曲必然导致农村劳动力流向非农领域以追逐更高价格。随着农业技术进步和机械化程度提高,农户有限农地需要劳动力数量和质量均下降,低人力资本劳动力足以经营有限农地,这会加剧高人力资本劳动力向非农领域转移。

在农村高人力资本劳动力流向城镇非农产业时,农业领域对城镇高人力资本劳动力并没有吸引力,城乡间劳动力呈现流动失衡状态。虽然最近几年出现了农民工"回流"现象,但真正回乡从事农业生产的并不多,大多是回到家乡的中小城镇继续从事非农就业或者创业[②]。部分劳动力回流后选择从事农业生产,主要是低人力资本劳动力,无法适应非农领域岗位需求。这部分劳动力与从未转移非农就业劳动力相比较并没有太多优势,对农业经济发展的贡献并不乐观[③]。当然,也不可否认有部分农村劳动力回流后可以提高农业经济效率,非农就业经历提高了这部分劳动力的个人能力,对农民工回流后创业和农业生产有着显著的影响[④]。但是农村高人力资本劳动力回流比例较低,回流劳动力继续从事农业生产的比例也低,总体上依然呈现高人力资本劳动力单方向流出的失衡状况。

2.农业资本投入不足

农业资本在两个方面投入不足,一是市场中农业资本流入不足;二是财政对农业投入不足。市场条件下农业资本流入不足的原因是农业比较收益低和资本价格扭曲导致的。农业资本价格扭曲一般是指资本价格偏高,朱喜等(2011)利用2003～2007年全国农村固定观察点数据分析了我国东、中、西和东北地区资本扭曲水平,显示东部和西部资本扭曲水平较高,中部居中,东北资本扭曲水平最小[⑤]。资本价格扭曲导致从市场中获得资本价格

① 郭剑雄、李志俊:《劳动力选择性转移条件下的农业发展机制》,《经济研究》2009年版第5期。

② 李新平:《农民工回流问题研究的文献综述》,《成都行政学院学报》2014年版第3期。

③ 胡枫、史宇鹏:《农民工回流的选择性与非农就业:来自湖北的证据》,《人口学刊》2013年版第2期。

④ 石智雷、杨云彦:《家庭禀赋、农民工回流与创业参与——来自湖北恩施州的经验证据》,《经济管理》2012年版第3期。

⑤ 朱喜等:《要素配置扭曲与农业全要素生产率》,《经济研究》2011年版第5期。

较高,会限制资本流入农业领域。如表 6-6 所示,2010～2012 年期间我国金融机构本币涉农贷款逐年增加,涉农贷款占社会各项贷款的比重也逐年增加,但是真正用于农业生产、农田基本建设和农业科技的贷款比重却偏低,农业生产贷款占涉农贷款的比例甚至出现了逐年递减趋势。农业生产、农田基本建设和农业科技贷款比重偏低说明了在农业生产方面现有的资本流入不如、不利于农地现代化经营。

表 6-6　我国金融机构本币涉农贷款状况

年份	涉农贷款（亿元）	占各项贷款的比重（%）	农业生产贷款比重（%）	农田基本建设贷款比重（%）	农业科技贷款比重（%）
2012	176 310	26.2	3.4	0.4	0.1
2011	146 016	25.1	3.7	0.3	0
2010	117 679	23.1	4.3	0.4	0

数据来源:《中国金融统计年鉴》(2011～2013)

近几年我国加大了对农村财政投入,"三农"支出及其占财政支出比例呈现递增趋势,2012 年"三农"支出占财政支出比例达到 9.8%,然而泰国、印度等发展中国家农业支出占财政支出比例均在 15% 以上。如表 6-7 所示,我国农业支出中用于支持农业生产的比重并不高,大多农业支出用于了农村社会事业发展,将支持农业生产性支出和补贴加起来占财政支出的比重仅有 5% 左右,且呈现逐年递减趋势。

表 6-7　我国农业支出及占财政支出比例状况

年份	"三农"支出(亿元)	支持农业生产支出(亿元)	粮食农资良种农机具补贴(亿元)	农村社会事业发展支出(亿元)	三农支出占财政支出的比例(%)	农业生产支出与补贴占财政支出比重(%)
2007	4 318.3	1 801.7	513.6	1 415.8	8.7	4.66
2008	5 955.5	2 260.1	1 030.4	2 072.8	9.5	5.25
2009	7 253.1	2 679.2	1 274.5	2 723.2	9.5	5.18
2010	8 579.7	3 427.3	1 225.9	3 350.3	9.5	5.15
2011	10 497.7	4 089.7	1 406.0	4 381.5	9.6	5.03
2012	12 387.6	4 785.1	1 643.0	5 339.1	9.8	5.09

数据来源:《中国农村统计年鉴 2013》

二、要素配置失衡限制农业现代化经营

现有的农户间自由农地流转模式和农地分散式经营模式下,农业劳动力人力资本水平与农业现代化要求的技术、资本投入水平不匹配,存在要素配置失衡的状况。在农村劳动力非农转移的背景下,留守农业的经营者和转入农地需求者大多为人力资本水平较低的高龄劳动力,其中主要为老人和妇女。随着高人力资本劳动力非农就业流出,较低人力资本劳动力无法适应和满足专业化、规模化经营的需要,无法实现现代农业技术的应用。这种不匹配主要体现为劳动力人力资本结构与技术结构的差异,拥有现代化农业经营技术,但农业劳动力缺乏足够的动力、操作能力和实现技能。在其他要素投入不变的前提下,现有的农地经营模式依然存在农业剩余劳动力,即劳动力边际生产力为零和劳动力边际产出递减。改变这种状况需要提高技术水平,投入现代化农业技术,可以通过增加劳动力数量,从而增加农业产出。在当前由追求农业产出数量转向追求农业质量的背景下,需要投入现代化农业技术,更需要提升农村劳动力人力资本水平与之相匹配。

现有的农地经营模式和低下的农业劳动力人力资本水平,不仅仅导致采用现代化农业技术动力不足。在政府或集体组织主导推动下,现代化农业技术只能增加农户成本和风险,比如现代化非粮作物种植技术、现代化养殖技术等。现代化农业技术的采用,超出了农村劳动力的接受能力,导致农民心有余而力不足,同时增加了农业经营的风险概率。

在农业技术水平一定的前提下,只有农村劳动力和资本有效配置才能发挥参与生产的最大功能,才能够实现产出的最大化。我国农村资本总体呈现逆向流出,外部资本流向农业比重较低,部分地区外部资本甚至零流入。在资本投入不足或增加有限的条件下,资本投入将约束农业结构调整和现代农业技术推广。劳动力在资本有限的条件下无法发挥应有的作用,限制劳动力创新动力,最终导致农业比较利益低下。而农业比较利益低下却成为资本流入农业的阻碍因素,二者陷入恶性循环的困境。

土地、劳动力、技术、资本等要素合理有效配置,才能真正实现农业现代化所要求的专业化和规模化经营。现有的农地流转方式导致农业经营依然是以分散式经营为主。劳动力人力资本低下,农业技术推广受限,资本逆向流出,这些要素相互制约影响,导致整体上要素配置失衡,不能形成有效的配置结果,同时陷入恶性循环的困境。

三、城乡资源配置失衡下农地流转困境分析

(一)市场困境

从前面的分析可以看出,我国农地比较收益较低主要体现在有限土地面积条件下单位劳动力或农户获得纯利润较低,资本投入回报率与其他行业相比比较低。就单纯亩均农地成本纯利润率来说并不低,随着农业技术水平和机械化程度提高,有限农地面积所需劳动力数量减少,农业收益并未减少,以农户为单位的农村劳动力边际产量为零,农户剩余劳动力会转移非农就业。农户中留守劳动力经营农地带来的纯利润如果不低于非农收入,农户将会呈现兼业行为,劳动力非农转移后并不流转农地,造成农地供给不足。只有当农户承包农地面积较小时,农户中留守劳动力经营农地带来的纯利润低于非农就业收入,农户才会选择转出农地。也就是说留守农村劳动力人力资本水平越低,其经营农地的机会成本(非农就业收入)就越低,越容易产生农户兼业行为。所以,农户家庭中高人力资本劳动力非农转移,低人力资本留守情况下容易兼业农地,在整体上就形成农地流转供给不足。

在现有农地经营模式下,资本投入回报率较低和单位劳动力纯利润较低会引起市场方面资本投入不足,普通农户和专业经营大户(或企业)转入农地需求不足。农地流转市场中供给不足或需求不足均为导致农地流转滞后,不利于农地规模化和产业化经营,也即是会固化现有的农地经营模式。农地流转滞后限制了农地集中和农业结构转换,农地不能规模化经营就无法提高劳动力和资本投入回报率,农业结构陈旧导致无法获得更高的农地成本纯利润率,限制农业比较收益提高。同时,农地流转滞后会加剧农村劳动力非农化转移,也会阻碍农地资本投入增加。这样会形成农业比较收益较低、城乡资源配置失衡和农地流转滞后的恶性循环(如图6-4所示),仅靠市场力量无法解决。

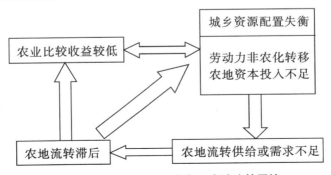

图6-4　城乡资源配置失衡下农地流转困境

（二）解决思路

农业比较收益较低、城乡资源配置失衡和农地流转滞后的恶性循环是现有农地制度和农地经营模式下市场机制作用下的结果。在市场力量的作用下高人力资本劳动力和资本追逐更高利益回报，无助于推动农地流转和提高农业比较收益。解决这一困境需要各级政府和村集体参与，具体解决思路如下。

（1）组织和协调农地调整。在农地流转过程中政府与集体应该起到组织和协调作用，将分散零碎的供给农地通过集体内部调整实现农地集中，然后规模化流转给农地需求者。如果是普通农户转入集中后的农地，可以增加劳动力经营农地面积，从而提高单位劳动获得的纯利润水平，增加农地流转中农地需求数量。将参与流转的农地集中并规模化流向专业经营大户，有利于农业技术的投入与推广，获得农地规模经济，提高资本回报率，增加农地流转市场中需求。通过政府和村集体组织协调实现农地集中和规模化流转，提高农业比较收益，有利于高人力资本劳动力、资本和技术流向农业领域，促进农业规模化和专业化经营。

（2）增加农业经营的财政补贴。现有农地经营模式下单位劳动经营有限农地面积获得的纯利润较低，农户经营农地积极性不高，转入农地需求不足，部分山地和丘陵地区甚至出现抛荒现象。要增加农户经营农地积极性和转入需求，除了规模化集中农地和增加单位劳动力经营土地面积外，还要增加农业经营财政补贴。通过增加农业财政补贴，提高单位农地和单位农业劳动力纯利润水平，增加农户转入农地需求。

（3）加大农业生产性财政投入。农业生产性财政投入是市场中资本流入农业领域的前提。农业基础设施、服务设施和相关配套设施的健全是吸引资本流入农业领域的关键因素。农业生产性财政投入增加可以降低普通农户和专业经营大户（或企业）经营农地成本，有利于提高资本投入回报率，增加其转入农地需求。

（4）鼓励与支持高人力资本劳动力经营农业，促进农业结构转换。以粮食为主的农业结构成本纯利润率偏低，逐步增加经济作物经营，改善农业结构，可以提高农业纯利润率。增加经济作物比重，促进农业结构多样化，延伸农业经营链条，走农业产业化道路，需要以农业专业化经营为基础和有高人力资本的技术性劳动力为支撑。所以，国家应该出台相关鼓励和支持政策，引导高人力资本劳动力流向农业领域，促使他们在农业结构转换和农业产业化道路中起到主导和带动作用。

第四节 农户处置农地分散化与市场化
中介组织缺乏困境

农业现代化目标要求农业规模化、产业化经营,提高农地资源利用率。这要求农地流转要实现农地集中化经营,转换农业结构,提高农地利用效率。然而,现实中农户分化行为导致农地分散化,农地流转多在农户间非正式市场下完成,农地流转需要中介组织参与才能实现农地流转集中和规模化。农地流转过程中中介组织的缺乏成为了实现农业现代化目标的困境之一。

一、农户处置农地分散化的弊端与中介组织作用

(一)农户处置农地分散化的弊端

农地流转以农户为决策单位,由于个体特征差异、经济条件好坏、要素禀赋不同以及外部环境变化会引起农户流转农地行为的分化,在处置农地时表现出分散化行为,即流转农地的决策不统一[①]。由前面章节分析可知,我国农地流转整体上虽然滞后农村劳动力转移,但农地流转比重也呈现逐年增加趋势。农地流转过程不仅处于滞后状态,农地流转大部分仍在农户之间流转,而且农地分散化经营状况并未改善。

由表6-8中数据可以看出,我国农地流转面积逐年增加,但大多仍在农户之间流转,2012年流入农户的农地面积占农地流转面积的64.7%。普通农户间交易的农地流转方式无法改变我国农地经营分散化,农户经营农地的块数较多,2009年全国户均经营农地4.1块,其中户均3亩以上仅有0.55块。本书使用户均3亩以上块数占户均经营农地总块数的比重来衡量农户经营农地的集中程度,全国平均水平在15%以下;东部和西部地区还要低于全国水平;中部地区略高,但也在25%以下(如图6-5所示)。这说明现有的农地流转状态下农户经营农地的集中程度较低,农户处置农地行为不一致,分散化处置农地很难形成规模化经营。农户间的农地流转没有中介组织参与,影响农地流转的持续性和稳定性,交易面积较小而且零散[②]。

① 宋辉、钟涨宝:《基于农户行为的农地流转实证研究——以湖北省襄阳市312户农户为例》,《资源科学》2013年版第5期。

② 沈映春、周晓芳:《关于我国农村土地流转的中介机构研究》,《当代经济管理》2009年版第8期。

表6-8　农地流转流向农户与专业合作社的状况

年份	农地流转总面积（万亩）	流入农户的面积（万亩）	流入专业合作社面积（万亩）	农户间农地流转比重（%）	转入专业合作社农地比重（%）
2009	15 154	10 850	1 344	71.6	8.9
2010	18 668	12 913	2 216	69.2	11.9
2011	22 793	15 416	3 055	67.6	13.4
2012	27 833	18 006	4 410	64.7	15.8

数据来源：由《中国农业发展报告》（2013）相关数据及计算得出。

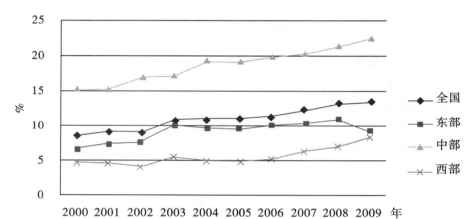

图6-5　户均经营农地3亩以上块数占户均总农地块数比重

数据来源：由《全国农村固定观察点数据》（2000～2009）计算得出。

农户处置农地分散化与农业现代化发展目标不相符，具有以下弊端：

（1）农地流转不规范，违约金与租金较低。农户间自发进行农地流转一般在村集体内部亲戚、朋友和邻居间进行，市场化程度较低，流转合同多为口头契约。这种不规范的农地流转交易，几乎没有违约金，只是口头确定较低的地租。对河南省和安徽省局部地区调研结果显示，村内农户间农地流转都没有签订合同和确定违约金，只有和村外转入者交易时才签订合同和确定违约金，但这种比例较低。农户间农地流转的地租较低，河南省平原地区租金亩均在100～300元，安徽省山区和丘陵地区农户转出农地后几乎不收租金，只得到国家的农业补贴收入。这种非市场化和契约不稳定的农地流转方式，不利于农地集中经营，容易造成农地流转的反复和不持续性。

（2）交易较为封闭，交易成本偏高。农户处置农地分散化行为导致其流转农地交易各自分开进行，单独寻求交易对象、谈判，单独监督合同执行和承担合同风险。由于农户的分化,农户之间的合作和统一行动的成本很高,很难达成统一的共识和集体行动。单个农户获取交易信息渠道较为封闭,交易谈判、监督合同执行和承担合同风险能力较弱,会增加交易费用。特别是在农地供给充足和农户需求不足的地区,分散的农户和外部需求者交易费用偏高,双方均存在机会主义与道德风险。

(3)不利于农地流转后农地集中和专业化经营。农户分化条件下自发流转农地很难形成集体一致行动,不利于农地流转集中。农地流转后的分散经营模式仍然以农户经营为主,单个农户无法掌握农产品和要素市场信息,不能及时调整农业结构;同时分散的小规模农地经营也限制了技术、资本等要素进入。农地流转后的农户分散式经营无法改变各自为政和盲目经营的小农经济状况,无法根据农产品和市场信息要素变化进行专业化经营。

(二)中介组织在农地流转中的作用

农地流转的交易方式可以分为两大类:一是分散式双边交易方式,指单个农户与农地转入需求方(普通农户、专业经营大户或企业)就农地经营权签订双边契约的分布式流转方式;二是集中交易方式,指农业专业经济合作组织、农地交易中介机构、农地产权信托机构等中介组织作为交易双方的委托方参与交易过程、提供交易平台与信息、监督交易契约执行等,这是一种将农地流转供求双方集中起来交易的农地流转方式①。这两种农地流转交易方式都具有一定的市场可行性,但随着农地流转进程的推进,中介组织参与农地流转的方式更能提供积极的社会效应。中介组织的参与对交易双方的成本与收益有明显的影响,在农地流转过程中具有积极的作用。

(1)降低交易费用。农地流转中介组织建立交易平台与信息网络,可以集中发布农地供给与需求信息,提供详细的农地质量、数量、区位和价格等信息,专业的评估服务和监督职能可以降低双方交易风险,降低双方搜寻信息、调查谈判成本和监督契约执行费用。中介组织参与下的集中式农地流转可以避免需求较大规模的农地转入方和每一个农户单独谈判,节约谈判周期和产生的费用,也避免了合同执行中部分农户的道德风险。中介组织可以为交易双方提供充分的信息,特别是可以为农户提供外部需求方信息,并提供监督服务,避免合同执行中需求方将风险转嫁给农户。

(2)促进农地规模交易和规模经营。中介组织参与农地流转打破了农户分散交易的封闭性,扩大农地交易的范围和增加交易对象,提高农地流转的市场化程度。中介组织服务使分布式交易转变为集中式交易,有利于农

---

① 王颜齐、郭翔宇:《土地承包经营权流转:双边交易与集中交易》,《农业技术经济》2011年版第10期。

地集中和规模化供给,这迎合了农地流转市场中专业经营大户(或企业)的需求,能够促成农地规模化交易。农地集中和规模化交易一般要比农户分布式小面积交易价格要高一些,更能提高农户转出农地的积极性,有利于农地进一步集中。农地集中交易能够为农地需求方提供稳定的、周期较长的农地经营权,有利于需求方投入资本、技术等生产要素,进行科学长期规划和专业化经营。实现农地规模经营,有利于农业结构调整和提高农地使用效率。

(3)规范农地流转市场。农地流转市场规范化涉及交易双方权利明晰、合同规范、合同有效执行和风险分担适宜等问题。农户分散式农地流转一般在内部亲戚、朋友和邻居间进行,几乎不签订交易合同,双方权利、风险也仅是口头约定。虽然农户单独与外部专业经营大户(或企业)交易时签订正式合同,但合同中权利、义务和承担风险状况可执行性较低。农户往往处于弱势地位,专业经营大户(或企业)往往也无法约束单个农户行为。农地流转过程中中介组织可以为交易双方提供规范的交易程序,中介组织在公平和公正的原则下,提供土地测量、评级、估价、农地信用、交易平台、合同执行监督和法律咨询等服务,并协调和处理交易双方存在的问题和矛盾,建立规范化和法制化的流转市场,有效保障双方权益。同时,中介组织还要在国家法律和政策要求下监督农地需求方转入农地后的经营,比如不能改变耕地性质,不能破坏农地质量等,从社会整体出发规范农地流转市场。

目前我国农户处置农地分散化不符合农业现代化目标要求,农地流转市场化程度较低,交易费用偏高,不利于农地集中和规模化经营。中介组织参与农地流转可以有效解决交易费用高、交易不规范和农地分散化等问题,促进农地流转市场进一步完善。

二、农地流转中介组织存在的问题

在农业现代化目标要求下,我国农地流转过程中中介组织参与有利于农地集中和规模化经营,有利于提高农地流转市场化程度。但现实中农地流转时中介组织在局部地区呈现供不应求状况,现有的中介组织也存在诸多问题。

(一)中介组织提供服务不足

本书对河南省商水县、安徽省肥东县已经转出农地农户进行了询问调查,共发放 300 份问卷,收回有效问卷 276 份。其中 92.8% 的转出农地农户需要中介组织,且实际中无中介组织存在。具体需求中介组织提供的服务项目如表 6-9 所示,已转出农地农户对中介组织提供服务是有需求的,但是供给不足。农户需求中介组织的服务项目有交易信息与平台、农地测量、合同管理、法律咨询、农地集中与协商、纠纷处理和土地保险,这些项目均有超过50%以上的农户需求。

2014年10月24日安徽省农村产权交易平台正式上线投入运行,农村土地承包经营权可以实现网上申请招标。目前仅限于在合肥市农村试点启动,交易对象主要是农村集体经营具有一定规模的农地,比如林地、荒山和集体自留地等。农户参与和利用这一平台并不多,主要原因是该平台还要构建市、县和乡三级联动运作模式,除了提供农地流转交易信息外,其他服务功能服务不到农户,无法从根本上实现农地集中与规模化流转。

表6-9　已转出农地农户对中介组织服务项目需求情况

服务项目	有需求但无供给或供给不合适(户)	占总数比例(%)
农地交易信息与平台	207	75
农地测量与评估	156	56.5
农地交易合同管理	198	71.7
法律咨询	178	64.5
农地集中与协调	212	76.8
农地信托	103	37.3
纠纷协调处理	214	77.5
土地保险	148	53.6

(二)中介组织以政府主导为主,市场化程度较低

现有的"成都模式""温州模式""无锡模式"等农地流转模式中的中介组织均是由政府主导下的外生型组织。在政府和村委会(社区)主导下的中介组织行政色彩较浓,往往为了执行政府的行政意图,会损害农民利益,在流转方式、利益分配和风险承担方面容易忽视农户意愿。针对政府主导的中介组织服务项目,农户并没有其他的选择,只能被动接受行政化的土地测量、评估、交易等服务,对于交易后的合同执行也往往有行政化的中介组织代行职责,农户无法参与农地经营监督。本书的调研结果显示仅有47.6%的农户愿意把农地交予政府或村集体经营或处置,但是担心农地交易过程中的公平性和公正性,担心农地流转后利益分配的透明性和监督权丧失等问题。

(三)缺乏专业人员和规范化管理

虽然部分省份省级农地流转中介组织已经建立,在信息化和专业服务方面也有相应的专业人员,但县、乡镇和村一级中介组织大多仍是原有工作人员兼职,缺乏专业人员。由于中介组织要提供诸多服务,所以中介组织从业人员需要具备农业技术、金融、法律、计算机等多方面的专业知识①。现行的县级以下中介组织由政府工作人员兼职,村一级更是有村内部非专业人员兼任,这样非专业化的工作人员必然导致不规范的管理体制。许多基层农地流转中介组织缺乏标准的工作流程,缺乏规范化和制度化的标准,工作中难免出现非专业的行政化决策,农地流转过程中容易产生纠纷和矛盾,损害农民权益,破坏农地质量等事件发生。从长远来看,无益于农地流转的规模化和持续性。

三、中介组织不规范与农户顾虑限制农地流转市场化

现有的中介组织多为政府主导下建立,提供的服务内容无法满足农户需求,市场化程度较低,同时缺乏专业人员。在相关制度、法律不健全的条件下,农地流转中介组织的服务内容、流程、权利和义务缺乏相应的标准,导致中介组织行为的随意化。缺乏标准化、制度化的中介组织,难免不同中介组织服务内容不一致,出现乱收费和损害农民利益的现象,造成农户无法相信中介组织的顾虑,限制农地流转市场化。

农地流转中介组织一直缺乏相关权威性的定义,更没有全面法定的服务内容,也没有相关法律规定和约束其权利和义务。但很多学者认为农地流转中介组织应该具有秉持独立、公平公正的特性,以期专业化职能,在农地流转中协调沟通各方关系,维护各方利益,并保障农地高效有序流转。所以,建立规范化、公平性、双方信任的中介组织是推动农地有序流转的必要条件之一。

农地流转中介组织的建立模式有多种形式,即便具备土地市场中介服务企业的资质,但不一定会被农地流转市场供需双方信任。如何协调保障供给方、需求方和自身利益,同时提供令供需双方满意的服务,成为建立农地流转中介组织的关键,也是中介组织得以顺利运行的基础。本书认为农地流转中介组织可以分为四种:一是政府主导下的中介组织,这类中介组织主要提供相应的服务,缺乏对供需双方责任和义务的限制,双方利益得失取决于商业信用;二是以获利为目的的中介服务企业,提供服务内容较为全面,但也仅仅能够保障供需双方交易达成时的权益,后续农户权益无法得到保障;三是以金融机构为依托的中介组织,这种组织具有将农地转为农户财产收入的功能,同时可以监管农地流转后的经营状况,能够切实保护农户利

---

① 刘政坤、强昌文:《农村土地流转中介组织探讨》,《理论建设》2009 年版第 4 期。

益;四是内生性中介组织,该组织是由农户自发形成,该类型组织目前并不多见,缺乏相应的专业人员操作。

以上四种类型的中介组织,第三种以金融机构为依托的中介组织服务较为全面,不仅提供交易服务,还能够提供交易后农地经营监督服务,同时还提供土地标的物的抵押、土地信托和土地保险等业务。在这种类型的中介组织服务下农户将农地委托出去可以获得固定收益或股份收益,中介组织再将农地流转给经营方,同时监督经营方后续的农地使用状况,切实保护了农户权益。该类型中介组织参与的农地流转中,农户获得农地转出收益取决于金融机构,而不是经营方的商业信用,类似于国际结算中"信用证"的作用。与这种类型的中介组织相比,其他的中介组织一般缺少能够保障农户权益的持久性,也缺乏对农地后续经营的监督服务。这两点恰恰是农户最大的顾虑,即无法获得农地流转后稳定收益和无法监督农地后续经营状况。现有的中介组织大多无法消除农户这两种顾虑,也导致农户无法信任中介组织,阻碍了农地流转有序推进和市场化。

本章小结

保障性制度缺失、非农就业收入较低、农户处置农地分散化和农业比较利益偏低不利于农地流转,即使农地流转也无法满足农业现代化要求的农业规模化和产业化经营。只有解决这些问题才能推动农地流转,实现农业现代化发展目标。然而,我国客观社会环境下解决这些问题存在一定的障碍,理清这些困境成了解决问题的关键。

第一,分析了农民权益保障缺失与农地保障功能的困境。由于我国保障性制度缺失,导致农户流转农地是遭受经济收益权益和生活保障权益的损失,加剧农户的农地保障心理,凸显农地保障功能,限制农村劳动力转移后供给农地意愿。解决这一困境需要完善针对农民权益的保障制度,建立和完善农地确权登记颁证制度;制定农地经营权抵押、转让和买卖相关详细规定;制定和规范农地流转的相关制度;完善和统一城乡二元社会保障制度。

第二,分析了城乡人力资本投资失衡与非农就业收入较低困境。由舒尔茨的人力资本形成理论可知,人力资本投资可以促使人力资本水平的提升,我国常年城乡人力资本投资失衡导致了城乡劳动力人力资本呈分割状态,农村人力资本水平一直低于城镇水平,这是农村劳动力非农就业以城镇二级市场为主和收入偏低的主要原因①。家庭人力资本投资来源于家庭收入,城乡收入差距将进一步拉大城乡家庭人力资本投资水平②,所以家庭收入与家庭人力资本投资水平呈双向正相关,如果单纯依靠农村家庭自发选择,那么将会陷入城乡收入差距扩大与城乡家庭人力资本投资差距扩大的困境。唯一的解决途径是国家平衡城乡人力资本投资水平,但目前我国实施的依然是偏向城镇的人力资本投资政策,城乡人力资本投资差距仍趋于扩大,这无益于改变劳动力市场中的人力资本分割状态,同时也不利于改善农村劳动力非农就业收入较低与就业不稳的状况。

农村劳动力非农就业收入提高有利于推动农地流转,农村劳动力人力资本提升有利于提高其非农收入,增加农村教育与培训投资可以提升农村劳动力人力资本。但是,现实中农村家庭对教育与培训投入不足,国家对农村教育与培训投入呈现城乡失衡,这种情况与农村劳动力非农就业收入较低共同形成了推动农地流转过程中的困境。解决该困境需要国家平衡城乡人力资本投资,重视与增加农村教育与培训投入。

第三,分析了农业比较收益低与城乡资源配置失衡困境。我国农地比较收益较低主要体现在有限土地面积条件下单位劳动力获得纯利润较低,资本投入回报率与其他行业相比较低。在现有农地经营模式下,资本投入回报率较低和单位劳动力纯利润较低会引起市场方面资本投入不足,普通农户和专业经营大户(或企业)转入农地需求不足。农地流转市场中供给不足或需求不足均会导致农地流转滞后,不利于农地规模化和产业化经营,即会固化现有的农地经营模式。农地流转滞后限制了农地集中和农业结构转换,农地不能规模化经营就无法提高劳动力和资本投入回报率,农业结构陈旧导致无法获得更高的农地成本纯利润率,限制农业比较收益提高。同时,农业比较收益低会加剧农村劳动力非农化转移,也会阻碍农地资本投入增加。这样会形成农业比较收益低、城乡资源配置失衡和农地流转滞后的恶性循环,仅靠市场力量无法解决。

解决这一困境需要各级政府和村集体参与,组织协调农地调整,增加农业财政补贴,加大农业生产相关财政投入,鼓励和支持高人力资本劳动力经营农业。政府或村集体通过组织和协调农地调整,将分散供给农地集中后规模化流转,增加农地转入需求,吸引资本、技术和人才流向农业。增加农

① 赵显洲:《人力资本、市场分割与农民工工资决定》,《农业经济问题》2012 年版第 4 期。

② 毛乃佳等:《城乡收入差距、居民教育投入差距与教育差距——基于我国的实证研究》,《北京教育学院学报》2011 年版第 10 期。

业财政性补贴可以提高农业经营者收入,提高农地需求者转入农地积极性。加大农业生产相关财政投入,完善农业基础设施,减小农业经营主体投资成本,增加专业经营大户转入农地需求。以促进农业结构转换,提高农业比较收益,带动区域农业发展。

第四,分析了农户处置农地分散化与市场中介组织缺乏困境。我国农地流转仍然以农户分散处置农地为主,农地交易也多以农户与农地转入需求方双边交易为主,第三方中介组织参与的农地流转方式较少。农户分散处置农地交易方式会产生较高的交易费用,交易封闭化,不利于农地集中和规模化经营,这种农地流转方式市场化程度较低。中介组织参与农地流转可以有效降低交易费用,扩大交易范围,集中农地和吸引生产要素流入农业经营,有利于农地规模化和专业化经营,逐步提高农地流转市场化程度。

然而,现实中我国农地流转中介组织存在供给不足、服务项目不全、行政化严重、缺乏专业人员、管理制度缺失和不规范等问题。中介组织的缺乏与不完善加剧了农户处置农地分散化,减弱了农户参与农地流转的积极性,不利于农地流转市场的开放和市场化程度提高。农地流转分散化不利于农业适度规模经营,这与农业现代化目标不符,中介组织参与可以改善这一状况,但现有的中介组织并不能够满足农地流转市场的需求,这不利于农地流转持续发展。要改变这一困境,需要积极培训新型农业经营主体,支持和鼓励市场化中介组织建立并参与农地流转。

第七章

农地流转递进式发展机制构建

前面分析了农地流转滞后是由供给不足、需求不足或者二者均不足导致的,并分析了农地流转供求的影响因素,根据农地流转供求影响因素分析了农业现代化目标下推动农地流转的障碍。本章依据农地流转供求影响因素及农地流转障碍寻求推动农地流转的发展机制,首先对国外农地流转可借鉴性与国内现有农地流转模式及其适用性进行分析,然后针对我国农地流转供求差异性提出对应的策略。

第一节　国外经验借鉴与国内农地流转模式适用性分析

一、国外发达国家的农地流转模式及经验借鉴

(一)国外发达国家农地流转模式

在城镇化进程中,国外一些发达国家为了提高农业劳动生产率和农地资源利用效率,促进农业现代化发展,陆续推动农地流转并取得了显著成效。具有代表性的国家有英国、美国、法国和日本。

1. 英国农地流转

20 世纪初期英国改变了以地租—佃农为基础的农业经营制度,开始限制地主权利,扩大农场主租用农地的自营权利。1947 年英国政府出台《农业法》,鼓励农场兼并,同时设定农场经营规模下限,对放弃小规模农场和兼并其他农场的农场主均给予补贴,导致农场兼并速度加快,促使农地经营规模化和产业化。英国农地流转模式主要以政府主导为主,政府对大农场进行补贴,加快农场兼并速度,随着大农场经营农地机械化和专业化,小农场逐渐失去优势,在市场力量的作用下趋于被兼并,自营农场逐渐走向大型化,

从而实现农地经营规模化和产业化。为了加快农场兼并和扩大农地规模化经营,英国政府出台了提高农地质量的相关政策,政府全资平整农地和完善农业基础设施,对于农场自行平整农地、购买设备和建设农业基础设施的给予较高的财政补贴。通过政府引导和政策支持,规模较大的农场逐渐获得较高的市场利益,然后在市场力量作用下大农场兼并小农场,小农场规模逐渐扩大,最终实现农地规模化和产业化经营。

2. 美国农地流转

美国农地所有权分为归政府和私人两种,私人拥有农地占较大比例。这种农地私有化制度奠定了美国以家庭农场为基本单位的农业经营结构,单个农场主经营农地规模相对较高。美国农地流转模式主要有两种:一是联邦政府或地方政府通过买卖农地扩大农场主经营农地规模。政府依据相关法律可优先收买零碎分散的农地,然后转手再卖给意欲扩大农地经营规模的农场主。政府买卖农地过程基于市场交易和农场主自愿原则,同时确保出售农地的农场主利益不受损害。这类似于政府主导下中介参与的农地流转模式,美国推动农地流转前期以这一模式为主。二是农场主之间的自由交易,一般以市场化程度较高的中介组织参与为主。农地交易分为农地所有权出售和农地经营权转让出租两种,目的是农场主扩大农地经营规模和产业化经营。这种农地流转模式中政府只起到引导和管理作用,通过法律和政策引导农场主和中介组织参与市场活动,并通过强制力量约束农地流转的规范性,避免因家庭成员继承而导致农地分散等。美国在推动农地流转后期多采用这一模式,其中主要的形式为"土地信托"模式和农业合作社参与模式。

3. 法国农地流转

19世纪,法国农业以小农经济为主,农地经营呈现零碎分散和小规模特征。20世纪初期,法国政府开始出台相关法律和政策推动农地流转,促进农地规模化经营。法国农地流转模式以政府直接干预农地交易为主,重视农地资源保护。政府设立土地银行和农地事务所作为农地流转的专门管理机构,土地银行购买零碎分散的农地,集中后转租给其他农民。农地交易必须经过农地事务所,农地事务所具有优先购买农地的权利,然后集中平整后再出售给农地需求者。

虽然法国政府在农地流转中扮演重要角色,但民间中介组织的力量也起到了一定的推动过作用。土地治理与乡村建设组织是法国最大的农业合作组织,该组织代表农民利益,在政府监督下为农地流转市场提供各种服务,是一个非营利性组织。该组织在农业管理部门允许和约束下具有购买农地的有限优先权利,通过对农地集中平整后可以自行经营和出租。该组织的存在可以有效地保护农民利益和农地资源,同时提高了农地流转效率。

4.日本农地流转

20世纪40~50年代,日本政府通过强制力量实现了农地所有权与使用权的统一,也形成了以家庭为单位的小农经济结构特征。随着农村劳动力"兼业"现象的产生和普遍存在,农业部门呈现出农地资源利用效率和农业劳动生产率低下。20世纪60年代,日本开始推动农地流转,出台了《农业基本法》,并配套实施了相关税收优惠、金融支持等政策,鼓励和支持农户增加农地经营规模。随后日本将农地所有制改革为使用制,鼓励发展农业协作企业,扩大农地经营规模。

日本农地流转最显著特征体现为两个方面:一是政府积极推动。政府不断修订完善相关法律法规,并实施相应的配套政策。针对农地流转的法律有《农地法》《土地改良法》《农振法》《农促法》《特定农地租赁法》等;政策制定主要指相关的优惠政策,在土地集中、筹集资金、技术培训、税收优惠方面给予政策支持;制度创新方面主要有农地保有合理化制度、特定法人农地租赁制度、农民退休金制度和农业委员会制度。这些法律法规和政策制度起到了鼓励和支持农业经营主体和中介组织的作用,同时也能够全面保障农民权益。二是充分利用市场中介力量。日本农地流转的主要模式是市场主导下的中介组织参与模式,农业合作社在农地流转过程中具有举足轻重的作用。农协是日本最大的农业合作组织,它的作用有效地提高了农地流转速度和效率,促进了农地经营的规模化和产业化。

(二)国外经验借鉴

这些发达国家推动农地流转过程中采取的模式和方法虽然具有差异性,但也具有一定的共性。这些共性和经验可以在推动我国农地流转过程中加以借鉴,具体体现在推动农地流转的原则和措施两个方面。

1.借鉴国外政府推动农地流转的原则

(1)推动农地流转循序渐进。这些国家推动农地流转过程中政府主导作用存在差异,法国、英国政府干预力度较大,美国和日本政府多处于引导和管理地位,但是这些国家均遵循循序渐进的原则。政府的干预、引导和管理是基于一定的法律、法规和政策,并通过一定的优惠政策引导农地流转主体行为;再通过鼓励和支持市场中介组织参与提高农地流转效率;通过对农业经营主体扶持达到农地规模化和产业化经营。发达国家的农地流转并不是一蹴而就的,也是经历了一段较长时期的推动,由政府主导向市场主导的转变,过程是循序渐进的。

(2)保护农地流转主体利益。虽然发达国家推动农地流转过程中存在损害农民利益的情况,但从农地流转整个进程看是遵循保护农地流转主体利益原则。英国和法国前期政府强制收买农地的特征较为显著,但最终也回归到依靠市场力量引导农地流转主体自愿交易。美国和日本充分利用了市场中介组织力量推动农地流转,"土地信托"模式和农业合作组织参与模式是主要的农地流转模式。在政府引导和管理下,充分利用市场力量推动农地流转能够保障农地流转主体的利益。特别是农地流转供给与需求者自发形成的农业合作组织,这些组织能够充分体现他们各自的意愿和考虑他们的利益。

（3）现代农地经营管理模式。农地流转的目的就是为了农地集中后规模化和产业化经营,并不仅仅是限于农地交易本身。美国针对农地流转后形成的大农场规定不能因为继承而分散农地经营规模。所以,推动农地流转的最终目的应该是实现农地规模化和产业化经营,充分利用农地资源和提高农业劳动生产率,这要基于现代的农地经营管理。现代农地经营管理模式是将人才、劳动力、技术、资金等资源最优配置的结果,实现农业规模化、产业化和专业化经营,以满足市场需求为目的的科学经营方式。

2. 借鉴国外推动农地流转的措施

发达国家推动农地流转在遵循循序渐进的原则下采取了若干措施,主要体现为以下几点:

（1）政府立法规范农地流转市场。政府应出台相关法律法规,在推动农地流转过程中具有法律依据,规范农地流转市场中主体行为。通过法律法规明确农地流转的标准、途径和目的,农地流转过程中涉及的勘测、估价、签订合同等需要一定的标准作为参考;农地流转要通过一定合法途径进行,既能保障农地流转主体合法权益,又能起到保护农地资源的作用;法律法规要明确农地流转的目的,可以避免改变农地用途和荒废农地的现象。

（2）明确农地流转主体,并调动其积极性。农地流转要基于流转主体自愿原则,推动农地流转要明确流转主体,农地流转主体是农地流转市场中的供给者和需求者。明确了农地流转主体,可以实施相应的政策调动其参与的积极性。

（3）鼓励和支持市场中介组织参与农地流转。农地流转主体充足且有积极性,并不一定能够带来较高的农地流转效率,需要一定的中介组织参与。要实现集中化和规模化农地流转,需要中介组织提供相应的服务,比如信息发布与匹配、合同签订、土地集中与平整等。在土地信托结构和农业合作组织参与下,可以提高农地流转效率,降低农地流转交易费用,保障农地流转主体利益。

二、国内农地流转的主要典型模式

(一)安徽小岗:集体参与租赁转包模式

安徽省小岗村作为改革第一村,现在正在做一件与之前"分田到户"几乎"相反"的事:将分散土地依法自愿有偿流转,并且创新了流转方式——农户与村委会签订协议,村委会再统一和企业签订协议,从而最大限度避免农户的风险。

2013 年小岗村有 4 300 亩土地整理成高标准农田,2014 年上半年对外集中流转。农户与村委会签协议,再由村委会统一跟企业签订协议,村民不直接跟企业进行土地流转。这样的方式最大限度地减少了农户的风险,这也是在小岗村的第一次尝试。

如果采取农户与企业直接签订流转协议的模式,企业发展不好或者经营不善倒闭了,农民拿到的流转费用就会受影响。而小岗村新的流转方式,则让农户的风险降至最低。不管企业经营如何,村委会都会每年照单支付农民的流转费用。2013 年村里制定了统一的流转费用标准,每亩农地流转费用是 700 斤原粮,此外国家粮食补贴仍归农户所有。

"这次集中流转我家有 20 亩田,流转费加粮食补贴,一年纯收入就有 2 万多元。"村民刘峰笑呵呵地说,"将来还有一些涉农企业来到这里,我们在家门口就能进企业上班,日子肯定会越来越好。"

当年的"大包干"带头人之一关友江,是村里最早进行土地流转的村民之一。对于此次土地集中流转,他抱有更大期望。这样的流转方式可以使小岗村更多农民从传统的劳作中解放出来,进一步实现农业收入、租金收入、经营收入和工资性收入的收入多元化,总之就是要让村民们得到更多的实惠。

"从 35 年前的'分',到今天的'合',这不是走回头路,而是顺应时代发展的螺旋式上升。"安徽大学社会与政治学院教授、副院长范和生认为,这是农民最朴素的智慧所在:不管是当年的分,还是如今的合,都是让自己生活更美好的最佳选择,而且这种有益的探索将为未来的制度设计提供有价值的参考。[①]

(二)浙江温州:种粮大户转包模式

温州市是浙江省的地级市,为沿海港口城市,浙江的三大经济中心之一,位于中国黄金海岸线中段,浙江东南部。温州经济发达,但同时也是典

---

① 《小岗村土地流转创新模式》,《安徽晚报》2013 年 3 月 19 日版。

型的缺粮区,人均耕地面积仅 0.31 亩,自给率只有 35% 左右。由于粮食生产容易受到台风等灾害的影响,再加上种粮的比较效益低,所以当地农民种粮积极性近年来持续下降,粮食生产特别是早稻生产出现连年下滑趋势,一些地区出现耕地抛荒现象。为破解市场经济活跃地区"有地不种,想种没地"的难题,在基层政府的倡导下,温州各地农村近年来通过创新耕地流转模式,实现粮田向种粮能手、村级集体、专业合作社集中,并实施全程机械化服务,有效节约了人力成本,不仅遏止了耕地抛荒现象,还成功稳定住了粮食生产。

温州模式的主要内容为种粮大户转包,指的是农户将自己承包的土地有偿转包给种粮的大户集中经营,包括招投标式转包、中转站式转包和中介机构合同转包三种。招投标式转包,即将农户土地通过市场的招投标形式转包,以最高出价者为中标承包方。中转站式转包,即先由集体与农户签订转包合同,村集体垫付转包费,形成基地再转包给种粮大户,由村集体与种粮大户签订转包合同。非本村流转一般都采用中介机构合同转包,即通过中介组织牵线搭桥,由种粮大户与农民签订转包合同,中介组织收取服务费,转包费由承租的大户付给出租的农户。目前,种粮大户转包模式作为温州土地流转的主要模式,承担着全市 40% 以上的早稻生产任务。

温州政府主要从以下三方面来推行种粮大户转包模式:一是全面落实中央、省和各级出台的粮食扶持政策。温州市围绕种粮直补、农机购置、单产提升等方面,制定了补贴、补助和奖励粮食生产一揽子政策。二是加强做好对种粮大户的产前、产后服务工作。在各级政府的统一布置下,积极稳妥地推进农资连锁经营,规范农资市场秩序,为种粮大户在早稻生产期间及时做好种子、农机、化肥、农药、农膜等各类农资供应服务。三是在水稻万亩示范区创建中,开展了以种粮大户为主的科技培训,举办了农业科技下乡活动,邀请中国水稻研究所及省、市、县专家,就水稻高产栽培、病虫害防治、生物激素等技术作现场辅导培训。在早稻生产的主要季节召开田间管理现场会,有效地提高了种粮大户和农民的种粮技术水平。

除了种粮大户转包以外,温州还有两种土地流转模式。一是村集体代耕代种,指村集体承包全村粮田,由村集体聘请农机合作社进行集体化管理。这种模式主要是发挥村两委、村级经济合作组织的主导协调作用,在不改变承包权的前提下,实现耕地有序有效流转。这种模式,最适合季节性的土地流转,可以打消农民一直以来担心土地流转后承包权变更的顾虑,农民愿意,大户放心,各得其所。二是土地耕作社会化服务。实质上,这不是严格意义上的土地流转,因为不涉及土地承包者经营权的转移,只是种粮农户们缴纳一定费用,并进行简单的田间管理,便可以坐享其成。期间各类农事,由他人负责打理,即通过专业农场,农机专业合作社,粮食专业合作社对粮食生产实行统一翻耕、统一育苗、统一播种、统一植保、统一收割的"一条龙"有偿服务,或提供关键环节有偿服务,实现土地耕作社会化服务。

(三)上海松江:家庭农场模式

松江区位于上海市西南,黄浦江上游,是江南著名的鱼米之乡,是上海市重要农副产品生产基地之一。近年来,松江在积极探索农业规模化、专业化生产的基础上,提出了"家庭农场"这种比较符合农业发展趋势的经营模式。

家庭农场是以农户家庭为基本组织单位,面向市场、以利润最大化为目标,从事适度规模的农林牧渔的生产、加工和销售,实行自主经营、自我积累、自我发展、自负盈亏、管理科学化、生产手段现代化的企业化经济实体。它是伴随着家庭承包经营制和农业适度规模经营的发展而出现的新生事物,是农户家庭组织的一种高级形式。松江区培育发展家庭农场制度有着现实的基础:一方面松江农村地区的剩余劳动力大量转移至第二、第三产业,通过统一规范土地流转,土地基本集中到了村委会,具备了发展规模经营的条件。另一方面,松江栽培技术和机械化水平已大幅度提高,具备了水稻插秧、机械直播、机械收割的能力,同时具备家庭农场经营的人力资源,有一批种田能手。

松江"家庭农场"模式的具体做法是:按照"依法、自愿、有偿"的原则,农户将土地委托给村委会,并与村委会签订统一格式的土地流转授权委托书,再由村委会转包土地给家庭农场经营,流转双方签订全市统一的土地流转合同。农地流转费随粮食市场价格变化而浮动,每年12月底之前一次性付清当年度流转费。土地的规范流转保证了家庭农场的顺利发展。根据区政府关于土地流转受让方准入条件,农场经营户一般要能吃苦耐劳,具有一定的经营能力和经济条件,实行"先押后包",即先交纳每亩流转费押金,才能接包土地,村委会进行筛选后要向全体村民公示。在规范土地流转的基础上,以家庭为单位组建粮食家庭农场,每个家庭农场的经营规模一般控制在2~3个劳动力、100~150亩种植面积。因为这个经营规模,可以做到以农户家庭为主,基本不请帮工,具备较为稳定的盈利空间。区域内供种、供肥、机械化收割等农业社会化服务体系基本能覆盖。

松江区主要从以下三方面发展家庭农场:

第一,加强政策扶持。一是制定土地流转补贴政策。松江在原有补贴的基础上,再给予全区的家庭农场土地流转费补贴。每亩200元的土地流转费补贴,一方面可以使土地流出方更顺利地流转出土地,另一方面也让土地流入方获得了一定收入,使参与流转的双方都获利。二是规范土地流转行为。土地流转要按"依法、自愿、有偿"的原则来推进,对流转的合同文本加以规范、统一,必须确保家庭农场的稳定经营以及农民权益的不受侵犯。而且农场经营者要签订土地承包经营承诺书,保证不抛荒、不转包受让的土地。三是农用土地管理平台的建立。建立区、镇、村三级农用土地管理信息网络,健全全区农用土地的网络平台数据库,并及时根据实际情况登录网络平台,形成的土地承包管理信息系统务必做到各种信息的可查询、可追溯与可汇总,让区、镇、村管理部门可以有效监控土地流转。四是规范组织生产。实行农业标准化生产,建立农业生产档案,组织开展各类生产竞赛活动,对优秀经营者给予奖励。五是实施老年农民退养补助制度。对于达到法定退休年龄的老年农民,凡自愿退出承包地的,可在原来养老金的基础上再增加每月 150 元的养老补助金。这样既可以给予老年农民长期保障,又可以扩大专业农民的土地经营规模。除此之外,对家庭农场所给予的政策扶持还表现在农业保险、贷款、种养结合等方面。区政府建立了 5 000 万元的贷款担保基金,为农民提供优惠贷款保险,并提高农业保险保费补贴,水稻保险费由区财政统一支付。2009 年 7 月,上海农商银行在全国率先推出家庭农场专项贷款,这是针对"家庭农场"开发并推出的专项优惠贷款。由松江区农委每年向上海农村商业银行松江支行提供推荐名单,经营状况、信用记录均良好突出的家庭农场经营户将获"免考"资格。不在推荐名单之列的家庭农场经营户也可以申请相关小额信用贷款,由各镇农办进行相关初审工作。

第二,专业化、市场化的农业社会化服务体系在不断完善,可以给予家庭农场统一、便捷和优质的服务。农机服务方面,组建了农机专业合作社,并促使家庭农场与之签订机耕、机插秧和机收等服务协议,方便农民的播种、收割和耕翻等生产作业的开展。在市、区两级财政的支持下,松江区粮食部门还添置了多台清理输送设备和多台先进的烘干机,以便在连续阴雨天时烘干处理高水分稻谷,减少粮农损失。资金方面,农场经营户可申领针对"家庭农场"开发并推出的专项优惠贷款用于购买农业经营过程中所需的农资产品,比如购置种苗、化肥、小型农机以及临时用工支出。技术服务方面,通过培训、发放植保信息、现场指导、挂钩联系等方式,区、镇二级技术服务部门为农民及时提供新品种、新技术、施肥以及病虫害防治等方面的技术指导服务。农资方面,统一供种、统配肥料农药。松江区已建成了畲山、叶榭和柳港三大良种基地,全区超万亩水稻田统一供种,良种覆盖率达到全部。此外,浦江农资门店已开连锁多家,实行送货上门,为粮食生产提供物资保障。农产品销售方面,积极联系、协调与粮管所、饲料企业之间的关系,通过签订粮食购销协议帮助农户解决卖粮难的问题。粮食部门也改变了原有的粮食收购方式,推行粮食"订单收购",并向经营户预付收粮预订费。气象服务方面,农业生产很容易受到天气的影响,为了让农场主及时掌握天气变化情况从而快速采取应变措施,气象台通过手机及时发送气象信息。

第三,注重农场经营者良好从业素质和技能的培养。家庭农场经营人员必须想种田、会种田,在茬口安排、技术选择上善于管理,勤劳肯干,具备一定的专业知识和技能。松江每年分批分班组织家庭农场主集中培训,并组织松江区农技服务中心的技术指导员现场技术辅导,使得家庭农场主的素质和技能有了一定提高。

(四)山东宁阳:股份+合作模式

宁阳县,位于山东省中部,是山东省泰安市市辖县,也是山东省首批省管县之一。宁阳县有耕地面积6万公顷,是黄淮海平原主要的粮、棉、油集中产区,是一个传统农业大县,农业人口19.7万户、67.5万人,从事土地经营的农户有15.8万户。从2003年开始,宁阳农民自发进行土地流转的实践,逐步建立了"股份+合作"的土地流转模式和"底金+分红+劳务收入"的土地流转分配方式。这种尝试既让农民分享到了更多的土地经营收益,增加了农民收入,又充分调动了农民自愿参与土地股份合作的积极性,拓宽了农村经济发展的空间,实现了合作社和农户的共赢,被称为"宁阳模式"。

在宁阳"股份十合作"模式中,农民以承包地的经营权入股成立专业合作社,而专业合作社依托农业龙头企业,实行集约化、规模化、专业化生产,以实现农业增效、农民增收的目的。这一模式可以细分两种基本模式,第一种是主要适用于种植一般蔬菜等投资小、见效快的短期作物的"公司合作社基地+农户+集体"模式;第二种是主要适用于投资大、技术含量高、收入高的设施农业的"公司合作社基地大户+农户"集体模式。宁阳"股份合作"模式可以说是一种四方受益的模式,即农业龙头企业、专业合作社、农户和集体这四方共同分享了土地流转和适度规模经营所获得的好处。

(五)浙江绍兴:土地信托模式

绍兴县是绍兴市下辖的一个县,位于浙江省中北部、杭州湾南岸,是绍兴经济最发达地区,早在1999年就达到小康县标准,并多年位居全国10强县之列。全县下辖4个街道、15个镇,总人口79.2万人,人均只有0.58亩农田。2001年初,浙江省在全国率先取消粮食定购任务,实行粮食购销市场化体制改革,真正赋予了农民农业生产的自主权。这对绍兴来说,正是深化农村土地经营机制的一大机遇。绍兴县委、县政府进行了调查研究,在认识到人多地少、种粮为主、农业比较效益低的基础上,针对土地规模较小、农业种养结构单一等农业发展问题,决定用市场经济的理念,采用信托的方式加快和改善土地流转,促进农业发展。

根据我国《信托法》第二条的规定,信托是委托人为了受益人利益或特定目的,基于对受托人的信任包括业务能力和人品,而将其财产权委托于受托人,受托人以自己的名义在不违背信托义务的情况下,对信托财产进行管理或处分的行为。农村土地信托,指作为委托人的农地承包经营权人,在坚持农村土地集体所有权不变、承包权长期稳定的前提下,将土地的经营权使用权委托给土地信托服务组织受托人,在一定期限内由受托人以自己的名义管理、使用该土地或者处分土地的使用权,并将因此而获得的收益归属于土地信托契约所指定的收益人通常就是委托人或者用于特定目的的一种土地流转行为。在稳定家庭联产承包责任制的基础上,绍兴县逐步推行土地信托服务。通过调查土地利用现状来分析土地使用权信托流转的必要性,进而选择少数村级经济较为发达、土地规模大、农户流转愿望强烈的村作为信托流转试点村。并根据信托服务的理念,设立了县、镇、村三级结构的土地信托服务体系。由村经济合作社统一反租农户需要流转的土地,与农户逐一签订土地使用权租赁反租合同,并对反租后的土地进行统一规划整理,再将反租整理后的土地信托给镇土地信托服务站。镇信托服务站对要求出让土地使用权的村和要求受让土地使用权的大户进行配对,协调双方进行直接谈判。协调一致后,村经济合作社与大户签订土地使用权承包倒包合同。在土地信托服务方面,绍兴县强调坚持三个原则,即坚持"确保所有权、稳定承包权、搞活使用权"的原则坚持"依法、自愿、有偿"的原则,不搞强迫流转,不搞行政定价,坚持"不改变土地的农业用途,确保耕地复耕能力"的原则,防止在耕地上擅自修建固定建筑,但允许农民在耕地上搭建大棚和温室。

绍兴县依照土地信托的工作程序,主要开展三项土地信托服务。一是土地流转前的土地使用权供求登记和信息发布。登记、汇集可流转土地的数量、区位、类别等情况,接受土地供求双方的咨询,多渠道、多形式向辖区内外及时发布土地储备和可开发土地资源的信息,推荐可开发项目。二是土地流转中的中介协调和指导鉴证。协调流转双方提出的有关事宜,在平等协商并取得一致的基础上,落实契约关系,办理合同鉴证手续。三是土地流转后的跟踪服务和纠纷调处。积极主动帮助土地经营者进行开发项目的可行性论证,在信贷、技术、物资等方面开展横向联系,并在法律和政策范围内协助调处土地经营中引起的纠纷,维护土地所有者、承包者、经营者三方的合法权益。

(六)河南沁阳:公开拍卖模式

沁阳市位于河南省西北部,下辖13个乡镇办事处329个行政村,总面积623.5平方公里,总人口48.3万,其中农业人口39万人,农业户数9.5万户,耕地42万亩,人均耕地仅1.08亩。而沁阳市农业现代化、工业化、城镇化基础较好,快速发展的二、三产业吸纳了大量的农村剩余劳动力,工业化水平和城镇化均较高。农民对土地的依赖程度随着二三产业的发展而降低,农户开始在民间自发进行土地流转,土地流转的总量不断增加。不过,在沁阳广泛存在的以农户自发流转为主的土地流转,对稳定农村的粮食生产造成了威胁,使得国家粮食安全存在一定隐患。在这种情况下,沁阳市为了促进农村土地的高效、公平、公开的流转,通过政府的组织,并充分考虑农民意愿,开始进行搭建农村土地公开拍卖经营权平台的尝试。

2008 年 4 月 19 日,沁阳市以市委、市政府的名义,下发了《关于推进土地流转加快新农村建设的意见》,确立了土地流转工作的基本原则、流转模式、试点村等,概括起来说,就是"三支持""两允许""一严格"。"三支持"即支持承包方实行规模化生产经营,进行产业结构调整,促进农业增效农民增收,支持承包方对荒山、荒坡等未利用地进行宜农宜工开发整理,支持和鼓励承包方将闲置和腾换出的建设用地开发整理成耕地或园地,发展农业生产或非农建设。"两允许"即允许农民在基本农田上调整种植业生产格局,发展油料、瓜菜、花木、桑茶和其他经济作物,允许利用生产能力低、生产条件差的一般耕地建造临时性畜牧饲养场,挖塘发展水产养殖和种植果树等经济作物。"一严格",即严格保护基本农田,确保基本农田的数量不减少、用途不改变、质量不降低。5 月 5 日,沁阳成立了省内首家县级土地流转服务中心,并逐渐成立了市、乡、村三级土地流转服务平台,服务全市土地流转工作,为以"公开拍卖"农村土地经营权形式进行土地流转提供了可能。在这期间,沁阳市农业局还制定了《沁阳市农村土地承包经营权公开竞拍和竞争谈判暂行办法》,指出平等协商、依法、自愿、有偿是农村土地承包经营权公开拍卖的原则,明确规定由出让农户获得竞拍所得,受让方获得土地享受的一切国家补偿。同时,强调受让方不得改变承包土地的农业用途。大规模的农地转让,每个转让的农户需要和村集体签订委托代理合同,由村集体代表村民进行转让拍卖和谈判事宜,转让完成后,承让方再和每一个农户签订转让合同。

沁阳市积极探索进行土地流转公开竞拍、竞争性谈判等工作,促使全市土地流转工作由分散向规模、由无序向规范、由约定向法定、由粗放向高效转变。沁阳还印发了《农村土地承包经营权流转实施办法》和《农村土地承包经营权流转合同示范文本》,规范了流转程序合同。流转过程的监管由沁阳市农业局农村经济管理站和各乡镇政府下辖的农业服务中心具体执行。在司法层面上,沁阳市司法局设立土地流转法律服务站,沁阳市法院也成立了土地流转巡回法庭。沁阳还制定了《沁阳市农村土地流转工作帮扶方案》,提出要发挥职能部门优势,对推进土地流转、开展规模经营的村组,优先进行结对帮扶。同时,还建立了土地流转基金及奖励标准,重奖那些引导农户流转土地较多、增收效果显著的乡村、合作社和种养大户,按照流转率给予数万元的一次性补贴。

沁阳农村土地流转的具体运行过程有七个步骤:第一,对于本行政区域内的土地资源信息进行全面的资料收集和调查工作,要切实了解农户和业主的土地流转意愿。第二,整理收集到的土地资源信息及农户、业主流转意愿并进行分类,利用农村土地流转信息发布栏和网络等平台,向大众发布土地流转信息。第三,利用各种平台开展招商引资活动,成规模地向外推出有流转意向的土地,并主动邀请符合条件的业主参与土地流转。第四,搭建流转平台,评估土地流转价格,核实流转主体的资质和流转的内容,指导土地流转合同的签订。第五,审查土地流转内容、程序、用途的合法性及资料的完整性,对申请鉴证的依法鉴证,并进行备案、管理有关档案。第六,支持业主和大户发展农业生产,对其生产经营中遇到的具体问题提供帮助,增加流转土地农民收入。第七,对流转合同的履行进行监督,切实维护流转双方的合法权益,并建立相应的土地纠纷调解制度。

三、国内农地流转模式总结及适用性分析

(一)国内农地流转模式总结

我国现有的农地流转模式按照参与主体不同可以总结为农户间自由流转模式、政府或集体主导下中介组织参与模式、市场主导下中介组织参与模式三种。

1. 农户间自由流转模式

农户间自由流转模式主要有出租、转包和互换几种形式。其中互换只是双方交换了农地使用权,并不改变原有的农地承包经营权,不是严格意义上的农地承包经营权流转,本书不作分析。出租和转包是农户将农地承包经营权转让给另外一方,有利于农地规模化经营,属于本书研究的范畴。

(1)出租是指农户将农地承包经营权在约定期限内出租给其他主体(农户、集体或其他经济组织)从事农业经营,并从承租主体那里获得租金,原农地承包权并不发生变化。按照是否收取租金可以分为有偿出租、无偿出租和倒贴出租,由于对农户抛荒农地不再处罚,倒贴出租形式也逐渐消失。目前,农户间农地出租形式主要以农户将承包农地出租给亲戚、朋友、邻居和同村农户为主,这是农地流转的初始模式。

(2)转包是指农户将全部或部分农地承包经营权转让给集体内其他农户代为经营一段时间,在这个期限内原农地承包关系不变,双方约定好权利和义务。我国大多数农地流转以转包为主,期限具有不确定性,但一般至少

一年。转包方可以向接包方收取转包费,有时候也会以一定比例的农产品代替。

转包与出租的不同之处在于:一是农户出租农地承包经营权,收取的是租金,而农户转出农地承包经营权收取转包费,转包费有时候用农产品代替,比如转包方和接包方各自得到一季农产品;二是转包比出租农地流转双方关系复杂,出租双方是单纯的市场交易关系,而转包双方夹杂着过多的人情关系,转包比出租的契约稳定性差。

2. 政府或集体主导下中介组织参与模式

政府或集体主导下中介组织参与模式是指在农地流转过程中政府或村集体作为中介方参与农地承包经营权交易,政府或村集体承担组织、协调、管理和监督交易双方行为的职责。比较有代表性的是反租倒包和农地集体股份合作制。

(1)反租倒包是指政府或村集体将农户农地先租过来,然后再将的农地转手承包或出租给其他农业经营主体,并从中间获得差额利益。由于农户分化导致农户转出农地意愿不一致,按照农户意愿转出的农地并不集中,呈现零碎和分散化。由于一般的经营主体依靠自己的力量很难租到连片集中的农地,在谈判和协商过程中交易成本过高。政府或村集体通过组织与协调农户,将能够流转的农地集中起来,再将农地租给其他经营主体(一般为专业经营大户),起到了中介组织的作用。政府或村集体通过反租倒包的模式推动农地流转可以从中获得部分经济利益,有利于基层公共设施建设和改善农业基础设施,当然也有部分地区政府和村集体并未将这部分经济利益用于农村和农业发展方面。

(2)农地集体股份合作制是指政府或村集体将所属成员的农户农地集中起来,按照农户承包农地数量将其经营权折算为股份,政府或村集体再代表农户选择农地转入方(专业经营大户或企业),并参与管理与监督农地生产经营。农户可以凭借其农地承包权获得股份,并按照股份多少进行分红。农地集体股份合作制相当于农户以农地承包经营权入股将农地交予集体,集体再处置农地获得报酬向农户分红。集体处置农地分为两种方式,一是直接寻找专业化农业经济组织,入股该组织并参与管理与监督农业生产经营;二是将集中后的农地入股第三方农地运作机构,该机构将农地放到农地市场进行交易获得报酬,再向集体和农户进行分红(如图7-1所示)。

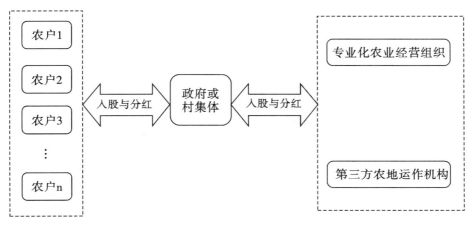

图 7-1　农地集体股份合作制农地流转模式

3. 市场主导下中介组织参与模式

市场主导下中介组织参与模式是指为满足农地流转市场需求自发建立的中介组织,为农地流转双方提供专业服务。这样的农地流转中介组织不同于政府或村集体主导下的中介组织,不存在行政强制性,主要的形式有市场化股份合作制、纯服务性中介组织和土地信托等。

(1)市场化股份合作制是指农户自发成立合作社,农户以农地承包经营权入股合作社,合作社再以农地承包经营权入股龙头企业,也即是"龙头企业+合作社+农户"的农地流转模式。这种股份合作制中介主体不是政府或村集体,而是农户自发成立的合作社,在管理上具有去行政化和现代化企业管理等特征。在保证原有农地承包关系不变的前提下,农户以农地承包经营权入股,龙头企业以资本入股,合作社运用现代企业管理方式经营,组织结构包括股东代表大会、董事会和监事会等,分配中农户可以获得保底租金和分红。这种"龙头企业+合作社+农户"的方式在全国一些地区已经存在,并没有统一的模式和经验,仍然在不断探索中,但与农地集体股份合作制相比具有较强的市场性,更符合各方主体的经济利益。比较有代表性的是浙江省农村土地股份合作社模式。

(2)纯服务性中介组织是指市场化中介组织只提供农地流转相关的服务,比如信息公告、法律咨询、合同管理、农地抵押、拍卖等服务。纯服务性中介组织市场化运作一般以农地交易所形式进行,以农地确权为前提,农户将确权登记后的农地承包权在当地交易所挂牌,交易所代替农户寻找转入方并协商谈判,农户从中获得收益。虽然这种中介组织以市场主导为主,但往往需要政府和村集体介入确定农地产权和规模化集中农地。比如成都农村土地确权流转交易模式。

（3）土地信托是指在农地承包关系和产权不变前提下，农地信托服务中介组织接受农户委托代为处置农地的一种流转方式①。2013 年 11 月 7 日"北京信托土地流转信托计划"出炉，采用的是双合作社的设计，即"农地合作社+专业合作社"的模式。首先需要将拟信托农户农地经营权确定到户，农户再以农地经营权入股"农地合作社"，农地合作社以委托人身份将农户农地经营权在北京信托设立财产权信托。同时本村专业经营大户成立"专业合作社"，北京信托将"农地合作社"的农地经营权租赁给"专业合作社"，专业合作社的股东均为本村村民，员工也是村民，可以解决部分农村劳动力就业问题。北京信托向"农地合作社"成员发放监管部分批准的"农地收益凭证"，可以永久收益、转让和继承等。农地合作社成员收益由"固定收益+浮动收益"组成，北京土地信托公司负责监督专业合作社经营。

在以上几种市场主导下中介组织参与模式中依然有政府与村集体的影子，但政府与村集体已经不是农地流转的主导，仅仅在农地流转过程中承担确权、协调和服务的角色。

（二）不同农地流转模式的适用性分析

同种农地流转模式会因不同的农地流转供求状况而产生不同的经济效应和社会效应，会对农业现代化发展过程中农民利益、农业发展与农村经济发展产生不同影响。不同农地流转模式在同种农地流转供求状况下呈现的经济效应和社会效应也会存在差异，也即是不同农地流转模式适用于不同农地流转供求状况。

本书借鉴刘莉君使用的模糊综合评价方法估算农地流转综合绩效②，从经济绩效和社会绩效角度分析不同流转模式针对农地流转供过于求、供不应求和供求均不足三种区域的适用性。

1. 农户间自由流转模式的适用性

农户间自由流转模式主要是出租和转包形式，这种模式的优点在于具有灵活性和收益稳定的特点，但农地流转具有分散性和随机性。出租与转包一般发生于亲朋好友或邻居之间，流转行为缺乏规范性，基本没有正式的契约文件，以口头约定为主，由于违约的随机性导致交易成本较高，无法形成集中成片的农地规模化经营。这种农地流转模式可以保障转出农地农户

---

① 岳意定、刘莉君：《基于网络曾梓分析法的农村土地流转经济绩效评价》，《中国农村经济》2010 年版第 8 期。

② 刘莉君：《农村土地流转模式的绩效比较研究》，中国经济出版社 2011 年版第 159—180 页。

的长期利益,农户可以随时收回所承包农地,但由于不能获得农地规模效益,农户转出农地获得收益较低。这种模式无法从根本上解决农地分散式小农经营方式,不利于农业规模化、产业化和专业化经营

这种模式主要适用于农地流转供给不足的区域。虽然全国很多地区普遍存在农户间自由流转的农地出租和转包形式,但从农民收益、农业发展和农村经济发展角度考虑这种模式适合于农地流转供给不足区域。由前面分析可知,农地流转供给不足主要是因为非农就业收入较低、自营农地机会成本低和农地社保心理造成的,由于劳动力异质性导致大部分农户不愿意转出农地,少部分农户供给农地不易形成集中规模化农地流转。从转出农地农民收益、农地利用效率和农业发展角度考虑,农户间农地流转模式更适宜少量和分散农户供给的区域,可以保障农户利益和充分利用农地资源。

2.政府主导下中介组织参与模式的适用性

政府主导下中介组织参与模式主要指反租倒包和农村集体股份合作制,这两种农地流转形式均是农户将农地交予政府或村集体处置,农户从政府或村集体那里获得租金或分红。这两种农地流转模式均有利于农地集中与规模化经营,流转具有规范、长期和稳定等特征,有利于农业专业化和产业化经营。但现有的反租倒包和农村集体股份合作制成功的案例中,部分地区出现政府或村集体强制农户转出农地的情况,而且普遍存在政府或村集体处置农地和分配农地收益不透明和不规范的情况。有些政府或村集体采用反租倒包的方式低价回收农户农地高价租出,获得地租差价,并不考虑增加农民利益问题,这违背了不损害农民利益的农地流转原则。农村集体股份合作制模式与反租倒包相比更加尊重农户流转农地意愿,但由于集体股份合作组织一般在政府或村集体行政管理下经营,也不可避免存在强制农户意愿、利益分配不透明和改变农地用途等诸多问题。

反租倒包和农村集体股份合作模式适合于农村劳动力非农转移比重较高,农户转出农地供给意愿比重也较高,内部农地转入需求相对不足的区域。这两种模式适用于农户转出农地意愿比重较高的地区,农村劳动力非农就业收入较高和自营农地机会成本偏低。在这些区域一般农地供给充足,内部转入需求不足。由于并非集体内部所有农户均愿意转出农地,仍有少量农户不愿意转出农地,而且内部转入农地需求不足,需要政府或村集体协调农地集中和规模化流转,所以反租倒包和农村集体股份合作模式更适用于这种状况。但这两种模式市场化程度较低,是农地流转市场化的过渡阶段。

3.市场主导下中介组织参与模式的适用性

市场主导下中介组织参与模式与政府或村集体主导下中介组织参与模

式的主要区别在于市场力量起主导作用,政府或村集体力量是协调作用。这种模式实现了农地流转的市场化交易和现代企业管理化经营。将农户农地承包经营权转化为财产收益权,使农户获得了保障性的农地收益,呈现了农户与农地分离的农地保障功能。这种模式下的股份合作形式和土地信托形式都是基于农户自发成立合作社,农户作为合作社股东,具有对处置农地和收益的决定权,同时保障农地经营过程中不改变农业用途,保障农户利益、促进农业适度规模经营和实现农村经济发展等目标。

市场化股份合作社、纯服务性中介组织参与模式和土地信托模式适合于农地流转供给与需求均较为充足,农地流转市场比较活跃的地区。这些地区一般在城镇远郊地区或者农村劳动力非农化程度较高的地区。这些地区工业化水平较高,就业机会较多,农村劳动力非农就业相对稳定和自营机会成本相对较高,农户普遍愿意转出农地,农业专业经营大户转入农地需求充足。由于农户普遍愿意转出农地,农地流转可以集中化和规模化,农户自行成立合作社以农地经营权参与市场交易,可以自行掌控农地处置和收益状况。这种模式的市场化程度较高,适用于农户普遍转出农地和专业经营大户需求农地的区域。

第二节　农业现代化目标下农地流转机制构建原则与目的

一、农业现代化目标下农地流转机制构建的原则

农地流转是基于农村劳动力非农转移背景下为了实现农业现代化而推进的,所以在推进农地流转过程中要以农民利益、农地资源有效利用和农业持续发展为原则。

(一)保障农民权益原则

农地流转过程中保障农民利益是最根本的原则,在坚持农地公有制不变的前提下,农地流转要以遵循农民意愿为基础,保障农民的农地承包权和收益权,重视增加农民收入。由于农户分化、农地异质和区域分异性,以农户为决策单位农地流转供给意愿会存在个体差异,导致农地供给具有分散性和零碎性,达不到农地流转需求方对农地集中化和规模化的要求。在这样的条件下一些政府或村集体强制农户流转农地,甚至出现强制回收剥夺农户农地承包权的情况,容易造成农户失去农地后无稳定的收入来源,农民权益得不到保障。在农户自愿流转农地的情况下,现实中也存在政府或村集体处置农地利益分配不公平和不透明的情况,经常也会发生转入农地需

求方经营农地不善导致农地质量恶化和不向农户分配利益的情况,这无疑损害了农民权益。

推动农地流转一定要基于农村劳动力非农转移,农户非农就业收入比重增加是其转出农地的必要条件,所以农地流转不能不顾农村劳动力非农就业状况强制收回农户农地。在推动农地流转过程中要考虑转出农地后农村劳动力就业问题,重视农民的长期收益,要达到农地流转后农民长期收入增加的效果。在遵循农民流转农地意愿的前提下,要规范农地流转市场,逐步建立市场化流转机制,农户拥有农地处置的决定权,能够参与或监督农地经营与管理,建立公开透明的利益分配机制。

(二)农地资源有效配置原则

从经济学角度分析,推动农地流转就要遵循农地资源有效配置的原则。在农村劳动力非农化背景下,大多农户兼业已经进入了以非农为主和以农业为辅的阶段,农地利用效率下降。部分农户经营农地方式已经完全改变了以农业为主时期的精耕细作,并不依据市场需求经营农地,其选择的经营方式和农业结构带来的并不是最高产出水平,不符合资源最优配置的原则。当非农收入成为农户家庭主要收入时,增加农地经营收入和提高农地利用效率已经不是农户首要考虑的问题,农地利用不受重视势必导致利用效率低下。

通过农地流转可以增加农地经营者对农地利用效率的重视程度,经营者可以迎合市场需求改变经营方式和农业结构,提高农地的边际效益,促使农地资源有效配置。但是,已经发生的农地流转中却存在农地利用效率并未得到提高,甚至出现农地资源闲置和破坏的现象。在调研中发现,河南省某县某镇曾发生一个企业向农户承包了300亩农地经营药材,该企业并没有对农地进行科学经营,最后造成农地荒芜了5年之久,导致农地质量的恶化,究其原因是该企业目的并不是为了经营农地而是为了套取政府补贴。所以,推动农地流转过程中要以农地资源有效配置为原则,真正做到促进农业发展。

(三)市场化但不改变农业用途原则

我国现行耕地红线是18亿亩,自从2009年国家提出并实行保障耕地红线制度以来,不可触碰耕地红线一直是农地制度改革和农地流转的底线。本书构建农地流转机制也要基于保障耕地红线这一原则,在研究过程中不涉及农地用途改变问题,机制设计以不改变农地用途为基本原则之一。农地流转需求方为了提高农地收益率往往会改变农地用途,将农地用于非农用途,比如用于工业用途,或者打着观光农业招牌将农地非农化等。

农地流转过程必须立足于市场化原则,通过引导和均衡农地流转市场供给与需求力量,最终达到农地适度规模化经营。农地流转涉及劳动力、资本、土地、技术等要素的选择性流动,只有依靠市场力量才能有效配置这些要素,吸引高素质劳动力、资本和技术流向农业,实现农业现代化目标。推进农地流转市场化的关键是建立农地流转市场与农业相关市场中的价格机制,这一灵活的机制可以引导农地流转供求双方行为,同时引导农地经营遵循市场需求,充分利用农地资源与相关生产要素。所以,在设计农地流转机制时以引导供给与需求双方主体行为核心,同时要重点考虑生产要素流向农业和得到有效配置,以促进农业发展、农民增收为宗旨。

二、农地流转机制构建的目的

构建农地流转机制的目的是改变农地流转滞后的现状和促进农业发展。改变农地流转滞后需要增加农地流转供给与需求,并引导二者趋于均衡;促进农业发展就要走规模化和专业经营道路,逐渐引导农地流转集中化和规模化。

(一)促进农地流转市场供给与需求均衡

由前面分析可知,农地流转滞后的直接原因是供给不足、需求不足或二者均不足,所以构建农地流转机制的目的之一就是要增加农地流转的供给与需求,并促使二者达到均衡。由于农户分化、农地异质和区域分异性,农地流转供求状况呈现复杂性,农地流转机制的构建并不是简单地增加供给或需求,解决途径应具有针对性和多样性。在现有农地制度不变前提下,农地流转市场中供给方与需求方行为主要受经济利益影响,农户选择转出农地与否主要与其自营农地收入及其机会成本有关,这要与农户非农就业收入和农地长期收益有关;转入农地需求者行为主要受转入农地投入回报与其机会成本影响,不同的需求类型由于投入要素不同导致影响因素存在差异。

所以,本书在构建农地流转机制时首先要对农地流转供求状况进行分类,然后再根据农地流转供求影响因素,结合现实困境,设计出针对性的解决方案。

(二)促进农业规模化和产业化经营

推动农地流转仅仅从数量增加农地的供给与需求并不是最终目的,增加农地流转的数量是发展农业的基础,最终的目的是实现农业规模化和产业化经营。这要求在推动农地流转过程中不仅仅注重数量,还要重视农地的集中化和规模化流转。由于农户分化、农地异质等原因,虽然农地流转数量在增加,但仍然呈现分散化和零碎化。这种农地流转的分散化和零碎化不利于农业现代化所要求的规模化和产业化经营,也不利于农业技术的使用和推广,不利于农业劳动效率提高。

从农业发展的角度考虑,构建农地流转机制的另外一个目标就是促使农地集中化和规模化,满足农业规模化和专业化经营的需求。农地流转集中化和规模化需要政府或村集体、中介组织参与,转入农地需求方应为专业经营大户(或企业),农业经营模式需要增加资本投入和技术投入,提高农业经营效率和收益率。农地集中化和规模化流转只是一种方向,并不是一概而论地强求农地集中,依然要遵循农户流转农地意愿,采用循序渐进与积极引导相结合的策略推动农地流转走向集中化和规模化方向。

所以,本书构建农地流转机制要以均衡供给需求,增加流转数量和集中农地规模化经营为目的,增加农地流转供给与需求是机制实施的必要途径,在遵循农户流转意愿的条件下集中农地和规模经营是最终目的。

第三节　农地流转递进式发展机制构建

由于我国农地流转复杂性和供求状况的多样性,而且存在农户分化、农地异质和区域分异等特征,构建农地流转机制需要考虑到这些因素。基于农地流转供求意愿条件和农地流转供求状况,为达到农业现代化发展目标,本书从政策支持、外部推动和引导机制方面介绍构建递进式发展机制。

一、完善农地确权登记颁证制度和后续相关制度

虽然我国农地确权登记颁证工作从 2008 年已经开始实施,并且在 2013 年中央一号文件中再次表明 5 年内基本完成。但在实际实施过程中却存在诸多难题,进展并不顺利,并且也存在农地确权颁证的一系列后续问题[①]。

农地确权与登记分别属于不同部门,由国土部门进行农地所有权确权登记,农业部门进行对农地承包经营权进行登记,二者登记结果会有较大的出入。农地集体产权发证主体也不明确,国土部门仅仅将农地所有权确权到村一级,由村委会代为登记,产权证书由村集体代为保管,农户并没有得到作为财产凭证的产权证书。农户的农地承包经营权仅仅在农业部门登记过程中得以体现,但这一权利并不能进行抵押、担保、转让等操作。这样的确权登记颁证并没有达到中央确定的产权清晰、归属明确、流转顺畅和保护权益的宗旨。

农地确权登记未引起基层部门的重视,基层工作积极性不高。特别是

---

① 汪洋:《农村集体土地所有权登记研究——以四川省宜宾县为例》,中国地质大学博士学位论文 2013 年版。

基层组织和农户认为确权登记工作并没有什么用处,农地所有权仅仅确权到村,产权并未到户,依然存在产权不清晰,对促进农地流转作用不大。与此同时部分农户担心农地调整,也有一些农户担心以后农地不再调整,由于很多地区 1996 年以后出生的家庭成员并没有农地承包,牵涉到农户利益得失问题,容易激发矛盾,确权登记工作在部分农村受到抵制。

农地确权登记过程中存在经费不足和缺乏专业工作人员等问题。农地所有权确权到村相对容易,但农地承包经营权要确权到户,需要大量的工作人员和相关专门机构来运作,需要大量的专门经费。同时这些工作多是由基层部门工作人员完成,工作流程包含调查、宣传、解释、影像、绘图、信息录入等 14 个程序,需要专业的工作人员,但农村基层部门机构和专业人员都较为缺乏。再加上中央确权经费未兑现,以及地方政府专项经费无法落实,导致农地确权登记颁证工作举步维艰,进展缓慢。

推动农地流转不仅仅是对农地确权登记并颁证就可以了,还需要后续相关政策的完善。农户农地确权后的登记面积与二轮承包农地面积出现偏差的并没有明确的处理办法和标准,农户针对多出的面积要求确权并增加收益(国家补贴或者地租),缺乏一个明确的处置办法。后续问题中最为关键的是农户农地经营权虽然确权了,但没有相关的制度保障和规定农户凭此经营权证可以进行入股、抵押、担保等,农地并没有因为农地确权而流转起来。安徽部分地区已经完成了农地确权登记颁证,但对这些地区县、乡和村干部调研的结果显示,农户凭此权证进行入股、抵押很难。即农户农地承包经营权并没有达到财产性收益的功能,所以需要进一步探索和完善农地所有权、承包权和经营权分离的农地制度。

所以,要完善农地确权登记颁证制度首先要落实这项工作所需经费;成立所需的专门机构和引进相关专业人员;做好向农户的宣传解释工作,争取基层组织和农户的支持;制定确权过程中出现的多种问题的解释标准和解决办法;进一步完善确权登记颁证的后续工作,制定和出台能够促使农户农地经营权实现财政收益功能的法律法规和制度。

二、针对农地流转供给不足构建农户供给意愿转化机制

我国某些地区或局部区域存在农地流转供给不足,即这些区域农村劳动力非农转移后转出农地供给比重较低。当前保障农户农地承包权的政策和逐步健全的农村社会保障会减少农户的农地保障心理,农户转出农地供给意愿将取决于其自营农地收入与其机会成本的大小。随着自营农地机会成本增加,农户转出农地供给意愿会得到提高,逐步增加这些地区农地供给比重。针对农地流转供给不足状况本书提出通过三种途径结合实施逐步提

高农户供给农地意愿(如图7-2所示)。

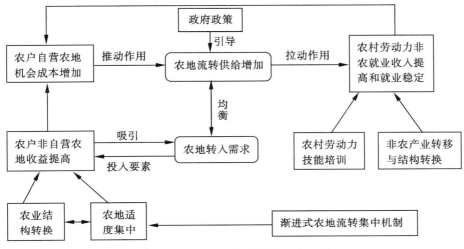

图7-2　增加农地流转供给实施机制

由前面对农地流转供给的影响因素和推动农地流转的困境分析可知,农地流转供给不足主要是农户的农地保障心理、非农就业收入低和就业不稳定以及自营农地机会成本较低等原因。基于提高农地流转比重和农业规模化经营的目的,本书提出以下三种途径结合实施。

(一)政策引导农户供给农地的心理

单纯从农户对农地的依赖心理考虑,农户认为农地能够带来长久的稳定收入和生活保障,农户担心转出农地经营权后失去农地承包权,进而失去农地收益权。如果能够保障农户的农地承包权和收益权,那么农户在心理上将会增加转出农地的积极性,农户通过比较流转农地前后的收益状况来决定是否转出农地。所以,要推动农地流转市场化,必须首先在政策、法律和制度层次引导增加农户转出农地。

2013年我国中央一号文件明确表明要在5年内基本上完成农地确权工作,要准确清晰登记农户承包的农地面积,同时向农户颁发农地承包权证。农地确权登记颁证工作其实从2008年已经开始启动,存在进展难度很大和实施成本较高等问题,主要缺乏相关统一的法律法规制度和实施标准。针对农户的农地承包权不仅仅是登记确权颁证,确权后更应该能够保障农户的这项权利,国家应该出台相关的配套政策和法律,能够让农户感受到农地承包权的稳定性和收益性政策。只有农户切实感受到了农地确权登记带来的好处,农户彻底放下对失去农地承包权的担忧,才能参与流转农地经营权。

　　除了政府建立和完善农地确权登记颁证制度能够增加农户转出农地供给意愿外,完善农村社会保障制度也能够促使农户摆脱农地依赖心理。农村社会保障覆盖率较低和保障水平较低加剧了农户的农地保障心理,他们将农地视为未来收入的保障,特别是自己将来生活最基本的保障。我国目前农村养老保障体系逐渐建立和完善,但保障水平较低,其他社会保障的参与率和覆盖率并不高。在农村社会保障不健全条件下,农户依然将农地视为年老时的收入保障。

　　所以,政府应通过出台政策和相关法律保障农户农地承包权与收益权,以及健全农村社会保障制度,改变农户的农地保障心理,促使农户视农地为保障的心理转化为财产收入心理。只有农户完全将农地视为一种财产,并仅考虑这种财产收益状况时,才能通过市场化机制推动农地流转市场化。

(二)提高农村劳动力非农就业收入和就业稳定性

　　农村劳动力非农就业收入水平和就业稳定性决定了农地对农户的重要性,稳定的非农收入占农户家庭收入比重越高,农地对农户的重要性越低,农户转出农地意愿相对越高。从农业现代化目标角度考虑,推动农地流转要基于农村劳动力非农就业的稳定性,不然农村劳动力失去农地经营权后会仍然停留在农村,会导致农业发展停滞不前和农地流转的反复性,也不利于推动城镇化和工业化发展。

　　提高农村劳动力非农收入水平和就业稳定性需要从两方面入手,一是对农村劳动力进行技能培训;二是非农产业向中小城镇转移和产业结构转换。由前面章节分析可知,我国农村劳动力人力资本处于较低水平,其在非农就业过程中很难整体上达到较高收入水平和就业稳定的状况,大多数农村劳动力非农就业呈现流动性和不稳定性,就业途径一般也是非正式的亲邻帮带介绍。农村劳动力在非正式劳动力市场中获得的工作往往具有短暂性,和企业形成的劳动关系并不牢固,具有较强的随意性和非正式性。提高农村劳动力非农收入水平和就业稳定性需要其进入正规劳动力市场获得岗位,参与正规劳动力市场职位竞争需要提高农村劳动力人力资本水平。提高农村劳动力人力资本水平的途径有增加农村教育投入和对农村劳动力进行技能培训。增加农村教育投入可以改变现有的城乡教育投资失衡状态,整体上增加农村劳动力人力资本水平,特别是增加高学历劳动力比重,较高的学历有助于获得较为正式和稳定的非农岗位。针对学历水平相对较低的农村劳动力应该对其进行技能培训,本书对河南省调研发现样本中希望得到培训机会的农村劳动力比例达到82%,这说明技能培训在农村劳动力群体中式存在较高需求的,接受培训后可以提高他们的非农就业收入以及就业稳定性。

农村劳动力非农就业状况还受非农产业结构的影响,非农产业结构提供的就业岗位与农村劳动力就业能力不匹配,非农产业转移方向与劳动力流动方向不一致,这两种情况均会导致农村劳动力非农就业不稳定和失业现象。由于大中城市具有较高的生活成本,而且远离大多数农村劳动力家乡,形成了农村劳动力在大中城市获得非农收入再回农村老家居住的现象,造成了其非农就业具有较强的流动性和不稳定性。所以,非农产业应向中小城镇转移,同时在中小城镇重点发展与农业发展相关产业,就业岗位能够与农村劳动力就业能力相匹配,形成农村劳动力不改变居住地仍能稳定地非农就业局面。

(三)通过渐进式动态农地集中机制增加农户自营农地机会成本

提高农村劳动力非农就业收入水平和就业稳定性不仅能够对农户供给农地意愿有拉动作用,还能增加农户自营农地机会成本,特别是农户家庭中劳动力完全非农就业,即自营农地无闲置劳动力。农户自营农地机会成本大小不仅仅与家庭中有无闲置劳动力、非农就业收入和就业稳定性有关,还与转出农地后获得收益相关。随着转出农地后获得收益(地租或分红)增加,农户自营农地机会成本便会增加,农户转出农地意愿便会增强。

农户转出农地后能够获得较高的收益,取决于转入农地需求才能够获得较高经营收益,这需要农地规模化和集中化经营,获得规模效益,同时要改变农业经营结构,以便获取更多高的农业比较收益。然而,在农地流转供给不足的地区,供给农地具有分散性和零碎性,供给农地农户更乐意于在农户间流转农地,虽然获得的地租较低,但交易成本更低、风险更小。要想逐步转化农户意愿,增加农户转出农地比重,并且形成集中化和规模化农地流转,必须先通过一定程度的农地规模化经营提高地租或分红。本书提出了渐进式动态农地集中机制,首先集中部分供给农地形成规模化农地经营,通过转变农业结构获得较高农业收益,提高供给农地农户地租或分红,逐步转化其余农户意愿,实现农地适度规模经营目标(如图7-3所示)。

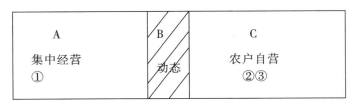

图7-3 渐进式动态农地集中机制

渐进式动态农地集中机制是指在一定的区域内(比如自然村范围内)将根据农户流转农地意愿和农地集中规划结合起来,达到逐步增加农户供给农地意愿和农地规模经营的目的。以一自然村为例,假设村内农地面积一定,在农户农地承包权不变条件下按照农地流转意愿和从业状况将农户分为三类:①愿意转出农地,以非农劳动为主;②不愿意转出农地,以非农劳动为主兼营农业;③不愿意转出农地,以农业劳动力为主。然后村集体根据农户不同的农地流转意愿对全村农地进行重新规划,分成 A、B、C 三个区域(如图7-3所示)。其中 A 区域为农地集中规模化经营区,C 区域为农户分散经营区,B 区域为满足农户意愿变动的动态调整区域,在一个土地使用周期内 B 区域属于 A 或者属于 C。

　　村集体将愿意转出农地农户①的土地集中到 A 区域,集中方式可以采用集体租用、入股等方式,农户在该区域只有农地承包权而无清晰的农地界线;农户类型为②和③的农地集中于 C 区域,依然按照农户意愿采用分布式家庭经营方式,且有清晰的农地界线;在 A 和 C 区域之间设置一个模糊的 B 区域,用于在一个农地流转周期内处置农地流转意愿变动农户的土地。对 A 区域的农地村集体可以采用一定的农地流转模式,比如出租、转包、入股等方式交与专业经营大户(或企业)经营,通过转换农业结构和规模经营,获取农业规模效益,增加农户转出农地后得到的租金或分红收入。随着转出农地农户得到租金或分红增加,再加上农户非农收入水平提高,会增加农户自营农地机会成本,促使农户类型②向①转化,A 区域农地集中面积增加,可以逐步实现农地适度规模经营。农户类型③在受非农就业状况的影响下会向②转化,或者停留在原来类型。随着渐进式农地流转机制实施,农户类型①将占据农户数量的大部分,剩余的农户类型③可以参与农地规模化经营,成为农地转入需求者。

　　实施渐进式动态农地集中机制可以提高农业经营规模化程度,提高土地地租,提高土地自用机会成本,但关键问题是需要部分农村劳动力将土地交与集体经营。调查数据显示,328 个调查对象中有 165 个农村劳动力愿意将土地交与集体经营,占到 50.3%,随着地租的提高这一比例也将会越来越高。但他们担心土地收益透明、分配公平、土地管理及监督等有问题。

　　加强劳动力培训教育可以提高其在城市的永久性收入和提高自用土地机会成本。调查数据显示,进城务工农村劳动力中无一技之长者占 29%,自学技能比例为 40%,希望社会提供培训机会的比例为 82%。这说明劳动力对培训需求较高,社会提供培训机会较少。

　　产业向中小城镇转移可以增加农村劳动力就业和降低城市生活成本。调查数据显示农村劳动力将来打算回乡就业的比例占 57.9%,认为在本地找工作比较困难的比例有 67.9%。近年来中部地区承接产业梯度进程加快,同时劳动力本地就业具有低成本比较优势(蔡昉,2009),那么产业向中小城镇转移就具有可行性。但要想促使产业转移和劳动力迁移趋向于中小城镇,还需要完善中小城镇的基础设施。

这种渐进式农地集中机制是通过改变农村劳动力选择行为,逐步实现增加农地供给和农地适度规模经营的目的,但需要与前面分析的政府政策引导、农村劳动力技能培训、非农产业转移和转换等结合实施。

三、针对农地流转需求不足引导和培育新型农业经营主体

我国部分山区、丘陵或者农地质量较差的区域,以及农村劳动力非农收入较高的地区存在农地流转需求不足造成的农地流转滞后状况。农地流转需求不足的主要原因是对现有的农地需求主体而言农地比较利益较低和农地过于分散。所以,增加农地流转需求需要从这个几个方面着手,一是政府或村集体组织农地集中平整与完善农业基础设施;二是培育新型农业经营主体(如图 7-4 所示)。

(一)集中平整农地和完善农业基础设施

农地流转需求不足和供给相对充足的地区,农户不具有自发成立合作社处置农地的积极性,需要政府或村集体组织处置农地。首先政府要对农户承包的农地进行确权登记并颁证,保障农户农地承包权稳定。然后政府或村集体采用租用或入股的方式集中农户农地,并对农地进行平整处理。并根据各区域农业产业特征加大农业基础设施投入,完善农业生产经营的配套服务体系,为农业经营过程中要素供给、生产、流通等环节提供全面服务。

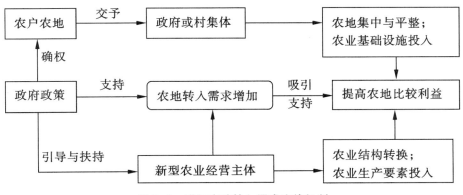

图 7-4　增加农地转入需求实施机制

在山区、丘陵或者农地过于分散的地区不利于农地规模化经营,或者是一些地区农业基础设施过于落后,这些都会增加农地流转需求方经营农地成本,或者不利于农产品参与市场交易和流通。特别是一些信息闭塞、交通不便、位置偏远的山区或丘陵地区,农地经营成本和农产品流通成本偏高,本地农户转入农地意愿较低,同时对外部资源流入也无吸引力。要改变这种状况就需要政府或村集体承担一部分农地平整和农业基础设施投入职能,逐步吸引内部和外部农地流转需求者转入农地。

政府或村集体在平整农地与增加农业基础设施投入过程中可以与第三方组织合作,第三方组织可以是中介组织或者是转入农地的经营者。合作方式可以采用入股方式,政府或村集体以集中后的农户农地经营权参股,第三方组织以投入资金或农业实物资本形式参股,双方共同承担农地平整与农业基础设施投入,然后根据农地经营收益状况进行分红,政府或村集体再向农户分红。

(二)政府积极引导和扶持新型农业经营主体

针对农地流转需求不足的区域,政府或村集体进行农地平整和增加农业基础设施投入外,政府还要积极引导和扶持新型农业经营主体。新型农业经营主体的"新型"主要体现在两方面,一是利益分配方式新型化;二是农业经营结构的合理化。本书在安徽省肥东县某镇调研过程中发现大面积农地抛荒现象,农户内部转入农地需求不足,农户并不指望农地带来收益,前期甚至还出现农户出资请别人代耕的现象。在农户对农地收益要求不高和转入农地需求不足的情况下,转入农地的专业经营大户(或企业)可以和农户建立一种利益共享的合作方式。专业经营大户(或企业)根据农地经营状况向农户分配利益,并不承担固定地租或分红支出,这样可以降低转入农地需求者经营农地成本。当然吸引专业经营大户(或企业)仍然是农业比较收益,政府应该引导和扶持这些新型农业经营主体发展具有地方特色农业,打破以往的传统农业形式。

在农地供给不足和需求充足的地区,农户转出农地后获得收益的方式一般为租金或者是固定收益加分红,也即是不管农地经营者收益状况如何,供给农地的农户均可以得到一定的固定收益。在农地流转需求不足和供给充足的地区,供给农地农户对转出农地得到的收益要求不高,转入农地需求者不愿意承担太高的固定经营成本,建立双方利益共享的合作方式是必须的,农地经营者获得农业收益后按照双方股份状况向农户分配利润。

增加农地流转需求的关键是农地经营者能够获得较高的农业比较收益,需要农业经营者转换农业经营思路,摆脱传统的农业经营观念,可以发展生态农业、观光农业、特色农业等新型农业结构方式。同时发展农业产业化和增加农产品附加值,通过改变农业结构提高农业比较收益,才能真正吸引外部资源流向农业,促进农地流转市场良性发展。当然,在农地流转需求不足的地区培育新型农业经营主体需要政府的引导和扶持,政府应协调经营主体与农户之间建立新型合作关系,同时出台政策法规扶持这些经营主体良性发展,特别是在金融信贷、税收等方面给予优惠和扶持。

四、农地流转逐步向市场化目标转化

虽然我国农地流转整体上比重较低,但部分地区已经形成了一定规模的农地流转,这些地区农地流转供给与需求均相对充足,更适宜采用市场主导下中介组织参与模式。在农地流转供给或需求不足的地区通过前面两种发展机制逐步实现供给与需求增加,在这个过程应该采用多种农地流转模式混合发展,但发展的过程应该递进式向市场化方向转化。

在农地流转供给不足的区域实施农户选择行为转化机制过程中,一定要遵循农户流转意愿,可以实施农户间自由流转模式与政府或村集体主导中介流转模式并行。在渐进式动态农地集中机制中农户依然可以在农户自营区域(C区域)选择农户间自由流转,流转后仍采用家庭分布式经营。通过对集中区域农地的规模经营提高地租或分红,逐步吸引农户将农地流转向集中区域参与规模经营,在这个过程中应该允许多种农地流转模式并行。当集中区域农地规模达到适宜的程度时应走市场化道路,由政府或村集体主导转向市场主导下的中介组织参与模式,达到农地流转过程市场化和农地经营现代化企业管理模式。

在农地流转需求不足的区域,由政府或村集体与第三组织合作平整农地和增加农业基础设施投资,同时政府出台政策和相关法规引导和扶持新型农业经营主体转入农地。这个过程实质上促使农业比较收益由低向高转化,实施过程中也要遵循农户流转意愿,应允许农户间自由流转模式的存在。通过市场机制吸引农户参与集中规模化经营。当农业比较收益得到提高后,农地流转需求逐渐充足后,政府或村集体应承担主要协调服务职能,农地流转与经营应该逐步由行政化主导转向市场化主导。在对农地平整和增加农业基础设施后仍不适合规模化经营的农地,比如部分地形独特的区域,政府或村集体应该鼓励和扶持农户继续经营,引导农户转换农业结构,提高农业比较收益。

对于农地流转供给和需求均充足,而且具备农业适度规模经营条件的区域,应该逐步推行农地流转市场化机制。农地流转市场化能更灵活、更充分地利用农地与农村劳动力资源,同时更能科学化、现代化地组织农地流转与经营农地。在农地流转市场化过程中应该建立合作社并充分发挥合作社作用。欧美国家发展经验表明合作社在农地流转与农业规模化发展中发挥了至关重要作用。农地流转市场化机制中政府或村集体需要转变职能,由原来行政干预农地流转和农业经营转变为提供公益性服务和发挥监督规范职能。具体的农地流转市场化机制实施过程(如图 7-5 所示)。

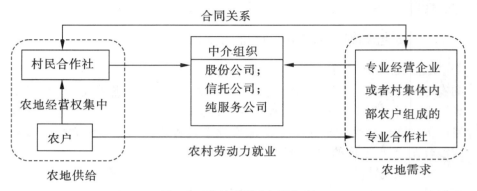

图 7-5　农地流转市场化机制

(1)农地供给方由农户成立村民合作社。农户自行成立村民合作社并将确权后的农地经营权以入股的形式集中委托给合作社处置,合作社以运作农地资源为主的企业形式存在。农户内部选出或者聘请专业管理人员进行运作,农户成立监督机构。村民合作社代替农户寻求农地需求者,并与之谈判建立契约关系,按照农地入股数量向农户分红。由于村民合作社有专门专业人员管理和运作,同时有村民代表进行监督,既能充分利用农地资源,又能保障农户权益。

(2)农地需求方主要是专业经营企业和村民内部农户组成的专业合作社。专业经营企业是一种独立经营的农地需求主体,具有法人资格,主要依靠资本投入进行农业规模化、产业化经营,与农地供给方有独立谈判的能力。现实中,农地流转中需求方不仅仅有专业经营企业,还有农村内部部分农户也有转入农地需求。这些单个农户谈判能力、经营能力均较弱,独立经营难以获得规模效益。所以,政府或村集体可以引导有转入农地需求的农户成立专业经营合作社,向合作社提供政策优惠和金融支持。农户组成的专业合作社可以共享农业机械设备、技术、信息以及其他资源,能够在各自独立经营下实现农业适度规模经营,降低农地经营成本,实现农业规模效益。

(3)农地流转供给方与需求方可以通过中介组织建立合同关系,也可以双方自行建立合同关系。无论哪种形式均是组织与组织的契约关系,完全摆脱个体与个体或者个体与企业传统契约关系,稳定了契约关系和增加了契约执行透明性。这种组织与组织的契约关系能够保障农户权益和体现农户意愿,农户可以完全脱离自己承包的农地,并以农地经营权获得财产性收益。同时部分农户可以到专业经营大户或者农户成立的专业经营合作社中继续从事工作,不仅解决部分农户就业问题,也增加了农户收入。通过中介组织更能增加农地流转是市场的竞争程度,农地需求者和供给者更能获得充分信息,能够更加充分利用农地资源。中介组织方式和服务可以不断创新,目前主要有信托组织、土地股份公司和纯服务性公司,农地流转供求双方可以选择适宜的中介组织形式。

本章小结

通过分析国外发达国家的农地流转模式,借鉴其成功经验;分析国内现有的农地流转模式,总结其不同状况下的适用性。基于农村劳动力转移背景和农业现代化目标,明确农地流转的原则和目的。最后,构建农地流转递进式发展机制,分多步和多元化实现农地流转市场化目标。

发达国家推动农地流转在遵循循序渐进的原则下采取了若干措施,主要体现为以下几点:政府立法规范农地流转市场;明确农地流转主体,并调动其积极性。农地流转要基于流转主体自愿原则,推动农地流转要明确流转主体,农地流转主体是农地流转市场中的供给者和需求者。明确了农地流转主体,就可以实施相应的政策调动其参与积极性;应鼓励和支持市场中介组织参与农地流转。

我国现有的农地流转模式可以按照参与主体不同分为农户间自由流转模式、政府或集体主导下中介组织参与模式、市场主导下中介组织参与模式三种。本书从经济绩效和社会绩效角度分析不同流转模式,针对农地流转供过于求、供不应求和供求均不足三种区域的适用性。农户间自由流转模式主要适用于农地流转供给不足的区域。政府主导下中介组织参与模式主要指反租倒包和农村集体股份合作制,适用于农村劳动力非农转移比重较高、农户转出农地供给意愿比重也较高、内部农地转入需求相对不足的区域。市场主导下中介组织参与模式,在于市场力量起主导作用,政府或村集体力量是协调作用,适用于农户普遍转出农地和专业经营大户需求农地的区域。

农地流转是基于农村劳动力非农转移背景下为了实现农业现代化而推进的,所以在推进农地流转过程中要以农民利益、农地资源有效利用和农业持续发展为原则。构建农地流转机制的目的是改变农地流转滞后的现状和促进农业发展,改变农地流转滞后需要增加农地流转供给与需求,并引导二

者趋于均衡;促进农业发展就要走规模化和专业经营道路,逐渐引导农地流转集中化和规模化。

由于我国农地流转复杂性和供求状况的多样性,而且存在农户分化、农地异质和区域分异等特征,构建农地流转机制需要考虑到这些因素。基于农地流转供求意愿条件和农地流转供求状况,为达到农业现代化发展目标,本书从政策支持、外部推动和引导机制方面构建递进式发展机制。主要包括:完善农地确权登记颁证制度和后续相关制度;针对农地流转供给不足构建农户供给意愿转化机制;针对农地流转需求不足引导和培育新型农业经营主体;农地流转逐步向市场化目标转化。

第八章

研究结论与政策建议

第一节 研究结论与研究展望

一、研究结论

自从 2003 年以来,随着工业化、城镇化快速发展农村劳动力大量转移非农就业,农村家庭收入大部分以非农收入为主。但是大部分农村劳动力转移非农就业后并未转出所承包的农地,形成了以非农为主兼营农地的农业经营方式。这种忽视农业的农村劳动力兼业经营方式,导致了农业劳动效率和农地利用率均低下的境况,阻碍了现代农业发展,与农业现代化发展目标相悖。农业现代化要求农地适度规模经营、提高劳动生产率和农地利用效率,推动农地流转成为必由之路。流转农地和非农就业是农村劳动力的两种相关选择行为,农村劳动力非农就业是农地流转的必要条件,研究农地流转要基于农村劳动力转移背景。所以,基于农业现代化目标和农村劳动力转移背景,研究农地流转具有一定的理论和现实意义。通过前面的分析,本书得出以下结论。

(1)农村劳动力转移是农地流转必要条件,但不是充分条件,需要外力推动农地流转。由总体与个体分析可知,我国农村劳动力转移与农地流转并不是简单的因果关系,并不是发展其中一个方面就可以推动另外一个方面。单纯推动劳动力向非农转移不并能实现农地规模化流转,因为存在劳动力个体差异。从总体上看,农村劳动力转移是农地流转的前提。农村劳动力转移非农就业是其选择流转农地的驱动力,非农就业改变农村劳动力以前全职经营农业的状况,使他们获得了农业收入之外的非农收入。随着农村劳动力非农就业转移数量增加,会增加部分劳动力流转农地的意愿,可以带动农地流转数量增加。从个体角度看,农村劳动力流转农地与否是由劳动力非农转移后的引致因素决定的。虽然总量上劳动力转移可以带动农地流转,但个体劳动力转移非农就业后不一定流转农地。影响农村劳动力流转农地的是其非农就业后引致的因素,比如非农就业收入水平、农忙家庭是否有闲置劳动力、获得社会保障程度、就业稳定性和自营农地机会成本等。虽然农村劳动力转移是农地流转的前提与原因,但农地流转滞后的现状说明农村劳动力转移并没有同步推动农地流转,农地流转需要外部力量推动。

(2)农地流转滞后农村劳动力转移,是由农地流转供给不足或需求不足或二者均不足造成。理论角度上农村劳动力转移非农就业与转出农地的影响因素存在差异,各自的动力并不完全相同,劳动力在两种行为的选择上并不一致,将可能呈现劳动力非农转移后供给农地不足,这是农地流转滞后农村劳动力转移的原因之一。当然也有可能会有另外一种状况,农地流转需求不足。劳动力非农转移与转出农地选择行为一致时,即劳动力非农转移后愿意转出农地,这将满足农地流转市场中存在有效供给的条件。如果农地流转市场中缺乏转入需求,将出现农地流转市场供求失衡状态。这是农地流转需求不足时农地流转滞后劳动力转移的另外一个原因。

(3)非农收入水平、就业稳定性、自营农地其机会成本、单位农地农业收益、家庭有无闲置劳动力、农地特征、作物类型、农地依赖心理、社会保障制度、农地流转市场完善程度等是影响农地流转的主要因素。农村劳动力转移非农就业与转出农地具有相同和不同的影响因素,即便是同种影响因素的作用也存在差异。影响因素及其作用的差异是劳动力转移后供给农地不足的原因。非农收入比重对二者均有影响,其影响方向相同;农业劳动力效率对二者也均有影响,但影响方向相反;城乡二元制度不限制劳动力转移非农就业,但限制劳动力转出农地的主动性;劳动力转出农地除了以上影响因素外还受地租水平影响;城乡收入差距可以拉动劳动力转移,但高城市生活成本排斥劳动力在城市稳定就业与生活,间接固化其留守乡土思想。农村劳动力转移非农就业后农地流转供给不足的影响因素主要是家庭分散经营农地模式、个体差异的非农就业收入、较低的地租、城乡二元制度和高城市生活成本等。这些因素限制了劳动力转出农地的主动,导致农地流转市场供给不足。

在不改变农地用途的前提下,农地流转市场中需求方分为普通农户和专业经营大户。普通农户转入农地需求与否取决于转入农地后经营获得的净收益与其机会成本的比较,其机会成本一般指农户因经营农地所放弃的非农收入。普通农户转入农地需求不足主要是因为家庭有限劳动力经营农地带来的收入相对较低;或家庭劳动力预期非农收入较高;或家庭闲置劳动力有限。结合前面分析的农地流转供求状况可知,经营山区、丘陵地区单位农地需要较多的劳动力数量和时间。在单位农地收入和家庭劳动力数量一定条件下,农户转入农地后经营收入偏低,劳动力宁愿选择外出非农就业。结合相同区域不同作物类型的农地供求状况可知,粮田转入需求相对较低的原因是粮食带给农户的收益相对于其他作物较低。所以,普通农户转入农地需求不足的原因是在家庭劳动力有限条件下经营农地的收入低于转移非农就业收入。专业经营大户转入农地需求的影响因素有单位农地收益、农地地貌特征、农业基础设施完善程度、农地分散程度和农业经营风险。这些因素会影响专业经营大户转入农地的经营成本和收益,较低农地收益、不利于机械操作的农地地貌、不完善的农业基础设施、与分散农户交易、不确定的农业经营风险都会降低专业经营大户转入农地的需求意愿。所以,专业经营大户转入农地需求不足的主要原因是单位农地收益较低、中介组织缺失、农业基础设施不完善和农业经营风险不确定。

(4)农民权益保障缺失、城乡人力资本投资失衡、农业比较收益低下和农户处置农地分散化是农业现代化目标下推动农地流转的主要障碍。由于我国保障性制度缺失,导致农户流转农地是遭受经济收益权益和生活保障权益的损失,加剧农户的农地保障心理,凸显农地保障功能,限制农村劳动力转移后供给农地意愿。农村劳动力非农就业收入提高有利于推动农地流转,农村劳动力人力资本提升有利于提高其非农收入,增加农村教育与培训投资可以提升农村劳动力人力资本。但是,现实中农村家庭对教育与培训投入不足,国家对农村教育与培训投入呈现城乡失衡,这种情况与农村劳动力非农就业收入较低共同形成了推动农地流转过程中的困境。

我国农地比较收益较低主要体现在有限土地面积条件下单位劳动力获得纯利润较低,资本投入回报率与其他行业相比较低。在现有农地经营模式下,资本投入回报率较低和单位劳动力纯利润较低会引起市场方面资本投入不足,普通农户和专业经营大户(或企业)转入农地需求不足。农地流转市场中供给不足或需求不足均会导致农地流转滞后,不利于农地规模化和产业化经营,即会固化现有的农地经营模式。农地流转滞后限制了农地集中和农业结构转换,农地不能规模化经营就无法提高劳动力和资本投入回报率,农业结构陈旧导致无法获得更高的农地成本纯利润率,限制农业比较收益提高。同时,农业比较收益低会加剧农村劳动力非农化转移,也会阻碍农地资本投入增加。这样会形成农业比较收益低、城乡资源配置失衡和农地流转滞后的恶性循环,仅靠市场力量无法解决。

现实中我国农地流转中介组织存在供给不足、服务项目不全、行政化严重、缺乏专业人员、管理制度缺失和不规范等问题。中介组织的缺乏与不完善加剧了农户处置农地分散化,减弱了农户参与农地流转的积极性,不利于农地流转市场的开放和市场化程度提高。农地流转分散化不利于农业适度规模经营,这与农业现代化目标不符,中介组织参与可以改善这一状况,但现有的中介组织并不能够满足农地流转市场的需求,这不利于农地流转持续发展。

(5)推动农地流转应该递进式发展,逐步实现农地流转市场化。根据我国国情,推动农地流转要基于农村劳动力转移背景,同时满足农业现代化目标要求。所以,构建农地流转发展机制并没有强制推动农地流转,只是针对现有的非农就业劳动力,逐步转化农户的流转农地意愿,增加农地流转比重。与此同时通过外力推动并实现流转农地的集中化,达到局部农地适度规模化经营。通过局部农地适度规模化经营,提高农业劳动生产率和农业比较收益,提高其他农户自营农地机会成本,逐步转化其流转农地意愿。在这个过程中逐步完善相关制度、提高农村劳动力非农就业能力、培育新型农业经营主体,进一步基于农村劳动力非农转移推动农地流转,实现农地集中和规模化经营。

在现有农村劳动力转移非农就业条件下,由于农户分化、农地异质和区域分异特征,导致农地流转供不应求、供过于求和供求均不足几种情况。针对农地流转供不应求的状况,应该先集中愿意供给农地的农户土地,实现农地规模化经营,提高农业比较收益,增加其他农户自营农地机会成本,逐步转化其他农户流转意愿。针对农地流转供过于求的状况,应该培育和扶持新型农业经营主体,集中农户土地后交与经营主体经营,农户获得分红,逐步实现农地适度规模化经营。对于供求均不足的状况,政府应鼓励和扶持农户成立合作社,集中农地和协作经营,自我经营的同时实现农地适度规模化经营。

对于农地流转供给和需求均充足,而且具备农业适度规模经营条件的区域,应该逐步推行农地流转市场化机制。农地流转市场化能更灵活、更充分地利用农地与农村劳动力资源,同时更能科学化、现代化地组织农地流转与经营农地。

二、研究展望

推动农地流转必须在农村劳动力转移条件下,以实现农业现代化为目标,循序渐进地进行。研究这一问题的本质是如何转换农村劳动力职业选择和参与农地流转行为,实现农业适度规模化经营和农业现代化目标。本书的研究侧重于农村劳动力与农地流转的关系;农村劳动力非农就业后参与农地流转供求行为的影响;农地流转与农业现代化的关系。对农村劳动力向职业农民转化,以及其对农地流转和农业现代化的影响分析较少。书中虽然涉及农地异质、区域分异和农户分化对农地流转的影响,但缺乏具体的微观调查数据进一步研究。推动农地流转具有空间异质性,是较为困难和复杂的过程,后续需进一步研究,本书认为应该在以下几个方面深入研究。

1. 农民职业分化与农地流转研究

影响农地流转供给与需求的主体主要是农民,虽然有外部资本介入农业,但农地直接经营者仍然是农民。随着农民职业分化,原有农民分化为非农就业、兼业和职业农民三大群体。农民职业分化程度不同,这三大群体的人员结构也会存在差异。非农就业的群体人数增加无疑会促进农地流转,但兼业群体较大时也会制约农地流转。农地流转状况不仅仅与农村劳动力非农就业和兼业有关,也与职业农民数量有关,职业农民数量不足会阻碍农地流转需求。农业现代化发展目标要求要有足够的新型职业农民,如果农村农地经营者主要是老人和妇女,不仅不利于农地流转,也不利于农业现代化技术推广,与农业现代化目标相悖。所以,农民职业分化程度与农地流转关系的研究显得尤为重要。

本书认为农民职业分化与农地流转需要从三个方面深入研究。一是基于农地流转供求均衡角度分析农民职业分化的合理性。主要是针对农地流转供给不足或需求不足区域,测度农民职业分化的合理性和优化分化途径,促使农民合理成为非农化市民和职业农民。二是农民职业分化与农地流转规模适度性研究。不同的农民职业分化特征应该与农地流转规模相适应,农地流转规模过大不仅损害农民利益,也不利于农业生产效率提高。三是农民职业分化与农地流转互动发展模式的研究。二者具有相互影响的关系,探索二者互动发展模式是实现城镇化和农业现代化协同发展的必由之路。

2. 空间异质视角下农地适度规模经营与农业现代化研究

城市化和农业现代化协同发展必须要求农村人口向城市转移和农业生产率提高,即农村劳动力要分化为市民和职业农民,然而单方面考虑农民职业分化或农地适度规模经营无法实现这一目标,应该将二者结合起来研究。由于区域分异、农地异质和农户分化等空间异质性,农地适度规模经营将呈现空间差异性,也存在模式的多元性。

实现农业现代化目标,要求农业要专业化、科学化经营,提高农地资源和劳动力资源利用效率,推广使用现代化技术。在不同的空间异质特征下,农民职业分化程度和合理性存在差异,农地经营规模和模式也存在多元性,实现农业现代化途径存在一定差异。农民职业分化程度比较彻底的区域，农地适度规模经营可以通过农地流转的方式实现；农民职业分化不彻底和不合理的区域，农地适度规模经营依然是实现农业现代化的途径。在农地流转比率较低的情况下是否可以实现适度规模经营？这一问题值得研究。虽然本书研究的重点是农地流转，并认为农地流转是实现农业适度规模经营的主要路径，但并不否认部分区域不通过农地流转也能实现农业适度规模经营。比如农民自发组成的合作经营组织，并不改变农民承包农地的经营权，仍然由其经营，接受组织的统一管理和服务。

农地异质主要体现为平原、山区和丘陵地貌特征不同，部分农地特征并不适合较大规模经营，扩大规模反而出现规模不经济。特别是山区和丘陵地貌，农地规模化经营成本相对于平原地区略高，同时需要较多的劳动投入，如何引导农民职业分化与农地经营规模相匹配，实现农地和劳动力资源有效配置，是值得研究的课题。由于缺乏微观调研数据，这方面研究在本书并未展现，将是以后研究的重点。

3. 农地流转中非粮化现象研究

推动农地流转是实现农业现代化的必然路径，但在农地流转过程存在诸多问题，其中最为严重的就是非粮化和农民权益受损现象。农地流转中非粮化主要分为两大类，一是农地流转集中后被经营主体改变耕地用途，主要使用于非农生产；二是农地流转集中后仍被用于农业生产，只是不再经营粮食作物。这两种类型的非粮化现象应该区别对待，第一种情况改变了农地性质，研究的重点应该是其非法更改农地性质问题。第二种情况并未改变农地性质，只是进行了非粮化农业生产。研究的重点应该是基于粮食安全原则分析经营主体非粮化行为的影响因素，通过相关经济政策和完善制度引导经营主体行为，使非粮化现象在合理的范围内。

4. 农地流转市场化制度建设研究

虽然我国已经进行了农地确权登记制度，但农地"三权分置"制度并不健全，也缺乏将农地承包权转化为其财产权的相关制度。在一定程度上，制度缺失限制了农民参与流转农地的积极性，无论是农地流转的供给方还是需求方都担心农地流转的不稳定和权益保障问题。农地流转市场化还需要建立供给和需求双方信息透明的平台和制度，同时完善相关农地融资和金融支持制度。

完善的农地流转市场化制度，不仅能够提高农户转出农地的积极性，同时也提供了畅通的转出通道，也能够保障农民权益。对于转入农地的经营主题而言，需要制度保障农地流转的稳定性、信息的通畅性，同时有健全的金融支持政策。所以，对于农地确权、"三权分置"、财产权保障、金融支持等方面制度变迁值得研究,也将是研究如何解决农地流转和实现农业现代化目标的重要课题。

第二节　促进农地流转递进式发展的配套政策

根据前面章节分析的农地流转供求影响因素及农地流转的困境可知,实施农地流转递进式发展机制需要相关配套政策的支持。基于农业现代化发展目标和保障农户权益基本原则,本书提出以下政策建议。

一、建立城乡社会保障衔接转化机制

在农村劳动力非农收入水平较低和就业不稳定条件下,非农劳动力及家属能够获得相应的社会保障,是其转出农地的关键。针对推动农地流转这一目标,社会保障制度不能仅仅覆盖农村非农劳动力,还要覆盖非农劳动力家属。也即是说要建立和完善适合于农村居民的社会保障制度,并能够实现城乡社会保障的衔接和转换。

我国农村非农劳动力参加城镇社会保障呈现种类较少、比重较低,主要原因是现有的城镇社会保障体系不适合农村非农劳动力,无法满足其收入较低、就业不稳定、流动性强和工作危险系数高等特征需求[1]。农村非农劳动力不选择参加城镇社会保障的主要原因有以下几种:缴费比率过高;无法异地使用与转移;不能与农村社会保障衔接与转换等。根据《2013 年全国农民工监测调查报告》数据显示,农村非农劳动力(农民工)参加城镇社会保障比例有所增加但依然较低,也存在部分农民工参加社保后又退保的现象。建立适合农村非农劳动力的社会保障体系有利于提高农民工参保率,可以促进农民工融入城镇,真正市民化[2]。要推进农地流转,仅仅建立适合农村非农劳动力社会保障体系并不够,农户转出农地考虑的是家庭所有人的社会保障问题,所以还要建立和完善农村社会保障体系。

农村社会保障体系中养老、医疗、生育已经在农村全面推广,医疗和生育保险覆盖面积和保障力度逐年增加,养老覆盖面积和保障力度相对较低。当务之急应该完善农村社会保障体系,能够基本覆盖所有农村农业劳动力,同时能够满足农村非农劳动力在农村与城镇社会保障中的选择和转换。所

---

[1]　王银梅、刘语潇:《从社会保障角度看我国农村土地流转》,《宏观经济研究》2009年版第 11 期。

[2]　石智雷、施念:《农民工社会保障与城市融入分析》,《人口与发展》2014 年版第 2期。

以,建立和完善城乡社会保障衔接与转换在农村非农劳动力流动性较强的背景下至关重要。本书认为,首先完善农村社会保障体系,提高覆盖面积和保障力度;然后建立城乡社会保障转换机制,农村非农劳动力能够选择将农村社会保障转换为城镇社保;城乡社会保障转换过程中可以设置过渡阶段,即建立适合农民工的城镇社会保障,农民工过渡性城镇社会保障可以退回农村社保,也可以统一为城镇社保。

二、政府应增加对农业发展的扶持力度

进一步完善农业基础设施。农业基础设施的完善程度直接影响农地流转与农业发展。较为完善的基础设施能够降低农地转入需求方经营成本,增加农地流转需求;有利于农地规模化和专业化经营,促使农地流转地租或分红增加,提高农户转出农地概率,增加农地供给。广义的农业基础设施包含有助于农业生产和农产品流动的公共设施,一般由政府或村集体投入。在我国农地家庭分散承包经营下村集体力量较为薄弱,农业基础设施一般由政府财政投入。所以,政府应该进一步完善农村基础设施建设,特别是对农田水利、交通、电力、农产品交易场所与信息化等设施的直接投资,或者对农地经营者投资基础设施进行一定的补贴。

应该增加对农业经营主体的金融扶持力度。我国农业现代化发展目标要求走农业适度规模化和农业产业化道路,培育新型农业经营主体和产业链相关主体。培育新型农业经营主体是推动农地流转市场化的主要环节之一,能够保障农地流转需求充足并走向农业产业化道路。新型农业经营主体一般采用现代技术和管理方式规模化运作。其中资金来源是其发展的瓶颈之一,需要金融政策的支持。特别是在偏远的山区或丘陵农地,农地经营高成本会拉低农地比较收益,农业经营主体不仅仅需要资金,同时也需要较低成本的资金来源。所以,我国应该制定专门针对农业发展的金融扶持政策,满足农业经营主体在数量上和较低成本上的需求。比如进一步完善政策性银行譬如(农业发展银行)对农业发展的扶持政策,针对不同类型农业经营主体给予差别化优惠,以鼓励和引导新型农业经营主体参与农地流转。

三、逐步完善和统一非农劳动力市场制度

农村劳动力非农就业收入较低与就业不稳定不仅仅与劳动力人力资本水平有关,也与非农劳动力市场制度分割和不公平有关。我国现行的劳动

力市场存在制度性分割,导致农村非农劳动力遭遇就业歧视和收入歧视[①]。农村非农劳动力就业歧视主要是指因为身份、年龄和性别等方面差异遭受不公平对待,进入某些行业受阻。农村劳动力非农就业往往因为农民身份就业受阻,因为年龄或性别原因被单位辞退,这无疑会造成其就业不稳定和非农收入水平低下。收入歧视主要体现在农村劳动力进入某些行业后无法享有和同岗位城镇职工的待遇,也即是"同工不同酬"的非公平待遇。

现如今我国部分省份已经取消了农业户口,将农业户口和非农业户口统一为居民户口,这在一定程度上能够弱化就业歧视,但并不能从根本上改变出自农村的非农劳动力所面临的不公平待遇。户籍制度改革的同时还应该赋予农村非农劳动力同等的城镇居民待遇,在就业时不再因为来自农村而遭遇歧视,能够得到相同岗位上城镇职工的所有待遇,包括收入水平、社会保障、子女教育、公共设施享受等方面。

现有城镇劳动力市场制度无论是从市场信息提供、劳务市场场所、劳动合同签订等服务方面,还是劳动权益保障方面,均存在对农村非农劳动力主体忽视的状况。这导致农村非农劳动力寻求工作岗位和签订劳动合同方面非正式化,就业后劳动力权益无法得到保障等问题。完善非农劳动力市场制度,应该重点考虑农村非农劳动力这一主体,建立和完善专门的农村非农劳动力劳务市场,积极引导农村非农劳动力进入正式劳务市场,制定和完善相关法律法规保障其劳动合同正式化,并监督劳动合同执行和保障其权益。

四、完善中小城镇基础设施和增加非农产业岗位

推动农地流转是以农村劳动力非农转移为前提的。只有农村劳动力非农就业比重较高和就业稳定,农地流转市场才会有充足的农地供给。但我国大中城市提供的就业岗位和较高的生活成本不足以满足农村劳动力完全非农转移,部分农户仍然想居住在农村或生活成本较小的城镇并从事非农劳动。要满足农村非农劳动力不离开农村或低居住成本的需求,非农产业向中小城镇转移成为解决农村劳动力非农就业和转出农地的必然选择。吸引非农产业向中小城镇转移,必须完善中小城镇基础设施。从非平衡经济发展角度分析,先完善中小城镇基础设施,有利于生产要素的流入,成为吸引非农产业的关键。首先应该选择具有区位优势的中小城镇,逐步完善其交通、教育、医疗等基础设施;然后在基础设施完善的基础上,并基于现有的产业大力引进人才、资本和技术等要素;同时引进和培育主导产业,形成自

---

① 赵显洲:《人力资本、市场分割与农民工的工资决定》,《农业经济问题》2012年版第4期。

已的优势产业和集聚效应,并带动其他产业发展。

中小城镇产业结构优化要基于城镇化与农业现代化同步发展这一目标,重点培育与农业发展相关的产业项目,比如农业生产性服务行业、农产品加工行业、农村金融业、物流行业等。与农业发展相关产业的发展,不仅仅能够实现农村劳动力就近非农就业,也是实现农业产业化的基础。特别是乡镇企业的发展,切忌脱离农业发展盲目引进与农业无关的项目,不能再重复 20 世纪 90 年代我国乡镇企业乱象丛生的道路。重点发展以涉农产业为主导产业的中小城镇将是解决我国"三农"问题的关键,完善基础设施和提供就业岗位可以满足人口非农化需求,涉农产业发展可以实现"以工促农"和"以工带农"的功能,从根本上解决农村人口众多与农地资源较少的困境。

五、完善农地产权制度,确保各阶层农民权益

随着市场经济体制的不断完善和推进,市场机制在农村资源配置方面也逐渐开始起基础性作用,农村商品经济的快速发展培育了农产品市场和生产要素市场,为农村发展注入了新的生机和活力,也对当前的农村产权体制制度改革提出了新的要求。当前农地流转市场化需要以农地产权制度明晰为前提,完善"三权分置"的相关制度和法律,稳定农村土地承包权,明确农地所有权和经营权,保障承包农地农户的农地财产权。通过"三权分置"制度的明晰与完善,不断强化农户对农地的处分权,保障农户处置农地后的财产收益权。

我国农村土地虽然不归农民所有,但农民却有长期承包权和经营权,当农民放弃农地经营如何使其获得相应的收益是农地流转市场化的关键环节。虽然不具有所有权,但农民已经将自己承包的农地当作了自己的财产,认为自己具有处分的权利,甚至部分农民将农地视为生活和养老的根本保障。农业现代化要基于农地适度规模经营,需要推动一定程度的农地流转,但前提一定要基于农地所有权不变,稳定农地承包权,同时要考虑农民意愿,充分保障农户承包农地的收益权和财产权。所以,要明晰农地"三权分置"的相关制度,首先要保证农地所有权不变和承包权稳定;其次,要确保农地经营权转让的灵活性,取消各种限制,真正发挥农地经营权交换价值功能,保障经营权转让双方的权益;再次,确立和完善农民承包农地的财产权制度,无论是农民转出经营权,还是利用农地经营权抵押融资、入股、信托等,均可获得相应的财产性收入。

影响农民转出农地的主要影响因素之一就是流转农地收益,收益水平和保障水平是农民的关注点。无论采用哪一种农地流转方式和类型,只有

保障农民承包农地的财产权和收益权,才能充分发挥农地经营权流转的灵活性,才能激发新型农业经营主体和经营方式的产生。农民承包权、经营权和财产权的确立,不仅仅体现在其承包权的登记颁证,还需要进一步建立和完善经营权流转制度,确立农地财产权制度。通过确立农民承包农地的财产权,真正让农民可以将农地经营权作为其财产进行处置。可以出租转让,也可以融资入股,增加农地流转的自由度和多样性。

六、培育新型职业农民,引导农民职业合理分化

农地流转的目的是农业适度规模经营,推动农业市场化和专业化经营,这需要具有专业素养的新型职业农民。但农地流转的前提是需要大量农村劳动力向非农产业转移,并完全从事非农化职业。所以,农民群体将主要分化为新型职业农民和非农产业就业人员,同时要求群体分化要相对合理。否则,过多的农村劳动力流向非农产业,将缺少职业农民经营农地,农地流转需求不足。过多的农村劳动力留守农村,农地流转供给缺乏动力,无法实现农业适度规模经营。

以实现农业现代化为目标,走农业适度规模经营路径,必须引导农民职业合理分化,在促进农村劳动力转移非农就业的同时培育新型职业农民。然而在当前家庭分布式农业经营模式下,农村劳动力更倾向于外出非农就业,成为职业农民的意愿较低,甚至部分农民抛荒农地外出就业。无论是促进农村劳动力非农就业,还是培育职业农民,均需要提高农村劳动力人力资本水平和职业素养。引导农民职业合理分化,需要针对劳动力分化程度进行多层次职业培训。

构建多层次职业技能培训体系。以往针对农村劳动力的培训主要是非农就业职能培训,缺乏农业职能培训。长期以来,由于城乡二元结构的存在和经济发展的差异,农村劳动力转移非农就业已经成为农民增加收入的主要方式。城乡人力资本投资失衡导致农村劳动力缺乏足够的高学历教育和职业技能培训。非农就业收入较低且不稳定,这也加剧了农民对农地的依赖性。基于农村劳动力完全非农化和职业农民全职经营农地的目标,构建多层次职业技能培训体系。针对以农业收入为主的农村劳动力,特别是在主观或客观上无法提升非农就业技能的农民,对其进行现代农业经营职能培训,促使其转化为新型职业农民。针对以非农收入为主的农村劳动力,进行非农就业技能培训,使其能够稳定地长期从事某一非农行业,获得稳定的就业岗位和收入。针对非农就业和全职经营农地选择意愿不确定的农村劳动力,通过尝试多层次的职业技能培训,促使其自愿选择职业,最终能够掌握一项专业技能。

针对新型职业农民的培养,一定要基于农户意愿和农业区域特色,同时也要考虑农地规模收益最大化问题,不可能把所有的农民培养成职业农民。可以选择意愿强烈,而且有一定的职业素养的农民,重点进行职业技能培训。同时对其进行政策扶持,在特定区域培养为农业现代化经营的典范和带头人,最终带领区域其他农民参与技能培训,自愿选择成为新型职业农民。

七、健全农地流转中介和服务体系

市场机制是否有效运转将影响农地流转的有效性。为了促进农地流转市场的高效有序,必须建立市场化的中介和服务组织及相关制度。完善农地流转市场体系的关键是培育具有区域特点且具有较强适应性的农地流转中介服务组织。它是农地流转规范有序,提高农户流转意愿的重要保证。在现实中,农地流转信息不畅已经严重影响了流转市场中交易成功的概率;同时也增加了农地流转市场的交易成本。所以提供准确及时的农地流转市场中的供求信息是降低交易成本的关键。

培育并完善农地流转市场的中介服务组织,可以减少因搜寻信息、企业资信调查、双方谈判等环节造成的交易成本,从而有效地解决交易成本和促进交易成功。作为政府和农村集体经济组织,行使着管理农地流转市场的职能。作为有效的市场补充,市场化的中介服务组织的作用不可替代。中介组织的参与,可以建立农地使用权流转交易信息网络,及时提供流转供需的数量、质量、区位和价格等信息,中介组织专业的评估也能为供需双方提供较好的参考服务,从而有利于减少信息搜寻和辨别成本。同时,中介组织作为多个分散农户的代理方,有利于减少供需双方的谈判成本。

通过完善农地流转信息平台,可以有效解决信息不对称造成的流转缓慢和交易不稳定等问题,避免农民由于不了解市场信息而拒绝流转的状况。建立专业化的农地评估组织及中介服务体系,排除农民对农地价值难以评估的困境,同时可以避免双方不信任和签订合同后存在的道德风险,合理的评估价格可以切实保障供需双方的权益。农地流转中介服务组织还可以提供相关咨询、技术服务和纠纷处理等服务内容,能够帮助农地流转供需双方解决农地流转过程中存在的问题,同时保障流转后双方的权益。

此外,要按照农地流转市场的需要,将中介组织定位成一个独立的经济主体。其行为受制于国家法律、法规和相关政策,其主要目的是保障供需双方交易的有序化和高效率,同时保障双方权益。其服务内容包含提供信息、评估、预测、咨询、谈判、解决纠纷争议等,同时在农地产权确定的基础上提供农地抵押、融资、信托、保险、招商等服务项目。建立中介组织设立审批制度,合理确定中介组织的数量和地域分布,对其农地流转中介进行动态监管,确保其行为的合法性。实行农地流转中介结构资质年审制度,根据其业绩、社会评价、服务范围和组织行为等指标进行对其考核。

附录1　河南省农村进城务工劳动力调查问卷

调查对象为家庭主要劳动力,转移非农就业且有农村土地,具有转入或转出农地决定权。本调查旨在了解河南省转入农地的意愿与影响因素。调查采用询问方式,问卷由调查人员填写,调查采用不记名的方式,您所填写的个人资料仅用于分析研究,我们将对资料内容及个人信息严格保密。感谢您的参与!

一、农户基本情况

1. 性别

    a. 男　　　　　　　　　　　b. 女

2. 年龄

    a. 30 岁及以下　　　　　　　b. 31 ~ 50 岁

    c. 50 岁以上

3. 学历

    a. 初中　　　　　　　　　　b. 高中、中专或技校

    c. 大专　　　　　　　　　　d. 本科以上

4. 职业

    a. 制造业工人　　　　　　　b. 建筑工人

    c. 服务业一般从业人员　　　d. 管理、研发和营销人员

    e. 个体生意　　　　　　　　f. 其他(比如散工、临时工)

5. 家庭净收入水平

    a. 1. 5 万以下　　　　　　　b. 1. 5 ~ 2 万元

    c. 2 ~ 3 万元　　　　　　　d. 3 万元以上

6. 劳动力月均非农收入水平

    a. 1 500 元以下   b. 1 500～2 500 元

    c. 2 500 元以上

7. 家庭有无闲置劳动力(　　　)

    a. 有   b. 没有

    c. 不确定

8. 家庭劳动力人数_____(询问后填写具体数字)

9. 家庭居住地(选择后填写居住地所在市、县和镇)_____

    a. 城市近郊   b. 城市远郊

二、转入转出农地意愿

7. 是否愿意转入农地

    a. 愿意   b. 不愿意

8. 是否愿意转出农地

    a. 愿意   b. 不愿意

三、农地情况

9. 现在种植的农地地貌特征

    a. 平原   b. 丘陵

    c. 山区

10. 农地经营作物类型

    a. 粮食作物   b. 菜田或其他经济作物

11. 农地年亩均净收入

    a. 1 000 元以下   b. 1 000～2 000 元

    c. 2 000 元以上

12. 农地流转亩均地租水平(自填)

13. 家庭农地面积(亩)

14. 农地流转中是否会签订合同

    a. 会   b. 不会

15. 是否将农地视为自己的资产(财产)

    a. 会   b. 不会

16. 自己所承包农地能够带来(可多选)

    a. 经济收益   b. 生活保障

    c. 农民身份

四、非农就业情况

17. 非农就业转移距离

    a. 本县内   b. 本省县外

c. 外省

18. 近三年来更换工作次数

a. 1 次或以下　　　　　　　b. 2 次

c. 3 次或以上

19. 转移非农就业的主要目的

a. 仅仅为了更高收入　　　　b. 除收入外还有其他原因

20. 转移非农就业的其他原因

a. 更好的生活环境　　　　　b. 子女教育

c. 更好的发展前景　　　　　d. 其他原因

21. 将来是否考虑回到农村生活

a. 会　　　　　　　　　　　b. 不会

22. 参加了哪些社会保险(可多选)

a. 养老　　　　　　　　　　b. 失业

c. 医疗　　　　　　　　　　d. 工伤

e. 生育　　　　　　　　　　f. 其他商业保险

g. 没有保险

23. 是否经历过职业技能培训

a. 有　　　　　　　　　　　b. 没有

24. 是否希望获得职业培训的机会

a. 是　　　　　　　　　　　b. 不是

五、询问调查对象主观意见后填写

25. 农户间农地流转交易的最大障碍是什么?

26. 在农地流转过程中最喜欢政府、村集体做些什么?

27. 你认为目前农地流转存在的问题有哪些?

附录2 专业经营大户转入农地需求意愿调查

资本化专业经营大户,特征是以投资农业并不完全依靠自己劳动经营农地。调查对象主要是现有的专业经营大户投资者、乡镇村一级相关联系人和中介组织相关人员。调查采用询问方式,问卷由调查人员填写,调查采用不记名的方式,您所填写的个人资料仅用于分析研究,我们将对资料内容及个人信息严格保密。感谢您的参与!

一、调查对象基本情况

1. 调查对象是( )

    a. 现有专业经营大户投资人   b. 乡镇、村相关人员

    c. 其他中介组织相关人员

注:选择 a 的调查对象填写 2a 内容;选择 b 和 c 的调查对象填写 2b 内容。

2a. 现有专业经营大户经营农地所在地＿＿＿＿＿＿＿＿＿＿＿＿＿＿＿＿(镇、村)。

2b. 曾联系转入农地,但放弃转入的专业经营大户所在地＿＿＿＿＿＿＿＿＿(镇、村)。

3. 专业经营大户投资人是( )

    a. 本乡镇人   b. 外乡镇人

二、转入农地及经营情况

4. 实际或计划转入农地面积＿＿＿＿＿＿＿＿＿ 亩

5. 农地地貌特征( )

    a. 平原   b. 山区

6. (计划)转入农地的集中程度为( )区域。

    a. 1 片   b. 2 片

    c. 3 片及以上

7. 农地实际或计划经营作物类型( )

    a. 粮食作物   b. 经济作物

    c. 混合经营

8. 农地亩均净收益＿＿＿＿＿＿＿＿＿元 (不含国家补贴)

9. 农地亩均国家补贴＿＿＿＿＿＿＿＿＿元

10. 农业基础设施完备情况(距离主要水利设施、交通节点等便利程度)

    ( )

    a. 完全自己投资   b. 自己投资小部分

c. 自己投资绝大部分

11. 专业经营大户转入农地的交易对象(　　　)

    a. 各个农户　　　　　　　　　　b. 乡镇及村集体

    c. 市场化的中介组织

12. 计划或实际转入农地需支付的地租＿＿＿＿＿＿＿＿元/亩

13. 转入农地交易过程中是否存在交易障碍(　　　)

    a. 没有

    b. 有＿＿＿＿＿＿＿＿＿＿＿＿＿＿＿＿＿＿(请填写主要障碍)

14. (计划)转入农地后是否担心农业经营风险(　　　)

    a. 非常担心　　　　　　　　　　b. 会考虑,但不影响转入决定

    c. 不担心

15. 是否有办法规避农业经营风险(　　　)

    a. 有　　　　　　　　　　　　　b. 没有

16. 农地经营过程中是否担心雇佣劳动力的成本问题(　　　)

    a. 会　　　　　　　　　　　　　b. 不会

17. 计划或实际转入农地的合同年限(　　　)

    a. 5 年以下　　　　　　　　　　b. 5 ~ 10 年

    c. 10 年以上

参考文献

中文文献

[1]包宗顺等.农村土地流转的区域差异与影响因素——以江苏生为例[J].中国农村经济,2009年(4).

[2]蔡昉.刘易斯转折点后的农业发展政策选择[J].中国农村经济,2008年(8).

[3]蔡昉、都阳、王美艳.户籍制度与劳动力市场保护[J].经济研究,2001年(12).

[4]蔡昉、王德文、曲玥.中国产业升级的大国雁阵模型分析[J].经济研究,2009年(2).

[5]曹建华、王红英、黄小梅.农村土地流转的供求意愿及其流转效率的评价研究[J].中国土地科学,2007年(10).

[6]曹利平.农村劳动力流动、土地流转与农业规模化经营研究——以河南省固始县为例[J].经济经纬,2009年(4).

[7]陈孟平.农业现代化与制度创新[J].北京社会科学,2001年(3).

[8]陈浩、陈中伟.农村劳动力迁移与土地流转动态不一致分析——基于河南省进城务工劳动力调查数据[J].西北人口,2013年(5).

[9]陈浩、陈中伟.农村劳动力转移与土地流转不一致的影响因素分析——基于1986-2010年全国农村固定观察点数据[J].财贸研究,2013年(5).

[10]陈仲常、臧新运.农村劳动力转移的区域差异与跨区流动的估量[J].经济问题,2006年(1).

[11]陈中伟、陈浩.农村劳动力转移与土地流转统筹发展分析[J].中国人口科学,2013年(3).

[12]陈言新、彭展.从兼业经营到专业化:中国农民经营形式的转换[J].经济研究,1989年(12).

[13]程传兴等.价值链驱动、土地流转与现代农业发展[J].中州学刊,2012年(5).

［14］崔子龙.农村劳动力人力资本投资与城乡统筹发展［J］.重庆工商大学学报（西部论坛），2008年（9）.

［15］邓大才.农地流转市场何以形成——以红旗村、梨园屯村、胡村、小岗村为例［J］.中国农村观察，2009年（3）.

［16］邓晓玲等.农地流转市场存在的问题及完善对策研究——基于浙江省嵊州市的实证分析［J］.林业经济，2010年（10）.

［17］范东君、朱志友.二元经济、农业劳动力流动与粮食生产［J］.云南财经大学学报，2012年（1）.

［18］范剑勇.城镇化水平与农地流转时机选择——以中日韩三国的比较为视角［N］.中国社会科学报，2013年5月22日，第B03版。

［19］方文.农村集体土地流转及规模经营的绩效评价［J］.财贸经济，2011年（1）.

［20］冯玲玲等.农业经营大户参与农地流转研究——以重庆璧山县为例［J］.西南师范大学学报（自然科学版），2009年（2）.

［21］高强.发达国家农户兼业化的经验及启示［J］.中国农村经济，1999年（9）.

［22］高铁梅.计量经济分析方法与建模［M］.北京:清华大学出版社，2009.

［23］高双.农村剩余劳动力转移空间区域差异研究［J］.商业时代，2010年（20）.

［24］郭力、陈浩、曹亚.产业转移与劳动力回流背景下农民工跨省流动意愿的影响因素分析——基于中部地区6省的农户调查［J］.中国农村经济，2011年（6）.

［25］郝海广等.农户兼业行为及原因探析［J］.农业技术经济，2010年（3）.

［26］韩江河.关于农村土地流转的"成都模式"和"温州模式"比较与启示［J］.广西大学学报（哲学社会科学版），2008年（12）.

［27］何强、毛禹忠、刘绍永.云南农村劳动力转移与土地流转相关性分析［J］.经济问题探索，2009年（12）.

［28］贺振华.农户兼业及其对农村土地流转的影响——一个分析框架［J］.上海财经大学学报，2006年（4）.

［29］黄延延.农户兼业化对农地规模经营的制约机理分析［J］.农村经济，2012年（1）.

［30］胡奇.土地流转对农村剩余劳动力数量影响的研究［J］.人口与经济，2012年（5）.

［31］计卫舸等.中国农村土地流转与劳动力转移［M］.石家庄:河北人民出版社，2013.

[32]姜松等.不同土地流转模式经济效应及位序——来自重庆市的经验证据[J].中国土地科学,2013 年(8).

[33]姜松、王钊.地流转、适度规模经营与农民增收——基于重庆数据实证[J].软科学,2012 年(9).

[34]江淑斌、苏群.农村劳动力非农就业与土地流转——基于动力视角的研究[J].经济经纬,2012 年(2).

[35]匡远配.农村劳动力流转影响粮食安全的新解释[J].人口与经济,2010 年(5).

[36]李明艳.农村劳动力转移对农地利用率的影响研究[J].北京:社会科学文献出版社,2012.

[37]李响.土地流转信托的运作模式[N].中国土地资源报,2013 年 11 月 16 日第 003 版.

[38]李仲生.人口经济学[N].北京:清华大学出版社,2009.

[39]李中.农村剩余劳动力转移与土地资源处置方式——基于湖南省的实证分析[J].财经问题研究,2013 年(6).

[40]廖洪乐.农户兼业及其对农地承包经营权流转的影响[J].管理世界,2012 年(5).

[41]刘芬华.究竟是什么因素阻碍了中国农地流转——基于农地控制权偏好的制度解析及政策含义[J].经济社会体制比较,2011 年(2).

[42]刘灵辉.进城农民土地资产处置意愿影响因素研究[J].中南财经政法大学学报,2014 年(2).

[43]刘克春.农户农地流转决策行为研究——以江西省为例[D].杭州:浙江大学博士学位论文,2006.

[44]刘克春.国外关于农地流转的理论研究与启示[J].经济学家,2008 年(6).

[45]刘向南、吴群.农村承包土地流转:动力机制与制度安排[J].中国土地科学,2010 年(6).

[46]刘洋.基于 logistic 模型的农地流转农户意愿影响因素研究[J].安徽农业科学,2011 年(2).

[47]刘卫柏、李中.农村土地流转影响因素的灰关联度分析[J].湖南社会科学,2012 年(5).

[48]林乐芬、金媛.农地流转方式福利效应研究——基于农地流转供求方的理性选择[J].南京社会科学,2012 年(9).

[49]林善浪、王健、张锋.劳动力转移行为对土地流转意愿影响的实证研究[J].中国土地科学,2010 年(2).

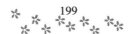

[50]林毅夫.制度、技术与中国农业发展[J].上海:上海人民出版社,2005.

[51]陆文聪、朱志良.农地供求关系实证分析——以上海市为例[J].中国农村经济,2007年(1).

[52]论卫星、杨林.农业散户与农业大户间土地流转障碍探析[J].商业研究,2014年(5).

[53]梅建明、陈秀华.农村剩余劳动力转移与农地制度再创新[J].财经研究,2006年(6).

[54]梅建明.从国外比较看我国农户兼业化道路的选择[J].经济学动态,2003年(6).

[55]孟令国、于水燕.土地流转与农村劳动力转移:基于人口红利的视角[J].广东财经大学学报,2014年(2).

[56]孟祥远.城市化背景下农村土地流转的成效及问题——以嘉兴模式和无锡模式为例[J].城市问题,2012年(12).

[57]母世春、王芬.农村劳动力转移对农业生产的影响——基于合江镇150户农户的问卷调查[J].农村经济与科技,2013年(11).

[58]宁新田.我国农业现代化路径研究[D].北京:中共中央党校博士学位论文,2010.

[59]蒲艳萍、刘婧.劳动力流动对农村经济的影响效应——基于重庆市137个自然村有无外出务工家庭的调查分析[J].经济问题探索,2010年(9).

[60]钱忠好.农地承包经营权市场流转:理论与实证分析——基于农户层面的经济分析[J].经济研究,2003年(2).

[61]钱文荣、郑黎义.劳动力外出务工对农业农业生产的影响——研究现状与展望[J].中国农村观察,2011年(1).

[62]秦立建、张妮妮、蒋中一.土地细碎化、劳动力转移与中国农户粮食生产——基于安徽生的调查[J].农业技术经济,2011年(11).

[63]邱长生等.农村劳动力转移与土地流转关系的理论分析[J].农村经济,2008年(12).

[64]任勤、李福军.农村土地流转中介组织模式:问题及对策——基于成都市的实践[J].财经科学,2010年(6).

[65]汝信、陆学艺、李培林等.2012年中国社会形势分析与预测[M].北京:社会科学文献出版社,2012.

[66]尚雨.农地规模与农业生产效率的关系分析——基于湖南省400农户的调查[J].湖南农业大学学报(社会科学版),2011年(12).

[67]宋辉、钟涨宝.基于农户行为的农地流转实证研究——以湖北省襄阳市

312 户农户为例[J].资源科学,2013 年(5).

[68]石敏、李琴.我国农地流转的动因分析——基于广东省的实证研究[J].农业技术经济,2014 年(1).

[69]斯蒂文·G·米德玛,罗君丽译.科斯经济学[M].上海:上海三联出版社,2007.

[70]舒尔茨.改造传统农业[M].北京:商务印书馆,1987.

[71]孙玉娜、李录堂、薛继亮.农村劳动力流动、农业发展和中国土地流转[J].干旱区资源与环境,2012 年(1).

[72]孙自铎.论经济发展中的双滞后与加快农地流转的新路径[J].江淮论坛,2011 年(1).

[73]孙云奋.劳动力转移与农地流转的关联度:鲁省个案[J].改革,2012 年(9).

[74]夏柱智.农地流转制度创新的逻辑与步骤[J].华南农业大学学报(社会科学版),2014 年(3).

[75]向国成、韩绍凤.农户兼业化:基于分工视角的分析[J].中国农村经济,2005 年(8).

[76]解安.发达省份欠发达地区土地流转及适度规模经营问题探讨[J].农业经济问题,2002 年(4).

[77]谢童伟、张锦华、吴方卫.教育与人口迁移相互影响的实证分析-基于2004-2008 年 31 个省的面板数据[J].上海财经大学学报,2011 年(2).

[78]许庆、尹荣梁、章辉.规模经济、规模报酬与农业适度规模经营——基于我国粮食生产的实证研究[J].经济研究,2011 年(3).

[79]徐同文.城乡经济协调发展概论[M].济南:山东大学出版社,2006.

[80]徐邓耀.农超对接、土地流转与农业产业化经营[J].经济与管理,2012 年(11).

[81]闫小欢、霍学喜.农民就业、农村社会保障和土地流转——基于河南省479 个农户调查的分析[J].农业技术经济,2013 年(7).

[82]杨昊.农村土地流转驱动因素与制动因素分析及其建议[J].林业经济,2009 年(10).

[83]叶剑平等.中国农村土地流转市场的调查研究——基于 2005 年 17 省调查的分析和建议[J].中国农村观察,2006 年(4).

[84]叶兴庆.小规模农户兼业经营对农业发展的影响[J].农业技术经济,1993 年(2).

[85]游和远、吴次芳.农地流转、禀赋依赖与农村劳动力转移[J].管理世界,2010 年(3).

[86]于学花、栾谨崇.农户兼业经营下农地流转市场发展的新思路[J].理论与改革,2009年(6).

[87]于洋、关立新.中国农地流转供求态势探析[J].学习与探索,2006年(2).

[88]曾福生、唐浩.农地流转模式的成因、绩效及发展趋势[J].农业经济与管理,2010年(1).

[89]张良悦、刘东.农村劳动力转移与土地保障权转让及土地的有效利用[J].中国人口科学,2008年(2).

[90]张兰等.农地流转区域差异及其成因分析——以江苏省为例[J].中国土地科学,2014年(5).

[91]张培刚.发展经济学教程[M].北京:经济科学出版社,2001.

[92]张展新.劳动力市场的产业分割与劳动人口流动[J].中国人口科学,2004年(2).

[93]张务伟、张福明、杨学成.农业富余劳动力转移程度与其土地处置方式的关系[J].中国农村经济,2009年(3).

[94]张照新.中国农村土地流转市场发展及其方式[J].中国农村经济,2002年(2).

[95]张忠明、钱文荣.不同兼业程度下的农户土地流转意愿研究——基于浙江的调查与实证[J].农业经济问题,2014年(3).

[96]赵燕、解运亮.城镇化进程中农业剩余劳动力转移方式研究——一个马克思主义的分析思路[J].经济问题探索,2014年(4).

[97]郑风田.制度变迁与中国农民的经济行为[M].北京:中国农业出版社,2000.

[98]周尔鎏、张雨林.城乡协调发展研究[M].南京:江苏人民出版社,1991.

[99]周建、施国庆.城乡统筹发展的三种农村土地流转模式及其比较研究[J].农村经济,2011年(8).

[100]周天勇.土地制度的供求冲突与其改革的框架性安排[J].管理世界,2003年(10).

[101]钟文晶、罗必良.禀赋效应、产权强度与农地流转抑制——基于广东省的实证分析[J].农业经济问题,2013年(3).

[102]邹伟、孙良媛.土地流转、农民生产率与福利关系研究[J].江汉论坛,2011年(3).

[103]王勇辉.农村城镇化与城乡统筹的国际比较[M].北京中国社会科学出版社,2011.

[104]文雄.农地流转促进农业适度规模经营问题研究[D].长沙:湖南农业

大学博士学位论文,2011.

[105]韦彩玲.土地流转"龙头企业+合作社+农民"模式的潜在问题及对策研究[J].甘肃社会科学,2012 年(6).

[106]吴昊《城镇化背景下劳动力转移对农业影响分析——基于 31 省 Panel －Data[J].广西财经学院学报,2014 年(6).

英文文献

[1]Christophe Z. Guilmoto and Frederic Sandron, The Internal Dynamics ofMigration Networks in Development Countries. Population:an English Selection. Vol. 13, No. 2, 2001.

[2]David L. Pike, NEW AGENDAAfterimages of the Victorian City, Journal of Victorian Culture, Vol. 15, No. 2, August 2010, 254－267.

[3]Flores C. C. , Irwin E. G. , Determinants of residential land－use conversion and sprawl atthe rural － urban fringe, American Joural of Agricultural Economics,2004, 86(4):889－904.

[4]James, Kung Kai－Sing, Off－Farm Labor Markets and the Emergence of Land Rental Markets in Rural China, Journal of Comparative Economics, 2002, 30:395－414.

[5]Lewis W A, A model of Dualistic Economics, American Economic Review, 1954,36:46－51.

[6]Lewis W. A. , Economic Development with Unlimited Supplies of Labor, The Manchester of School of Economic and Social Studies, 22 (may), 1954:139 －191.

[7]Lin, Justin Yifu. , Rural Reforms and Agricultural Growth in China, American Economic Review, 1992, 82 (1):34－51.

[8]M. Piore, Birds of Passage:Migrant Labor in Industrial Societies, Cambridge, Cambridge University Press,1979,6.

[9]Michael P. Todaro, A Model of Labor Migration and Urban Unemployment in Less Developed Countries, The American Economic Review, 1969, 59: 48－138.

[10]Murphy, Rache. Return Migrant entrepreneurs and Economic Diversification in Two Counties in South Jiangxi, Chin, 1999, Devel 114:661－672.

[11]O. Stark and J. E. Taylor, Migration Incentive, Migration Types:the Role of Relative Deprivation, The Economic Journal, 1991, 408, 1163－1178.

[12]Oded Stark. Economic-Demographic Interactions in Agricultural Development: The Case of Rural-to-Urban Migration. Rome:U. N. Food and Agricultural Or-

ganization, 1978.

[13] Oded Stark. Rural-to-Urban Migration in LDCs: A Relative Deprivation Approach. Economic Development and Cultural Change. Vol. 32, No. 3, 1984, pp. 475-86.

[14] Paul Ryan. The School-to-Work Transition: A Cross-National Perspective. Journal of Economic Literature, Vol. 39, No. 1, 2001, pp. 34-92.

[15] Philip D. Murphy, Paul L. Latreille, Melanie K. Jones, David Blackaby. Is There a Public Sector Training Advantage? Evidence from the Workplace Employment Relations Survey. British Journal of Industrial Relations, Vol. 46, No. 4, 2008, pp. 674-701.

[16] Tal Alon-Mozes, Rural ethos and urban development: the emergence of the first Hebrew

[17] town in modern Palestine, Planning Perspectives, Vol. 26, No. 2, April 2011, 283-300.

[18] Todaro, M. P. A Model of Labor Migration and Urban Unemployment in LessDeveloped Countries, The American Economic Review, vol. 59, no. 1, 1969.

[19] Yang, D. T, China's Land Arrangements and Rural Labor Mobility, China Economic Review, 1997, 8(2): 101-115.

[20] Yang, D. T. ,China's Land Arrangements and Rural Labor Mobility, China Economic Review, 1997, 8(2): 101-115.

[21] Yao, Y, Egalitarian land distribution and labor migration in rural China, China Center for Economic Research Working Paper Series, 2001, NO. E2001007.

[22] Yaohui Zhao. Causes and Consequences of Return Migration: Recent Evidence from China. Journal of Comparative Economics, 2002, 30:376-394.

[23] Yaohui, Zhao, The Role of Migrant Networks in Labor Migrant: The Case of China. Contemporary Economic Policy , 2003, 4: 500-511.

[24] Wang C. The Social Identities of New Generations of Migrants from Chinas Rural Areas. Social Sciences in China, no. 4, 2003.

[25] Wang W W, Fan C C. Success or failure: selectivity and reasons of return migration in Sichuan and Anhui, China. Environment & Planning A, vol. 38, no. 5, 2006.

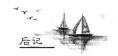

后　记

　　书稿整理修改终于完成,不知不觉已经进入后半夜。毫无睡意,回忆起攻读博士和书稿整理期间的点点滴滴,有感而发写下这篇后记。这段时间不知经历了多少这样的不眠之夜,无不在阅览文献、归纳总结、冥思苦想、反复推敲,深知这个过程的艰辛和痛苦。在众多老师、同学和朋友的帮助下,一路走来虽有跟跄但也算顺利,在此我想向他们表示感谢。

　　首先要感谢我的导师陈浩教授。在陈老师的帮助和指导下我取得了学习和科研上的很大进步。陈老师言传身教,在生活方面让我感受到他对学生的关心;在学习方面体会到他积极认真的态度;在科研方面让我意识到勤奋和严谨的重要性。本书从选题、写作、修改每个阶段都是在陈老师认真指导和多次讨论下进行的,最终才形成终稿。在此深深地感谢我的导师陈浩教授对我的信任、教导、理解、宽容、关心、爱护和帮助,学生永远铭记在心!

　　还要感谢学习期间给学生辛苦授课和帮助过我的老师们。特别是高红贵教授、廖涵教授、杨晓军老师、匡远凤老师和吴珊珊老师,谢谢他们提出了诸多关于书稿的修改意见。同时也感谢郑州航院经贸学院各位领导和老师的关心支持。感谢我的同学和朋友,特别是郭力、王晓刚、刘忠超、方杏村、王佳、陈平,是你们无私的帮助和支持,才使我在生活、学习和科研道路没有感到孤独,体会到团结的巨大力量和被友情包围的温暖与幸福。

　　感谢我的家人。特别是我的父母、妻子为我付出的一切,他们无微不至的照顾和默默支持是我坚实的后盾。感谢生活中陪伴我和帮助过我的朋友,他们给予了我生活上的帮助和精神上的慰藉,使我具有良好的精神状态去学习和生活。

　　虽然书稿已经完成,但是我深知本专业知识的浩瀚深奥,自己仍需锲而不舍,努力钻研,争取所掌握专业知识日益精进。感谢曾经帮助过和正在帮助我的人。

　　特别感谢郑州大学出版社张霞老师在本书出版过程中给予的帮助。

陈中伟

2017 年 8 月 28 日凌晨

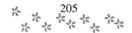